思法苑
THINK LAW

沈明欣 著
水腦 繪

我的智慧，
我的財產？

——你不可不知道的智慧財產權

三民書局

修訂版序

　　本書經筆者於民國 106 年修訂改版後，至今已有 4 年，期間智慧財產權之相關法令均有小幅度的修正，因此，筆者乃著手檢視原書之內容對照增修之法令，予以改版，再增加些許案例，期使讀者能藉由本書一窺智慧財產權法之究竟，並與最新之法令接軌。

　　本書得以順利改版，要感謝三民書局之同仁鼎力協助。也感謝家人的支持，讓筆者能在最短的時間內完成本書之改版。

沈明欣

序　言

　　本書的前身為《智慧財產權生活錦囊》，由於該書出版以後，智慧財產權之相關法令均有新的修正，而且修正的幅度頗大，再加上原書的敘述方式對於初學者而言，或較為艱澀難懂，因此筆者乃著手修正改版，重新依照新的法令進行改寫，而且以表格化、平易化的方式敘述智慧財產的相關知識，使讀者能藉由本書而輕鬆一窺智慧財產權法之究竟。

　　本書改版問世，筆者要感謝三民書局同仁們的熱心協助。此外，許文棋律師不辭辛勞協助筆者進行改版，亦是功不可沒。最後，賢內助旭專長期以來的勉勵與支持，更是本書的幕後功臣。

沈明欣

我的智慧，我的財產？
——你不可不知道的智慧財產權

目 次

 ## 著作權法

2 **我**的智慧，**我**的財產？

4 我的智慧，我的財產？

商標法

專利法

營業秘密法

附　錄

著作權法

01 同一人創作所完成的作品，只能受到一種智慧財產權保護嗎？

小林是一位創作家，最近小林創作完成一個「天線寶寶」的卡通圖樣，其是否僅能受到一種智慧財產權的保護？

只要是人類運用智慧研發創作得出之結果，即所謂智慧財產，而其中有受到法律保障之權利者，就稱為智慧財產權。智慧財產權的範圍很廣，我國目前現行法明文保護的智慧財產權包括著作權、商標、專利、表徵、營業秘密及積體電路的電路布局等等；而不同的智慧財產權其保護的目的各不相同，例如下表：

法律名稱	保護目的	規定於
著作權法	保障並鼓勵文化的創作，藉以促進國家社會文化的整體發展	著作權法第 1 條
商標法	藉由對商品與服務標識的保護，以維護產業之公平競爭秩序及消費者權益	商標法第 1 條
專利法	鼓勵技術的創新，保護的對象主要是針對技術上的新發明	專利法第 1 條
營業秘密法	維護產業倫理與競爭秩序	營業秘密法第 1 條

各種智慧財產權雖然各有不同的保護目的，且保護的對象、要件、給予的權利內容均不相同，然而其彼此間仍然具有密切的關係，

特別在保護的範圍有時不免發生重疊的現象，而此時權利人究竟僅能取得一種智慧財產權的保護，或是能同時取得數種智慧財產權的保護？換言之，不同的智慧財產權間在保護上是否會互相排斥？例如一個人創作完成的卡通圖樣，是否可以取得著作權並註冊為商標而取得商標權的保護？甚至將其註冊為設計專利取得專利權的保護？關於這個問題，一般認為就各別的智慧財產權法而言，只要符合各智慧財產權的保護要件，就有給予保護的必要，至於其是否符合其他智慧財產權的保護要件，或者是已經取得其他智慧財產權的保護，在非所問。也就是原則上由於各種智慧財產權的保護目的不同，因此其彼此之間並無普通法與特別法的關係，並無所謂一法優先或排除另一法互相排斥的問題，但也有例外，例如專利法第 124 條第 2 款將純藝術創作排除在設計專利保護範圍之外，就不容許權利人可同時受到著作權與設計專利權雙重權利的保護。

由上述說明可知，一個客體是否可以取得某種智慧財產權的保護，完全視其是否符合立法者基於該種智慧財產權的規範目的而設的保護要件而定，若果能同時符合數個智慧財產權的保護要件，就有受到重疊保護的可能，除非此種保護重疊的情形，已經抵觸到某個智慧財產權的

規範目的。就本案例而言，小林所創作的「天線寶寶」卡通造型人物，從著作權法的觀點，其可能屬於美術著作的範圍而受到著作權法的保護；小林若進一步想要將該圖樣推廣到他所販賣的商品上，亦因為屬於獨創性商標，具有高度的識別性，小林以之申請註冊商標成功的可能性相當高；如果再以此為物品的造型，由於其屬於對物品形狀的創作，也有可能取得設計專利的保護。

02

擅自拿著別人設計的卡通圖樣申請商標註冊並且加以使用，是否違法？

「天使寶寶」的卡通圖樣是小李所創作的圖樣，小王某日在偶然的機會裡看到該圖樣，認為若將其使用在他所經銷的小朋友畫冊封面上，定能受到小朋友的喜愛，因此在未經小李的同意下，就將該圖樣申請註冊為商標並加以使用，小王的行為究竟合法嗎？

　　不同的智慧財產權如果都是由同一人取得，較無問題，但是如果是分別由不同的人取得，則彼此之間就容易產生糾紛。例如著作權人主張商標權人使用商標圖樣的行為，構成對其著作的重製，此時商標權人可否以其擁有商標權作為抗辯？又，如果商標權人主張他人將其商標作成立體物品申請取得設計專利侵害其商標，設計專利權人可否以擁有的設計專利加以對抗？按，由於我國對於著作權的保護並非採註冊保護主義，而係採所謂的創作保護主義，因此商標主管機關在受理商標申請案時，常常無法得知該商標圖樣是否果真屬於申請人自行創作的圖樣還是抄襲他人的著作而來，因此其准許該商標註冊的可能性就相當大。但如果准許得擅自將他人創作的著作拿去申請註冊商標並加以使用，甚至以註冊的商標來對抗著作

權人，不僅會造成著作權人行使權利的困擾，而且對於著作權人也顯然不公平。因此為了避免這種情形發生，商標法就規定商標註冊前，如果有侵害他人之著作權、專利權或其他權利，於註冊後經法院判決確定者，屬不得註冊事由之一，任何人得向商標專責機關提出異議（參見商標法第 30 條第 1 項第 15 款及商標法第 48 條），所以如果未經著作權人的同意，擅自以其著作作為商標之圖樣申請商標註冊，縱使取得註冊，嗣後仍然可能被撤銷，而且一經撤銷，就溯及註冊之日起失其效力。至於在商標被撤銷確定前，該商標雖然形式上仍為有效存在的商標，但如果該商標確實是抄襲他人著作，著作權人仍然可以主張商標權人的行為，已經構成對其著作重製權的侵害，商標權人不得以他有商標權來加以對抗。因此，本案例小王的行為仍然違反著作權法的規定。

　　附帶言之，當然也有可能商標權人並未抄襲他人之著作而是自行設計圖樣，只不過是恰巧與他人的著作雷同，由於著作權排他的效力較弱，並無法禁止他人獨立創作相同或雷同的著作，若是在此種情形，著作權人就無法撤銷商標權，當然也沒有侵害著作權的問題。

什麼樣的創作才可以受到著作權法的保護？

小陳完成電腦連接器的發明，他可否就其所寫的技術說明，或所繪製的技術圖主張著作權法的保護？

著作權法所保護的著作，係指屬於文學、科學、藝術或其他學術範圍的創作（參見著作權法第 3 條第 1 項第 1 款），著作權法第 5 條也有針對著作的種類作出例示規定，包括語文著作、音樂著作、戲劇舞蹈著作、美術著作、攝影著作、圖形著作、視聽著作、錄音著作、建築著作、電腦程式著作，但由上述規定仍然無法明確瞭解什麼樣的創作才會受到著作權法的保護，甚至會產生一種迷思，認為只要是自己想出來的東西，就可以受到著作權法的保護。依照我國目前實務上的見解及學說，認為要受到著作權法的保護必須符合以下的要件：

一　要有原創性且必須足以表現出作者的個性或獨特性

一般認為所謂原創性係指該著作係著作人獨立所完成，並未接

觸或抄襲他人之著作，且該著作足以表達著作人內心之感情，只需具有最低程度之創作即可。但著作固然不需要像專利法中的發明必須具有所謂的「新穎性」這麼高的原創性程度，但是一般認為著作除具有原創性外，尚須足以表現作者之個性或獨特性，才能受到著作權法的保護。

　　例如實務上認為產品使用說明書如其內容之性質僅屬於對於產品功效、使用方法等項目之說明，並非撰寫者主觀上精神、智慧、文化、創意之表示，尚難認為其具有原創性，不得成為著作權法所保護之著作（參見最高法院 89 年臺上字第 2767 號判決）。

二　需為人類精神上之創作

　　著作必須屬於文學、科學、藝術或其他學術範圍之精神上創作，如果屬於技術性等實用物品，並非屬於著作權法保護之範圍，而是專利法保護之範圍。此外，如果不是由人類所創作，而是由電腦的人工智慧所為或由動物自主性所為，因為並非人類精神上之創作，所以都無法成為著作權法保護的客體。

三　須有一定之表現形式

著作人必須將其思想創作以客觀之方式表達出來時，才能受到著作權法之保護，也就是說如果只是單純的想法或觀念，創作人並未以客觀之方式將其表達出來，並無法受到著作權法的保護。關於這點可從著作權法第 10 條之 1 規定：「依本法取得之著作權，其保護僅及於該著作之表達，而不及於其所表達之思想、程序、製程、系統、操作方法、概念、原理、發現」得到驗證。因此，只需著作人未抄襲他人之著作，縱使基於同一思想，而創作出相同之東西，亦能受到保護，此乃所謂「思想與表達區分原則」。此外，若概念之表達方式只有一種或受到相當限制，則任何人皆不得就該等表達方式主張享有著作權，此稱為「概念與表達合併原則」。

四　需非著作權法第 9 條規定不得為著作權之標的

我國著作權法第 9 條基於公共利益之考量，因而規定下列五種著作物非屬著作權法保護之標的：

著作物	內　容
憲法、法律、命令或公文	這裡之公文包含法院之判決及公務員職務上所草擬之講稿、新聞稿
中央或地方機關就前款著作作成之翻譯物或編輯物	例如內政部所編「內政部法令解釋彙編」就不能成為著作權之標的

標語及通用之符號、名詞、公式、數表、表格、簿冊或時曆	標語部分例如安全第一、小心駕駛等標語，其係意圖廣為一般人周知，故不得主張著作權。至於通用名詞、符號、或表格部分，則例如阿哲汽車修理廠為提升汽車檢修品質，依據 5,000、10,000 及 20,000 公里等檢修項目，作成數種表格，由於汽車檢修項目大同小異，因此該表格依據上述規定並無法成為著作權保護之標的，除非阿哲於表格外另外再將檢修之方法寫成文章，兩者合併成冊，如此方有機會受到保護（惟保護之部分還是僅限於檢修方法部分之語文著作）
單純為傳達事實之新聞報導所作成之語文著作	如屬本款之語文著作，第三人得任意重製，例如阿哲將每日各報紙的頭條新聞，收集後上載至自己之網站供人瀏覽，縱使有收取費用，亦不構成著作權之侵害。但是需注意本款之適用並不包含圖片及相片部分
依法令舉行之各類考試試題及其備用試題	本款之適用僅限於依本國法令舉行之各類考試試題，例如司法官、律師考試、大學入學考試及研究所考試之試題均屬之，如果不是依本國法令而是依據外國法令舉行之考試，例如托福試題，如有補習班將其編輯成冊印刷後，加以發行，仍構成著作權之侵害（內政部 81 年 8 月 21 日第 8112063 號函即採此見解）。至於本款之適用僅及於試題部分，並不包含試題解答部分（因為解答有解答者之創作成分），仍可受著作權之保護

　　本案例，小陳就其所寫的技術說明書或所繪製的技術圖，如果要主張受到著作權法的保護，就必須符合上述的保護要件，技術說明書、技術圖則屬於語文著作及圖形著作的範圍，但是要注意如果小陳以所發明的技術申請專利，因為申請專利必須將技術內容公開於專利公報上，此時其技術說明書、技術圖就成為公文書的一部分，就會喪失著作權法保護的資格。

04 色情小說或 A 片也有著作權嗎？

小克是某大學中文系的學生，他最近在網路上發表一篇描寫同志情慾的小說，裡面有許多描述同志間歡愉的情節，小雪未經他同意，將該小說予以下載翻印成書籍，公開對外銷售，小克可否對小雪提起侵害著作權的告訴？

　　色情小說、色情雜誌或俗稱的 A 片有沒有著作權？這些東西是否能成為著作權法保護的標的？關於這個問題目前國內的司法機關普遍認為：著作權法上保護之著作，應考量社會秩序及善良風俗之維持，以及著作權法保護目的除在保障個人智慧創作外，並應著重文化之健全發展，如果賦予色情小說、色情雜誌或 A 片著作權，是有違著作權法的立法目的，所以色情小說、色情雜誌或 A 片應該沒有著作權。只不過這樣的說法並不夠周延，因為什麼是色情？可能會隨著時代及社會風情的不同而有所差異，所以一律認為色情小說、色情雜誌沒有著作權，這對於創作人而言是不公平的，而且從著作權法的角度來說，只要是人類精神、思想與感情的表現，有智慧創作的投入，又不屬於著作權法第 9 條不得為著作權標的的範圍，應該就可以受到著作權的保護。因此，合理的看法應該是由法院就個

案認定該創作是否符合著作權保護的要件，並考量時空背景的不同，決定該創作的內容是否屬於「色情」，如此方能兼顧創作人的權利及整體的社會利益。

　　本案例，小克在網路上所發表的小說，縱使其內容有諸多描寫同志間歡愉的情節，未必代表該小說就屬於色情小說，如果其描寫的方式尚在國人得接受的範圍內，應該還是可以受到著作權法的保護，小雪未經其同意擅自予以下載翻印（重製），小克應可對小雪提出侵害著作權的告訴。

05 著作權的內容有哪些？

小吳是一位小說家，最近小吳把他到歐洲各國旅遊的經歷寫成一本遊記小說，問小吳就該小說能享有什麼樣內容的著作權？

我國著作權法將著作權的內容分成兩大部分：

種　類	內　容
著作人格權	著作人基於其資格，為保護其名譽、聲望等人格利益，在法律上所享有之權利。其屬於特別人格權之一種，具有專屬性，專屬於著作人本身，不得讓與、繼承（參見著作權法第 18 條、第 21 條） 但如果著作人與他人約定日後不得行使其著作人格權，依照內政部 81 年 10 月 2 日臺 (81) 內著字第 8118200 號函見解，認為著作人格權雖為權利之一種，但不具有如民法第 16 條：「權利能力及行為能力不得拋棄。」及第 17 條：「自由不得拋棄。」等規定之強制性，故著作人得自行約定不行使其著作人格權
著作財產權	經濟利益密切相關的權利，對於著作權人也最為重要，因為著作權人可以透過著作財產權的行使，而獲取著作的經濟價值

詳細內容說明如下：

一　著作人格權

　　著作人格權包含公開發表權、姓名表示權、禁止變更權（參見著作權法第 15 條至第 17 條），所謂「公開發表權」係指著作人對其尚未公開發表之著作，決定是否公開或以何種方法在公眾發表之權利；而所謂「公開發表」乃指權利人以發行、播送、上映、口述、演出、展示或其他方法向公眾提示著作（參見著作權法第 3 條第 1 項第 15 款）。例如創作人寫完某小說，尚未公開發表之前，如果他人未經其同意擅自公開，當然侵害創作人之公開發表權。而「姓名表示權」則指著作人於著作之原件或其重製物或衍生著作上表示其本名、別名或不具名之權利。其包含兩種權利：一為決定以真名或別名為著作人名稱之權利。一為決定表示或不表示著作人名稱之權利。「禁止變更權」指著作人享有禁止他人以歪曲、割裂、竄改或其他方法改變其著作之內容、形式及名目，致損害其名譽之權利。但是要注意的是，就上述的著作人格權，著作權法還是有規定例外的情形，例如在聘僱著作或基於出版慣例或基於交易習慣的考量，有時著作人就無法順利行使其著作人格權（參見著作權法第 15 條、第 16 條）。

二　著作財產權

　　著作財產權之內容，包含有形利用的權利例如重製權、公開展

示權、出租權，及無形傳達的權利包括公開口述權、公開播送權、公開上映權、公開演出權、公開傳輸權、散布權；另外，著作財產權還包含有改作權及編輯權（參見著作權法第 22 條至第 29 條）。而這些著作財產權並非所有的著作都可以享有，例如公開口述權只有語文著作才有，公開上映權的對象則限於視聽著作，公開演出權的對象限於語文、音樂或戲劇舞蹈著作，至於重製權、改作權、散布權、編輯權原則上所有著作都可以主張之。

　　本案例小吳就其所寫的遊記小說如無特殊情形，其享有公開發表權、姓名表示權、禁止變更權等著作人格權，也享有重製權、公開口述權、公開播送權、公開傳輸權、散布權、改作權、編輯權及出租權等著作財產權。

06 擁有著作物的所有權等同擁有著作權嗎？

小明與小美透過朋友介紹認識並進而交往，小美常常會寫情書向小明表達心中愛意，後來小美因為無法忍受小明大男人主義的個性而決定與其斷絕來往，小明誤以為小美移情別戀，心有不甘，竟將小美之前所寫的情書，大量影印後再寄給小美的同事、朋友觀看，問小明之行為是否已違反著作權法的規定？

著作人創作完成取得著作權後，即享有大量重製其著作物之權利，惟該重製物可能因販賣、贈與或其他因素而使其民法上之所有權自著作人身上轉移至第三人，此時第三人即可取得該著作物之所有權，但是關於該著作之相關權利（著作財產權及著作人格權）仍歸屬於原著作人，並不會隨同移轉，此即所謂的「著作權與著作物所

有權分離原則」。故著作權與著作物所有權乃屬兩種不同之權利。因此在日常生活中，消費者就其合法購買的著作例如書籍或電腦程式，僅能基於所有權人的身分在合理的範圍內加以利用，消費者不能以取得著作物的所有權就認為享有其著作權。

案例中小美寫給小明的情書，依照民法贈與的規定，雖然已經由小明取得情書的所有權，但是就該情書之著作權仍歸小美所有，所以小明未經小美同意，而將情書大量重製散發給朋友的行為，顯然已侵害小美的重製權、散布權及公開發表權，小明不得以他是該著作物之所有權人而免其法律責任。

07 公司員工在僱傭關係存續中所完成的創作，著作權屬於公司還是員工？

小美是大學英文系畢業的學生，目前受雇於「天下翻譯公司」從事翻譯英文文學著作，其完成之翻譯著作，權利應如何歸屬？

受雇人所完成的創作，著作權究竟歸屬於誰？需視其為職務上或非職務上的創作而定，若係在僱傭關係存續中職務上完成之創作，以該受雇人為著作人。但契約約定以雇用人為著作人者，從其約定。若以受雇人為著作人者，其著作財產權部分則歸雇用人享有（參見著作權法第 11 條）。換言之，如果公司員工與公司並無特別的規定，員工在職務上所完成的著作，其著作人格權的部分應歸員工享有，著作財產權的部分則歸公司享有，不過，由於著作權法容許當事人以契約約定排除以員工為著作人，故在通常情形，公司為確保其權益，多會與公司員工簽約約定，就職務上創作之歸屬，以公司為著作人，而且由於公司具有優勢的締約地位，大多數的員工多不敢有不同的意見。至於是否屬於「職務上完成之著作」需從工作性質作實質判斷，與工作時間、工作地點並非具有必然之關係。例如記者在家中所寫成之採訪稿仍屬「職務上所完成之著作」。

　　員工在僱傭關係存續中非職務上所完成之創作,其著作權如何歸屬?著作權法並未明文規定。一般認為受雇人在僱傭關係存續中非職務上所完成之創作,其著作財產權及人格權均歸受雇人享有,公司並不享有任何權利。因此,本案例若「天下翻譯公司」與小美有特別約定,就小美基於其職務上所翻譯的作品,其著作人為公司,則該作品的著作人格權及著作財產權均歸「天下翻譯公司」所有。但如果雙方並無特別約定,小美就可主張其為該著作的著作人,不過著作財產權部分則歸屬於公司。

08　老師為學校所製作的網頁，其著作權歸學校還是老師？

阿哲為高中老師，日前任教於南山高中，由於阿哲在大學時對電腦有所專攻，該校乃商請阿哲為學校設計學校網頁，介紹學校風格，以吸引學子前來就讀，問該網頁的著作權歸學校還是老師？阿哲後來因人事問題，與學校不睦而轉任北山高中，阿哲可否禁止南山高中繼續使用該網頁？

網路上之網頁依其內容包括眾多著作權法上所保護的著作，有語文著作、圖形著作、攝影著作、視聽著作及錄音著作，而這些著作究竟應歸設計者還是網站所有人所有？依照著作權法第 11 條規定：「（第 1 項）受雇人於職務上完成之著作，以該受雇人為著作人。但契約約定以雇用人為著作人者，從其約定。（第 2 項）依前項規定，以受雇人為著作人者，其著作財產權歸雇用人享有。但契約約定其著作財產權歸受雇人享有者，從其約定。（第 3 項）前二項所稱受雇人，包括公務員。」學校老師屬於廣義的公務員，

老師為學校所設計的網頁，應該屬於職務上所完成的創作，所以依照上述規定，如果老師與學校間並無特別的約定，該網頁應以老師為著作人，著作財產權則歸學校所有。所以，本案例阿哲老師雖然後來調離南山高中，也沒有權利禁止南山高中繼續使用該網頁。

09 公司出資聘請設計師或工程師設計圖樣或撰寫程式，著作權歸誰？如有涉及專利權又如何？

「美少女公司」是一個以販賣少女泳衣著稱的公司，該公司為吸引年輕少女的注意，每年皆會定期聘請專業設計師設計各種美麗的泳衣圖案，讓該公司使用於泳衣上，現有不肖業者仿冒該圖案，問誰可主張著作權相關權利？設計師？還是美少女公司？

　　關於出資聘人完成之創作之情形，雙方間的法律關係如果不是民法的承攬關係就是適用民法的委任關係，但是雖受聘人係在出資人企畫下完成創作，然而受聘人對於其工作的進行，原則上卻具有相當高程度自主性與獨立性，在創作的過程中，受聘人對於出資人的依賴性遠較公司員工為低，因此在出資聘請他人完成著作的情形，其創作成果的歸屬宜由雙方當

事人視報酬的高低自行約定之，但如果未約定則以該受聘人為著作人，著作財產權亦歸屬於受聘人（參見著作權法第 12 條），不過畢竟出資人出資聘請他人創作的目的，在於能享受創作的成果，因此縱使著作財產權歸屬於受聘人，出資人仍得利用該著作。

　　本案例，如果「美少女公司」當時聘請設計師設計時，雙方已言明關於設計圖之圖案，其著作財產權歸屬於公司，當可由「美少女公司」對不肖業者主張著作權，但如果當時雙方並未有此種約定，則僅設計師方有權利對不肖業者主張著作權。所以在出資聘請他人創作之情形下，公司企業為確保自己權利，自應在當初的出資聘任契約，詳加約定或令受聘人填妥「著作財產權讓與」書面為妥。

 委託設計契約書範本

委託設計契約書

甲方：
乙方：
茲就甲方委託乙方進行產品包裝設計，雙方特訂立條款如下，以資信守：
第一條　標的物
　　甲方委託乙方完成甲方各品牌產品之包裝設計事宜。
第二條　工程進度
　　乙方應依甲方之指示於所指示期限完成委託事項，甲方之指示應以書面為之。
第三條　報酬及付款條件
　　本設計之報酬總計新臺幣（下同）　　　　元整（含稅），並由甲方以現金或開立支票之方式付予乙方。
　　㈠本契約簽訂時，支付總價百分之　　，計　　　元整。

㈡乙方提交設計成果予甲方時，支付總價百分之　　　，計　　　元整。

㈢設計成果經甲方驗收無誤後，支付總價百分之　　　，計　　　元整。

第四條　擔　保

乙方保證所有設計係其自行創作完成，絕無抄襲、摘錄或侵犯他人智慧財產權（包含他人肖像權）等情事，如有任何第三人主張前述侵權責任時，乙方應協助甲方提出抗辯，並負擔所有經法院判決確定之賠償額及費用。此外，乙方並應另賠償甲方　　　元整。

第五條　智慧財產權之歸屬

乙方依據本契約設計之所有產品之智慧財產權均歸甲方所有，前揭智慧財產權包括但不限於著作權、專利權、商標權。

乙方同意依甲方之要求，協助辦理前揭智慧財產權取得或登記之一切必要手續。

第六條　契約終止與違約責任

任一方違反本契約之規定，且未在接獲他方書面通知後三十日內予以改善或改善不完全時，無違約之一方可終止本契約，並得向違約之一方請求賠償其因此所受之損害。

第七條　轉讓限制

非經他方書面同意，任一方不得將本契約之權利義務移轉或讓與第三人。

第八條　其　他

㈠本契約非經雙方書面同意不得修改，如有修改，應以書面為之。

㈡本契約如有未盡事宜，依中華民國相關法令或交易慣例解釋之。

㈢雙方同意如因本契約涉訟時，以臺灣臺北地方法院為第一審管轄法院。

㈣本契約自雙方簽署後生效，本契約一式二份，由雙方各執乙份。

甲方：

乙方：

中　華　民　國　　　　年　　　　月　　　　日

10 未經著作權人同意而改作（翻譯）的作品，可否受到著作權法的保護？

小鄭見《慾望城市》這部外國小說在國外相當暢銷，心想在國內亦會造成轟動，於是擅自將其翻譯成中文版在國內發行，該書在國內果真大受歡迎，此時另一業者老王見有利可圖，就將該書中文版加以翻印銷售，小鄭可否對老王主張權利？

所謂「改作」指以翻譯、編曲、改寫、拍攝影片或其他方法就原著作另為創作；而著作人專有將其著作改作成衍生著作或編輯成編輯著作的權利（參見著作權法第 3 條第 1 項第 11 款及第 28 條）。故他人欲翻譯改作他人著作自應得到原著作人的同意始可，若未經其同意而改作的行為，當已侵害著作人的改作權。

至於第三人未得原著作人同意擅自改作之作品，是否可將其視為合法之著作而加以保護？關於此，內政部的見解與最高法院見解並不相同，如下表：

機　關	見　解
內政部	翻譯人未經原著作之著作財產權人同意授權而逕予翻譯，如所翻譯之著作已具有原創性，仍可將其視為衍生著作加以保護，如果有人侵害其著作權（例如擅自重製），仍然可以依照著作權法第 6 章、第 7 章之規定，加以救濟（內政部 84 年 1 月 27 日內著字第 8401635 號函）

最高法院	欲受到著作權法上衍生著作的保護必需以改作行為適法為前提，如果改作行為違法，例如未經原著作權人同意之改作，因係侵害原著作權人之改作權，其改作已屬違法，所改作之作品並不受著作權法之保護（參見最高法院 87 年臺上字第 1413 號判決）

　　畢竟審判工作乃屬法院之權責，故上述二說，應採最高法院之見解。因此，若改作人欲主張著作權的保護，還是應循正當途徑取得原著作權人的同意或授權，始為正途。

　　本案例，小鄭未經《慾望城市》原著作人的同意擅自將《慾望城市》翻譯成中文版小說，今天縱使老王加以翻印，依照上述說明，小鄭仍無法對老王的翻印行為主張侵害其著作權。

11 著作財產權的存續期間有多久？

古小龍為某一武俠小說的著作人，則古小龍對於其著作的著作財產權存續期限有多長？若古小龍去世後，其享有的著作財產權是否一定會消滅，如果不會消滅，其繼承人又該如何行使其權利？

關於著作財產權之保護期間：

一　著作人為自然人之情形

▍一般著作財產權存續期間

　　一般著作財產權之存續期間除別有規定外，為著作人之生存期間及死亡後 50 年。但著作如果是在著作人死亡後 40 年至 50 年間才首次公開發表者，例如著作人阿哲於西元 2000 年死亡，著作財產權保護期間原則上到西元 2050 年 12 月 31 日，但是如阿哲之繼承人於西元 2048 年 12 月才出版該著作，此時阿哲之著作僅能受到 2 年之保護，如此對於其保護未免過於短促，因此著作權法特別規定，此時阿哲之著作財產權得延續至公開發表後 10 年（參見著作權法第 30 條）。

▌共同著作之存續期間

著作如果屬於共同著作，其著作財產權，存續至最後死亡之著作人死亡後 50 年（參見著作權法第 31 條）。此乃為解決共同著作人死亡時間不同，而造成保護期間不同而形成法律關係複雜之情況而設。

▌別名著作或不具名著作之存續期間

由於別名或不具名之著作，第三人難以客觀把握著作人死亡之時間，所以著作權法乃規定，別名著作或不具名著作之著作財產權存續至公開發表後 50 年。但如著作人死亡後該著作才公開發表，著作財產權保護期間如果此時仍從公開發表後開始計算 50 年，將比一般著作財產權保護期間為長，因此如可證明其著作人死亡已逾 50 年者，其著作財產權消滅。又如果著作人之別名為眾所周知者，則著作人即可確定其身分，此時仍應適用一般著作財產權的存續期間規定（參見著作權法第 32 條第 2 項）。

▌特殊著作之存續期間

我國著作權法與外國立法例相同，針對某些特殊著作規定較短之保護期間，著作權法第 34 條規定：攝影、視聽、錄音及表演之著作財產權存續至公開發表後 50 年。

三 著作人為法人之情形

若著作人為法人，其著作財產權之存續期間存續至其著作公開

發表後 50 年。但著作在創作完成後起算 50 年內未公開發表者，其
著作財產權存續至創作完成時起 50 年（參見著作權法第 33 條）。

三　著作財產權的存續期間

　　關於著作財產權的存續期間如何計算？以該期間屆滿當年之末
日為期間之終止。例如著作人阿哲於西元 2000 年 3 月死亡，其創作
之語文著作保護期間則存續至西元 2050 年 12 月 31 日止。 但如果
是繼續或逐次公開發表之著作，例如報紙、雜誌上之連載小說，若
以公開發表日計算著作財產權之存續期間時，究竟應以何日作為公
開發表日？會有爭議。此時應視該繼續或逐次公開發表之著作，是
否能獨立成一著作而定，若能獨立成一著作者，例如報紙上之單篇
社論或連載之笑話每天均有不同，可獨立成一著作，則其著作財產
權的保護期間自各別公開發表日起算。但如果是每日發表之內容具
有連貫性、關連性，因為每日發表之內容上不能以一獨立之著作視
之，則其公開發表日是以能獨立成一著作之公開發表日計算。此外，
為避免繼續或逐次公開發表之著作，如各次公開發表不能獨立成一
著作者，因為係以能獨立成一著作之公開發表日起算保護期間，故
如著作連載已中斷多年，保護期間將無法起算，是以著作權法第 35
條第 3 項特別規定， 前項情形如繼續部分未於前次公開發表日後 3
年內公開發表者，其著作財產權存續期間自前次公開發表日起算，
以解決上述之問題。

　　依上所述，本案例古小龍為自然人，其為語文著作的著作人，其著作財產權的存續期間應為其生存期間及死亡後 50 年，且古小龍所享有的著作財產權並不會因為其後來死亡而消滅，至於古小龍死亡後其著作財產權則歸由其繼承人行使，若其繼承人有多數人時，此時該著作財產權則由多數繼承人所共有，並依照著作權法第 40 條之 1 規定：「（第 1 項）共有之著作財產權，非經著作財產權人全體同意，不得行使之；各著作財產權人非經其他共有著作財產權人之同意，不得以其應有部分讓與他人或為他人設定質權。各著作財產權人，無正當理由者，不得拒絕同意。（第 2 項）共有著作財產權人，得於著作財產權人中選定代表人行使著作財產權。對於代表人之代表權所加限制，不得對抗善意第三人。」行使其著作財產權。

12　殯葬業者喪禮時公開播放佛經，是否違法？

小廖為喪葬業者，因為國人習慣於喪禮時整日播放佛經，以求死者能早日登極樂世界，所以他常常自備念佛機或直接播放音樂 CD。請問小廖該行為違法嗎？

音樂著作財產權存續於著作人生存期間及其死亡後 50 年，錄音著作則為公開發表後 50 年（參見著作權法第 30 條及第 34 條）。存續期間屆滿即消滅，即屬公共財，佛經經文多已成公共財，無著作權疑慮；惟如將佛經經文錄製成唱片，該等配樂之旋律如有創造性，仍屬受著作權法保護之「音樂著作」；所製作之唱片則屬受著作權法保護的「錄音著作」，佛經經文本身仍屬公共財，不受影響。再者，參照經濟部智慧財產局 97 年 7 月 25 日電子

郵件字第 970725b 號， 佛教音樂與其他類型音樂受著作權法第 22 條第 1 項及第 2 項的保護相同，只要符合著作權保護的要件且仍在同法第 30 條第 1 項所規定的著作權保護期間內， 則受著作權的保護，並非一定無版權或屬於公共版權而得隨意利用。

　　是以，小廖辦理喪禮時，因需經常性的為不同的喪家、於不同之喪禮上播放或演奏音樂，是屬於殯葬業者營業上之利用行為，應該由小廖依照在喪禮上實際的利用情形支付公開演出的授權費用，否則即屬違法。

13　著作權授權契約應如何簽訂？

沈傑為一知名作家，其將同一篇著作分別投稿到兩家雜誌社，藉以領取兩次稿費，是否違反著作權法？雜誌社應如何維護其本身權益？

　　著作財產權人除得將著作財產權讓與他人外，還可以將著作財產權授權他人使用。亦即將著作財產權一部分利用權非讓與，而只是在一定時間內授權他人使用，例如將重製權在授權期間內授權與被授權人使用，被授權人取得著作財產權人的部分地位，授權期間期滿後，授與的權利又復歸著作人所有。授權契約依其約定之內容分為「專屬授權」及「非專屬授權」兩種。

種　類	內　容
專屬授權	授權之範圍內，被授權人取得獨占性之地位
非專屬授權	授權之範圍內，被授權人所擁有之地位並非為獨占性之地位

　　關於著作財產權之授權，我國係規定在著作權法第 37 條，規定內容為：

　　「（第 1 項）著作財產權人得授權他人利用著作，其授權利用之地域、時間、內容、利用方法或其他事項，依當事人之約定；其約

定不明之部分，推定為未授權。（第 2 項）前項授權不因著作財產權人嗣後將其著作財產權讓與或再為授權而受影響。（第 3 項）非專屬授權之被授權人非經著作財產權人同意，不得將其被授與之權利再授權第三人利用。（第 4 項）專屬授權之被授權人在被授權範圍內，得以著作財產權人之地位行使權利，並得以自己名義為訴訟上之行為。著作財產權人在專屬授權範圍內，不得行使權利。（第 5 項）第 2 項至第 4 項規定，於中華民國 90 年 11 月 12 日本法修正施行前所為之授權，不適用之。（第 6 項）有下列情形之一者，不適用第 7 章規定。但屬於著作權集體管理團體管理之著作，不在此限：一、音樂著作經授權重製於電腦伴唱機者，利用人利用該電腦伴唱機公開演出該著作。二、將原播送之著作再公開播送。三、以擴音器或其他器材，將原播送之聲音或影像向公眾傳達。四、著作經授權重製於廣告後，由廣告播送人就該廣告為公開傳送或同步公開傳輸，向公眾傳達。」

由上述內容可知「專屬授權」與「非專屬授權」兩者之間具有相當大的區別，一般而言，「專屬授權」的被授權人其權利遠大於「非專屬授權」的被授權人。茲將「專屬授權」與「非專屬授權」之比較整理如後，供讀者參考：

項　　目	專屬授權	非專屬授權
是否可以相同之權利授權與他人使用？	X	O
授權後，本身是否可再使用該權利？	X	O
被授權人是否需得到授權人之同意才可再授權	X	O

第三人利用？		
授權人是否可加入著作權仲介團體？	O	X
被授權人如其權利遭受侵害時，是否可立於刑事被害人之地位獨立提出刑事告訴？	O	X

本案例，在投稿的情形，若沈傑與雜誌社間並無特別的規定，雜誌社依照著作權法第 41 條的規定僅能取得刊載一次的權利且所享有的授權並非專屬授權，沈傑重複投稿的行為並無違反著作權法的問題，但是如此一來對於雜誌社就無保障，所以最好的方式就是由雙方在合約書言明著作人將其著作之著作財產權專屬授與雜誌社利用，且由雜誌社獨家取得出版發行權，同時訂定違約條款，以避免著作人出現違約情事。

出版契約書範本

出版契約書

立契約書人　甲方：
　　　　　　乙方：

就甲方出版發行乙方著作物「　　　　　　　　　　」（以下簡稱本著作）乙事，雙方議定條款如後：

一、乙方同意讓本著作之全部著作財產權予甲方。

二、本著作之稿費，經雙方同意約定為新臺幣　　　元（支付方式：簽約時交付　　　元；全部交稿時給付　　　元；最後一次校對完畢給付尾款　　　元。另甲方日後印行本著作時，在扣除成本後，所得利潤百分之　　　亦歸乙方所有。

三、乙方擔保對本著作擁有全部之著作財產權，且從未自行或交付第三人出版，亦未曾為著作財產權之讓與；並擔保本著作之內容絕無抄襲或侵害他人著作權及違背法令之情事。

四、乙方於契約簽訂後，不得利用本著作之全部或一部，自行或委託第三人再為出版與本著作內容相同或雷同之著作物。

五、若乙方違反前兩條所定之擔保事項或義務，致甲方受有損害時，乙方應負賠償之責。

六、若甲方對本著作有合理不滿意之處，乙方應負修改之責。

七、本著作應由乙方整理齊全，其有加入圖畫或照片之必要者，應將適用之原圖、相片連同本著作一併交予甲方，乙方應自留底稿。

八、本著作印刷前，乙方得請求甲方無償作最後一次校對。

九、乙方應於簽約後　　月內將本著作完成並交付甲方，如乙方未能按時交稿，則按日扣罰總稿費百分之　　計算。

十、本著作之定價由甲方決定。

十一、甲、乙雙方同意若因本契約書而涉訟時，願由臺北地方法院為第一審管轄法院。

立契約書人　甲方：
　　　　　　乙方：

中　　華　　民　　國　　　　年　　　　月　　　　日

14 徵文比賽，著作權如何歸屬？

某出版社舉行小說創作比賽，其徵稿啟事載有：「來稿經刊登，著作權歸本刊所有」及「本出版社對來稿有刪改之權利」等內容，若小馬投稿時並未對該徵稿啟事內容提出任何意見，問出版社是否對小馬投稿之文件有刪改權？並於刊登時取得其著作權？

期刊徵稿之性質，應屬於出版社出資聘請投稿者完成著作之類型。其權利之歸屬，依著作權法第 12 條之規定：「(第 1 項) 出資聘請他人完成之著作，除前條情形外，以該受聘人為著作人。但契約約定以出資人為著作人者，從其約定。(第 2 項) 依前項規定，以受聘人為著作

人者，其著作財產權依契約約定歸受聘人或出資人享有。未約定著作財產權之歸屬者，其著作財產權歸受聘人享有。(第3項) 依前項規定著作財產權人歸受聘人享有者，出資人得利用該著作。」出版社在徵稿啟事上為「來稿經刊登，著作權歸本刊所有」及「本出版社對來稿有刪改之權利」等記載，其意顯在與投稿者約定以出版社為著作人並由出版社享有著作財產權。因此，如果投稿者當初投稿時並未對出版社上開徵稿啟事之內容提出異議，則視為投稿者已依該啟事內容對出版社承諾之。所以本案例出版社應為該投稿文章之著作人，並享有著作人格權及財產權，其自得修改該文章，並於刊登時取得其著作權。

15 從事教學之人在哪些情形,可以使用他人著作而不違法?

小王為某專科學校的英文老師,他為了教學方便將某本原著小說中的2章(共有10章)加以影印分送給任教班級的學生,作為上課教材,小王的行為是否違反著作權法?

按著作權係著作權法所賦予著作人保護其精神智慧創作所得享有之私權,其目的在於保障私權及鼓勵創作,以促使社會之進步。然就社會整體而言,如過度保護著作權,將造成一般人利用之困難,而阻礙學術交流發展與知識之傳遞,有礙社會公益,如此則非著作權法保護著作權之本旨。因此為兼顧社會大眾之利益,實有必要對著作人之權利加以限制,允許他人得於一定之範圍內使用該著作,而不須先經著作人之同意。故又稱「著作財產權之合理使用」。關於合理使用的判斷標準,依照著作權法第65條規定,在判斷著作之利用是否合於第44條至第63條所定之合理範圍或其他合理使用的情形,應審酌一切情狀,尤應注意下列事項,以為判斷之標準:

判斷標準	內 容
利用之目的及性質	包括係為商業之目的或非營利教育之目的。如行為人係基於學術、教育等非營利目的而使用他人著作,當然較可能構成合理使用

著作之性質	例如著作如屬教科書，較之一般著作於教室使用時更難主張合理使用
所利用之質量及其在整個著作所占之比例	例如利用者所利用之部分乃著作主要精華之部分，當然比利用不重要之部分，較難構成合理使用
利用之結果對著作潛在市場與現在價值之影響	例如該著作係屬第一次發行，而利用者在其發行之初即複印該著作而寫成一完整之稿件，致使該著作之市場經濟價值大為降低，如此行為人將不易主張合理使用

　　教育之目的在於傳播知識文化，如在教育之過程中利用他人之著作，有時候是不可避免的，因此著作權法乃規定，基於教育之目的，可在一定條件下，合理使用他人之著作，包含可重製、改作、編輯、公開播送、揭載、引用及翻譯等。茲分別說明如下：

　　㈠為學校授課之需要，依法設立之各級學校及其擔任教學之人，在合理之範圍內，得重製或改作他人之著作（參見著作權法第46條、第63條第2項）。但是如果依照著作的種類、用途、數量及其重製物之數量、方法，有害於著作財產權人之利益者，則不可主張合理使用。

　　例如學校（包含大學、國高中及空中大學，但並不包含補習班、企業內之講座）及教師，可以為了授課之需要，複印他人之著作、將廣播電臺中之外語節目內容部分錄音下來、將他人之照片複製成幻燈片都算合理使用。不過如果利用之方式已超過合理之範圍，仍不應允許，例如學校老師為了學生經濟能力之考量，而將整本教科書影印給學生，則屬違法。最後若依上述規定重製他人著作者，亦應明示其出處（參見著作權法第64條）。

㈡為了能順利編製依法令應經教育行政機關審定之教科書，在合理之範圍內，得重製、改作或編輯他人已公開發表之著作。於編製附隨於教科書且專供教學之人教學用之輔助用品亦同（例如矯正學生發音之錄音帶）。此外依法設立之各級學校及教育機構（當然不包含私人性質之補習班），為教育目的之需要，也可以在合理的範圍內公開播送他人已公開發表之著作。另需注意此規定之適用，僅限於已公開發表之著作，如為未公開發表之著作，則無適用之餘地（關於以上說明，請參見著作權法第 47 條）。最後根據本條規定利用他人著作之利用人，應將利用情形通知著作財產權人並支付使用報酬，使用報酬率由主管機關定之。同樣的利用人於本條之情形亦應明示其利用著作之出處。

㈢為教學之必要，得於合理範圍內，引用他人之著作（參見著作權法第 52 條）。

㈣為促進身心障礙者（如視覺障礙、聽覺障礙、學習障礙或其他感知著作有困難之障礙）之教育，允許中央或地方政府機關、非營利機構或團體，以及依法立案之各級學校，就已公開發表之著作，以翻譯、點字、錄音、數位轉換、口述影像、附加手語或其他方式利用（參見著作權法第 53 條）。

㈤中央或地方機關、依法設立之各級學校或教育機構辦理之各種考試，例如高普考、期末考時，得重製已公開發表之著作供為試題之用。但是如果該著作本身就是試題，則仍不可擅自使用（參見著作權法第 54 條）。本條之情形不同於上述情形，利用人得不必明

示其利用著作之出處（第 64 條）。

　　本案例，小王為了學校授課的需要，把某英文小說內的兩章影印分送給學生的行為，應可主張著作權法第 46 條的合理使用，並無侵害著作權可言，但需提醒的是，小王在利用時，不要忽略必須依照著作權法第 64 條規定註明出處。

16 將藝人寫真集掃描到自己架設的網站上，提供給別人下載，違法嗎？

阿哲是某家族網站的站長，為了讓網站的內容能多樣化，特地將最近買來的某知名女星寫真集圖片全部掃描到網頁上，供家族成員免費下載，問阿哲的行為有侵犯著作權嗎？

寫真集屬於著作權法上的攝影著作，非經攝影著作權人同意，是不可以予以重製或公開傳輸，否則就會侵害到著作人的重製權及公開傳輸權。今天有問題的是，阿哲可否主張他的行為有著作權法上第 59 條之 1 及第 60 條規定之適用，並無侵害他人之著作財產權？

著作權法第 59 條之 1 規定：「在中華民國管轄區域內取得著作原件或其合法重製物所有權之人，得以移轉所有權之方式散布之。」第 60 條規定：「著作原件或其合法著作重製物之所有人，得出租該原件或重製物。但錄音及電腦程式著作，不適用之。」由上述條文內容可知，當著作財產權人將合法著作重製物做第一次銷售（在市場流通）後，就該著作重製物就不可以再去主張散布權及出租權，不過僅限於著作財產權中的散布權及出租權而已，如果是重製權、公開播送權、公開傳輸權等其他的著作財產權，著作財產權人還是

可以繼續主張其權利。換言之，著作重製物的所有人不能侵害著作權人的重製權、公開播送權及公開傳輸權，他只能將該著作出租給他人或轉送、轉賣給友人。

　　本案例，阿哲將所買來的寫真集掃描到自己架設的網站上，供家族成員免費下載，因為阿哲之行為是在做重製及公開傳輸之行為，並不是在做散布及出租的行為，所以並沒有上開著作權法第 59 條之 1 及第 60 條的適用，他的行為應已侵害寫真集著作權人的重製權及公開傳輸權。

小說漫畫出租店以會員招攬方式出租小說漫畫，是否觸犯著作權法？

「皇上小說漫畫出租店」將向合法著作權人購買來的小說漫畫，以招攬會員的方式出租給各會員，是否違反著作權法？

原本著作財產權人專有出租其著作之權利（參見著作權法第 29 條），但如貫徹此一原則，則任何人欲將其所購得的合法著作物出租與他人，均必需經過著作財產權人同意，其結果將影響該物在社會上的流通性，因此著作權法第 60 條特別規定，合法重製物之所有人，得自由出租該重製物。但錄音及電腦程式著作之重製物不適用之。此即所謂的「第一次銷售原則」，又稱為「權利耗盡原則」。故任何人如以購買、受讓或其他合法的任何方式取得錄音及電腦程式著作以外其他各類著作的合法重製物，即可將合法重製物自由出租，並無違反著作權法可言。但是如果該物並非合法的重製物（例如非正版小說漫畫）或出租人並非該合法重製物的所有人（例如僅為借用人），均不能主張上述的「權利耗盡原則」。

本案例，「皇上小說漫畫出租店」將合法取得的小說漫畫予以出租，應有著作權法第 60 條之適用，但如係將非法重製的雜誌出租，則屬違反著作權法的行為。

18 擅自使用他人攝影之圖片，違法嗎？

芬芬以在網路上架設網頁販賣商品為業，見市面上 sk-3 的產品銷售亮眼，便在自家網頁上販售 sk-3 的產品，且明知未經他人同意或授權，擅自重製 sk-3 產品目錄之圖片，張貼於自家商品網頁上，吸引不特定人瀏覽。請問芬芬未經同意使用他人所攝影之圖片，是否違法？

　　芬芬是否觸犯著作權法，取決於其所使用之圖片是否屬於著作權法第 5 條第 1 項第 5 款之攝影著作。如前所述，要成為著作權法所保護之創作，須為自己獨立的創作，且具有最低程度的創意，此最低程度的要求，須達到足以表現出攝影者的思想、感情、個性而言。是以，並非一旦擅自使用他人攝影圖片即違法，仍須視圖片能否表達創作者之原創性。

　　所謂攝影著作，係指以固定影像表現思想、感情之著作，其表現方式包含照片、幻燈片及其他以攝影之製作方法（所創作之著作）。又攝影著作的產生，係依賴攝影機械之作用及攝影者之技術操作，在拍攝過程中需決定主題，並對於攝影之對象進行構圖、角度、光量、速度之選擇及調整，有時尚須進行底片之修改、組合或其他

藝術上賦形方法，如此在攝影顯像及沖洗方面，始足以表現作者之個性或獨立性，而認有原創性而加以保護。

　　本案中，sk-3 的產品目錄圖片，如果只是對於產品一般單純之攝影，僅使消費者得以知悉該產品之外觀、樣式，並無對於被攝影對象之構圖、角度、光感度之選擇及調整等事項有特殊的地方，任何人拿著自動相機處於相同位置或不同位置為拍攝行為時，也可以獲得相同或相類似的結果，如此一來，這類圖片並不能夠表現出拍攝創作者之原創性及精神，自然不受著作權法之保障，芬芬張貼 sk-3 產品目錄圖片於自家網頁上並不違法。

　　目前實務上針對商品目錄之圖片是否屬於著作權法上之攝影著作，有認為該類型圖片只是單純攝影、機械操作，任何人來拍攝均可達到相同效果，不具有精神上創作之原創性，自不受著作權法保障（參見最高法院 98 年臺上字第 1198 號）；另有認為這類型圖片，係依照商品特質進行主題選擇，不光是單純攝影而已，更須基於拍攝者的學識及經驗進行布局、拍攝及後製成品圖片，藉由繁複的過程展現該商品的外觀、包裝，使得該商品更為凸顯特色，更具質感，平面圖片也能讓商品栩栩如生，賦予該商品形象所欲傳達之效能及美感，觀看者可藉由圖片知悉拍攝者所要表現的本意，並非單純以相機對實物忠實拍攝而欠缺拍攝者的思想或感情，應認具原創性，而受著作權法之保護（參見智慧財產法院 97 年度刑智上易字第 70 號）。上開實務見解雖然結論相異，但針對何謂攝影著作定義並無歧見，皆須攝影手法已足以表現攝影者之個性或獨立性，故擅自使用

他人商品目錄之圖片有無違法，應視其究否係單純機械攝影而定，
有無表現出攝影者的思想、感情、個性，非可一概而論。

19　欲主張著作權法上的合理使用要注意哪些標準？

多多在其委託出版社發行關於介紹寺廟建築風格的語文著作上（約有 400 至 500 頁），引用約有近百幅的寺廟圖片，作為輔助說明書中內容之用。小林現在主張多多所引用的寺廟圖片中有 4 至 5 幅是他所拍攝的攝影著作，多多未經其同意加以重製，顯然已觸犯著作權法，小林之主張是否有理？

　　按著作權法的立法目的在於保障著作人著作權益，調和社會公益及促進國家文化發展，所以著作權法設有所謂的「合理使用」制度。如可主張著作的合理使用，就不構成著作財產權之侵害；又著作之利用是否符合第 44 條至第 63 條所定之合理範圍或其他合理使用之情形，應審酌下列情狀，尤應注意下列事項，以為判斷之基準：

判斷基準
1　利用之目的及性質，包括係為商業之目的或非營利教育之目的
2　著作之性質
3　所利用之質量及其在整個著作所占之比例
4　利用之結果對著作潛在市場與現在價值之影響

（參見著作權法第 65 條）

　　換言之，應逐一檢視上述判斷標準，兼顧著作人之著作權益及公共利益之調和，綜合判斷其是否構成「合理使用之情形」，而非單一判斷標準即可決定。且縱使行為人使用他人著作未能符合著作權法第 44 條至第 63 條所定之合理範圍，但依照上述第 65 條所列之判斷標準判斷後，若認為構成合理使用，亦不構成著作財產權之侵害。

　　本案例，多多出版該語文著作之目的應具有商業目的，但小林之攝影著作在多多之語文著作中所占比例並不大，且僅在輔助其語文著作之說明，況且多多所寫之語文著作係以介紹寺廟之建築風格、演進或技術作為吸引消費者之賣點，此與小林之攝影著作在於以呈現相片之美感吸引消費者喜愛，兩者顯不相同，故多多之利用行為對於小林之攝影著作之潛在市場與現在價值所造成之影響應屬輕微。因此，多多縱使未經小林之同意，在其語文著作中引用其攝影著作，亦屬合理使用之行為，並無違反著作權法可言。

20 著作權法第 65 條第 2 項之合理使用要如何運用？

　　小夢是販賣寢具的商家，為了標榜自家寢具防塵蟎的功能，打算在網頁上放置塵蟎圖片以吸引別人瀏覽，某日在阿崇的網頁上看到塵蟎圖，阿崇雖不是圖片著作權人，卻是經著作權人專屬授權使用之人，小夢見獵心喜，馬上下載兩張，刊登在自家網頁上，供不特定人隨時上網觀覽或下載。請問阿崇可否主張小夢侵害其著作權？如果可以，小夢可否對阿崇主張著作權法第 65 條之合理使用？

　　本案中，依序有三個問題需要討論：

　　一、塵蟎圖片是否屬於著作權法的攝影著作。如果是的話，才會受著作權法保障，也才會進入著作權法的討論。

　　二、雖非著作財產權人，但經專屬授權之人，是否可主張他人侵害著作權。專屬被授權人除了專屬授權利用著作外，有無主張他人侵權的權利，也就是有無防禦以及排除他人侵害的權利。

　　三、在塵蟎圖片是受著作權法保障且專屬被授權人可依法主張他人侵權之前提下，才需討論小夢有無主張合理使用的空間存在。

　　首先，因塵蟎並非人類肉眼所能觀察，拍攝塵蟎必須取決於顯

微鏡攝影機的功能、拍攝角度與位置、景物配置與構圖、採用色系與光線、修片等項目，且須加入拍攝者的思想與創意，才能得到塵蟎圖片，並非一般單純攝影所能呈現出相同效果，塵蟎圖片當為著作權法所保障之攝影著作。

　　再者，阿崇對於塵蟎圖片僅是受著作權人之專屬授權人，可否主張小夢侵害著作權，依著作權法第 37 條第 4 項：「專屬授權之被授權人在被授權範圍內，得以著作財產權人之地位行使權利，並得以自己名義為訴訟上之行為。著作財產權人在專屬授權範圍內，不得行使權利。」可得知，雖然阿崇並非塵蟎圖片的著作權人，但一經著作權人專屬授權，法律上即賦予其在授權範圍內，得以著作財產權人地位行使權利。此乃係因為著作財產權人在取得授權金後，因授權金業已入袋，再加上授權人因專屬授權已不得再行使或利用其著作財產權，故即使第三人侵害授權人的著作財產權，因事不關己，對於授權人的權益不會產生什麼不利的影響，著作財產權人對於第三人的侵害行為通常置之不理，或在權利行使上會產生怠惰的情形發生，此時對於專屬被授權人的商業利益影響最大，因此會積極出面處理侵權問題者，為專屬被授權人，故著作權法給予其與著作財產權人相同之地位。準此，阿崇雖僅係專屬被授權人，但依法享有與著作財產權人相同地位，當可向小夢主張侵害著作權。

　　末者，針對著作權法第 65 條之合理使用判斷標準，並非四個標準中其一未通過檢驗，就不是合理使用，所有的判斷準則是要全部綜合的研判，才能作最後的論斷。以下茲就小夢可否主張著作權法

第 65 條之合理使用，一一分析說明：

一　利用之目的及性質

　　小夢使用塵蟎圖片的目的究竟是否具有商業性，亦即是否以利用塵蟎圖片作為營業。從小夢最終目的係在銷售自家防塵蟎的寢具為出發，小夢使用塵蟎圖片的確具有商業目的，具有營利性質，不具有公益性或教育性，該使用系爭著作行為，自應給予負面之評價。但是細究小夢為何要使用塵蟎圖片，乃係為解釋何謂「塵蟎」、生活在「塵蟎」密布之環境空間內，會對生活產生何種影響、導致身體上有何種疾病及如何控制「塵蟎」，目的在使消費者易於瞭解使用自家所販售之防塵蟎寢具之必要，小夢雖然具有取得經濟收益之商業動機，然其目的僅為防塵蟎寢具使用之輔助說明，並非直接對外販售塵蟎圖片營利。但是在實務上較肯認前面的見解，利用他人著作的目的中，不論直接或間接，有涉及商業營利而獲取利益即已具營利性　（參見智慧財產法院 100 年民著訴字第 31 號民事判決）。準此，針對利用目的，小夢不符合合理使用。

二　著作之性質

　　所謂著作之性質，係指被利用著作之性質而言。一般而言，創作性越高的著作，應給予較高度之保護，所以他人可以對該著作主

張合理使用的機會越低。本案中的攝影著作乃是以肉眼無法觀察之塵蟎，作為創作之素材，故就主題選擇、拍攝角度、景物安排、畫面構圖、底部選取、光影處理、光線強弱、焦距調整及顏色採用等拍攝表達方式，並非一般人單純攝影都可得到的結果，具有高度創作性，其受保護之程度與創作性呈正比。所以，具有高度人類精神創作性塵蟎圖片，並非小夢輕易可以主張合理使用。

三 所利用之質量及其在整個著作所占之比例

　　從利用的質量占著作的比例觀察，如果甚為微少，即利用的數量或利用部分的重要性，在數量上微不足道，或實質上屬於非顯著性者，則不生侵害著作權的問題。又，單張攝影著作構成一件著作，故兩張塵蟎圖片即屬於兩件攝影著作。小夢擅自將兩張塵蟎圖片完全重製於自家網頁上，並供人重製或下載，其利用攝影著作之質量應為百分之百，是小夢利用全部攝影著作的行為非屬合理使用。

四 利用結果對著作潛在市場與現在價值之影響

　　衡量此基準時，除考量使用人之使用對現在市場的經濟損失外，亦應參酌對市場未來之潛在市場影響，該兩者在判斷時應同具重要性。準此，本應探討系爭著作物在市面之流通量與著作權有無授權，以判斷利用行為對著作經濟價值之影響。本案中，阿崇取得塵蟎圖

片的專屬使用權利，其經濟效益在於自身與授權他人使用，以獲取商業利益或授權金，小夢無償利用塵蟎圖片，致阿崇經濟利益受重大不利影響，使其無法確保市場獨占地位，故小夢利用塵蟎圖片不構成合理使用，無法阻卻系爭著作權之侵害。

　　綜上，小夢使用塵蟎圖片並不成立著作權法第 65 條第 2 項之合理使用，阿崇本於專屬被授權人依法可主張小夢侵害其著作權。

21 影印教科書全部或一部分之內容以供自己使用是否違法？

大學生軒軒，家境貧困，平時支出都仰賴自身打工所得，某學期之某課程，授課教師指定某一原文書籍作為課堂指定讀物，就算用團購還是要價新臺幣 2,000 多元，相當於軒軒一個月生活費的 3 分之 1，軒軒實在負擔不起如此高額之書籍費用，因此決定跟同學借書拿去影印店完整地影印一份，請問軒軒的行為是否違反著作權法之規定？假如軒軒只請影印店印該書之一部分，結論是否會有所不同？

依照經濟部智慧財產局 98 年 8 月 28 日智著字第 09816002510 號函之意旨，影印屬於重製行為之一種，而重製權為著作財產權之一部分，因此，影印他人著作之行為，除符合著作權法第 44 條至第 65 條規定之合理使用情形外，應事先取得著作財產權人之同意或授權，否則即屬侵害重製權之行為。此外，各大專校院學生，如符合著作權法合理使用之規定，固可於合理範圍內，影印國內、外之書籍，惟如係整本或大部分之影印，或化整為零之影印，實已超出合理使用範圍，屬侵害重製權之行為，如遭權利人依法追訴，須負擔刑事及民事之法律責任。

　　本案中軒軒的行為是否可算是「合理使用」因而免責呢？首先，依著作權法第 51 條之規定，供個人或家庭為非營利之目的，在合理範圍內，得利用圖書館及非供公眾使用之機器重製已公開發表之著作。另外，軒軒也可能依著作權法第 65 條之規定，主張其行為綜合來看仍然屬於合理使用。不過，本案中最主要的問題還是：到底印多少才算是合理的範圍？這個問題並沒有標準答案，還是要就每個個案來認定。不過，一般來說，如果整本書送印的話，幾乎可以確定就是會違反著作權法了。因此，軒軒如果影印整本教科書，則必定違反著作權法之規定。反之，若軒軒僅影印其中一部分，答案就不一定了。不過至少依照經濟部智財局的函釋，如果影印了「大部分」或是所謂「化整為零」的影印的話，還是超過合理使用範圍因而屬於侵害重製權之行為，如遭權利人依法追訴，則須負相關民刑事責任。近來由於國內公私立大學非法影印書籍的情況猖獗，有關單位甚至呼籲經濟部將著作權法第 91 條第 1 項改為公訴罪，以利公權力打擊相關侵權行為，習慣影印書籍的學生們實在不可不慎！

22 利用自己的電腦自非法網站上下載 MP3 音樂檔案至硬碟，供自己收聽，違法嗎？

小明為某知名大學學生，某日他為節省費用就在宿舍以自用電腦從網路上下載 MP3 至硬碟，供自己收聽，但沒有再散布出去，小明的行為是否違法？

　　MP3 是將 CD 壓縮成 MP3 格式，屬音樂著作及錄音著作的重製，而將網路上的 MP3 下載至硬碟，也是屬於重製行為。但是未經著作人合法授權的重製行為，是否絕對違反著作權法，其實不然，依照著作權法第 51 條規定：「供個人或家庭為非營利之目的，在合理範圍內，得利用圖書館及非供公眾使用之機器重製已公開發表之著作」，而是否在「合理之範圍」則需看著作權法第 65 條之規定。因此小明未經著作人同意，以自己的電腦自網路上下載 MP3 至硬碟，就看其行為是否符合上述二規定。一般認為下載 MP3 至硬碟，必須利用網路經營者本身的電信、電腦、網路設備方得以下載，而這些設備顯然係供公眾使用，故對網路使用者而言，仍屬利用供公眾使用的機器重製，顯然已不合著作權法第 51 條之規定。且縱使認為小明重製的機器係利用個人的機器重製，然依其利用的目的係在節省費用及著作之性質觀之，若允許其下載的行為對於著作人的權

益實有影響。因此，小明雖然下載 MP3 至硬碟後，僅供自己收聽而未再散布出去，但若要主張此種下載為合理使用恐有困難。

23 到 KTV 消費唱歌應注意哪些事項才不會違反著作權法？

近來有報紙報導關於 KTV 業者向伴唱帶業者購買伴唱帶所衍生的相關法律問題，其問題來源為伴唱帶業者一開始與詞曲、音樂著作的著作人洽談授權合約時，並未就「公開演出權」部分加以約定，也就是伴唱帶業者並無權利將這些詞曲音樂公開演出，而當然，向伴唱帶業者購買伴唱帶的 KTV 業者，亦無權將其公開演出，故詞曲、音樂著作的著作人乃透過著作權仲介團體向 KTV 收取公開演出的費用，然而因為雙方對於費用的多寡認知有所差異，導致談判破裂，著作權仲介團體憤而一舉告上法院，主張 KTV 業者已侵犯其著作權。平日愛唱歌的阿花看到報導，擔心日後到 KTV 唱歌是否也有違反著作權法的問題？

KTV 業者所播放的伴唱帶上有一視聽著作應無疑問，但伴唱帶上之詞曲為伴唱帶製作之前即已存在，故伴唱帶上亦有所謂的音樂著作存在，因此一般認為伴唱帶上若搭配歌詞歌曲時，即成為結合視聽著作與音樂著作之結合著作，而業者播放伴唱帶的行為，乃以單一或多數視聽機或其他傳達影像之方法向現場或現場以外一定場

所之公眾傳達著作內容（參見著作權法第 3 條第 1 項第 8 款），應屬於「公開上映」的行為，而「公開上映」屬於視聽著作著作財產權人專有的權利，因此 KTV 業者如果欲主張其公開播放伴唱帶的行為合法，就應取得視聽著作著作權人的同意始可，否則可能違反著作權法之規定。

　　至於消費者在 KTV 消費唱歌，一般認為應屬著作權法上的「公開演出」行為，而公開演出依照著作權法第 26 條之規定，著作人專有公開演出其音樂著作之權利，因此消費者欲公開演唱他人的歌曲歌詞，也應該徵得音樂著作權人的同意始可。但是由於 KTV 公司向伴唱帶公司所購入之營業用伴唱帶，係音樂著作權人授權業者為營業性使用，音樂著作權人於授權伴唱帶公司製作之初，即知日後伴唱帶公司將營業用之伴唱帶出售時，即在供不特定之消費者演唱之用，因此依照「契約目的讓與理論」應認為營業用之伴唱帶在獲得音樂著作權人授權製作時，即已取得可供人公開演唱之授權，所以縱使認為消費者在包廂內演唱歌

曲，構成「公開」演出亦無須得到音樂著作權人之同意或再次授權。

由上述說明可知，KTV 業者通常已為消費者先向詞曲作者或著作權仲介團體繳納費用或已取得合法的授權，而消費者到 KTV 消費所繳納的費用當然可以含括公開演出的費用，因此消費者應可安心歡唱。

唱片公司於 CD 上附加防盜拷裝置再販賣給消費者，合法嗎？

小明最近到唱片行購買「周杰倫」的雷射唱片（即 CD）一張，該雷射唱片封面及包裝上標示「本 CD 為防盜拷 CD，無法複製至個人電腦或 MP3 檔案資料」等條款，小明認為唱片公司此種行為，已經影響到他購買 CD 後得享有的合理重製利用權，唱片公司所出售的唱片顯然有瑕疵，唱片公司應另行交付未設有防盜拷裝置的雷射唱片，小明的主張有理嗎？

　　由於現今數位複製技術進步迅速，致使一般音樂 CD 極易被重製及散布，往往造成音樂著作權人極大的損失，唱片公司為避免此種情形發生，常常會在所發行的 CD 上附加防盜拷的裝置，並於 CD 封面上註明。此種著作權人所採取有效禁止或限制他人擅自進入或利用著作之設備、器材、零件、技術或其他科技方法即稱為防盜拷措施（參見著作權法第 3 條第 1 項第 18 款）。對於著作權人所採取的防盜拷措施，他人未經合法授權不得予以破解、破壞或以其他方法規避之；且破解、破壞或規避防盜拷措施的設備、器材、零件或技術，未經合法授權亦不得製造、輸入、提供公眾使用或為公眾提供服務（參見著作權法第 80 條之 2），如果違反上述規定，亦需負

起民事賠償責任及刑事責任。故唱片公司在雷射唱片上附加防盜拷裝置，是具有正當理由的，並未妨礙消費者行使其權利，也沒有違反著作權法合理使用的規定，更無違反平等互惠原則。因此本案例，小明欲以唱片公司所出售的 CD 顯然有瑕疵，請求唱片公司另行交付未設有防盜拷裝置的雷射唱片，恐怕是沒有理由的，唱片公司的行為完全合法。

臺北地方法院 93 年度小上字第 4 號民事判決參照，上開判決可點選司法院網站查詢。

25　購買盜版軟體違法嗎？幫忙販售非法大補帖合法嗎？

小明在光華商場買了盜版的電腦遊戲軟體程式，並同時購買一盜版之「張惠妹精選集」音樂光碟，小明回家後一面聽買來之盜版音樂光碟，一方面利用買來之盜版軟體將其安裝在自己的電腦內供自己遊樂使用。問小明購買盜版軟體及盜版光碟的行為，是否違反著作權法？又，小明暑假期間為賺取外快，幫販售非法大補帖的學長跑腿送貨，小明是否也有刑事責任？

　　為了尊重著作人的創作，且為避免劣幣驅逐良幣，以期待有更好的創作產生，近來政府均大力倡導尊重他人著作權，國人應該拒買盜版品，消費者購買時如不小心購買到盜版品，可依法向出賣者主張退貨並進而向警察機關檢舉告發。但是如果消費者是誤買盜版品或者甚至明知為盜版品而加以購買，是否違法？關於這個問題，只要消費者當初購買的目的不是為了意圖散布並進而公開陳列或持有，就沒有違反著作權法的問題。不過，在此仍呼籲各位讀者，創作人欲完成一著作通常需花費許多時間精力，嘔心瀝血後方能完成，消費者實不應為節省那少許的費用而購買盜版品，進而使盜版業者

更加猖獗，否則臺灣到何日方能脫離「盜版王國」的惡名？

　　至於幫忙販售非法大補帖，雖然並非實際從事盜版重製工作，但依照著作權法第 87 條第 6 款之規定 ，明知為侵害著作財產權之物，意圖散布而公開陳列或持有者，仍視為侵害著作權，違反者依照同法第 93 條的規定，可處 2 年以下有期徒刑、拘役或科或併科新臺幣 50 萬元以下罰金 ，小明雖然只是幫忙跑腿，但仍然成立幫助犯，依法亦需負刑事責任的。

26 設置機房提供非法機上盒業者使用藉以公開傳輸他人合法之視聽著作合法嗎？

小天近來因為經濟狀況不佳，加上本身又有電腦之專業，一時為利所誘，竟然與大陸地區之綽號豬頭之男子共商，由豬頭提供設置機房之設備及費用後，再由小天在其住處設置機房，將電腦主機、數據機、解碼器、路由器、訊號強波器及電視盒等機具安裝於機房內，再向中華電信股份有限公司等承租有線電視網路服務後，未經各大電視公司之同意或授權，在機房內透過上開機具設備自動擷取各大電視公司所製播視聽著作（包括新聞、電影、「型男大主廚」、「食尚玩家」）有線電視頻道訊號，儲存轉碼而重製後，公開傳輸至豬頭所架設之雲端伺服器，再轉給非法電視機上盒業者，由非法電視機上盒業者公開傳輸上開視聽著作予購買、租用機上盒之消費者觀看，小天此種行為是否已違反著作權法？

近年來出現各式新興之數位侵權型態，提供民眾便捷管道可至網站收視非法影音內容，例如：部分機上盒透過內建或預設的電腦程式專門提供使用者可連結至侵權網站，收視非法影音內容；或是於網路平臺上架可連結非法影音內容的 APP 應用程式，提供民眾透過平板電腦、手機等裝置下載後，進一步瀏覽非法影音內容。此類

機上盒或 APP 應用程式業者常以明示或暗示使用者可影音看到飽、終身免費、不必再付有線電視月租費等廣告文字號召、誘使或煽惑使用者利用該電腦程式連結至侵權網站，並收取廣告費、月租費或銷售利益之行為，已嚴重損害著作財產權人之合法權益，進而影響影音產業與相關內容產業之健全發展，所以針對此種惡意數位侵權行為即有予以約束規範之必要。

著作權法第 87 條第 1 項第 8 款乃規定： 明知他人公開播送或公開傳輸之著作侵害著作財產權，意圖供公眾透過網路接觸該等著作，有下列情形之一而受有利益者：㈠提供公眾使用匯集該等著作網路位址之電腦程式。㈡指導、協助或預設路徑供公眾使用前目之電腦程式。㈢製造、輸入或銷售載有第 1 目之電腦程式之設備或器材。視為侵害著作權。前述所稱之「匯集」，係指將侵害著作財產權著作內容的連結集中於該等電腦程式。而該提供者必須是出於供他人透過網路接觸侵害著作財產權內容之意圖，提供電腦程式，始屬本款規範之範圍；又受有利益者係指經濟上利益。

本案例小天未經各大電視公司之授權或同意，與豬頭重製頻道之有線電視頻道訊號，再公開傳輸給非法電視機上盒業者，以提供給購買、租用非法電視機上盒之消費者觀賞，民事方面不僅小天要對各大電視公司負損害賠償責任。另外，刑事責任方面，小天和豬頭係共犯著作權法第 91 條第 2 項之意圖銷售或出租而擅自以重製之方法侵害他人之著作財產權罪、同法第 92 條擅自以公開傳輸之方式侵害他人之著作財產權罪。

27　自國外輸入真品的行為，合法嗎？

佳佳經營的錄影帶出租店在電影「魔戒」尚未在臺灣上映前，即自國外買入合法的影帶，她將其加上中文字幕重製後，以DVD、VCD出租或出售給客人觀賞，佳佳出租店的行為是否違法？

依照著作權法第4條的規定，在外國受有著作權法保護的真品影碟，在我國境內亦受到相同的保護。而依著作權法第87條第1項第4款的規定，即未經著作財產權人同意而輸入著作原件或其國外合法重製物者，視為侵害著作權。因此我國著作權法對於真品平行輸入係採取禁止的立場，除非輸入者可以主張第87條之1的例外事由，才可以免責。例如主張為供輸入者個人非散布之利用，或屬入境人員行李之一部分而輸入著作原件或一定數量（指1件）重製物。故佳佳自國外帶回真品影碟係在供所經營的錄影帶出租店散布之用，依照上述說明，其行為已違反著作權法第87條之規定。

再者，著作權法第59條之1雖然規定：「在中華民國管轄區域內取得著作原件或其合法重製物所有權之人，得以移轉所有權之方式散布之。」但是佳佳錄影帶出租店所擁有的影碟係從國外進口，

非在我國境內取得，所以其仍無法主張此條的散布權耗盡原則。至於出租部分，依照著作權法第 60 條之規定只有合法重製物的所有人才可以主張出租權耗盡原則，佳佳錄影帶出租店未經著作人同意而輸入的影碟非屬合法的重製物，已如前述，所以佳佳亦無法根據此條規定，對其出租行為免除侵害責任。

本案例佳佳之行為，已經違反著作權法第 91 條之 1 第 1 項擅自以移轉所有權方法散布著作原件或其重製物而侵害他人著作財產權之刑事處罰規定，也觸犯了同法第 92 條擅自以出租的方法侵害他人著作財產權罪。

28　在百貨公司、餐廳公開播放廣播節目或購買來的唱片 CD 是否違反著作權法？

「美美餐廳」為增加客人用餐的氣氛，特地購買多塊正版中西洋情歌精選集，再藉由店內的音響設備播放給客人收聽，但「美美餐廳」的負責人最近聽說，此種公開播放音樂的行為，必須另外付費給相關著作權仲介團體，否則仍有觸法之虞，是否果真如此？

百貨公司或餐廳營業時接收廣播，再以擴音器（非無線電或有線電）將其內容傳送供客戶欣賞，或將買來的唱片音樂帶以擴音器播放給客戶欣賞。一般認為此種情形百貨公司等業者係在從事公開演出行為。因為觀諸目前著作權法第 3 條第 1 項第 9 款之規定，即公開演出：指以演技、舞蹈、歌唱、彈奏樂器或其他方法向現場之公眾傳達著作內容。以擴音器或其他器材，將原播送之聲音或影像向公眾傳達者，亦屬之。足見百貨公司上述行為應屬公開演出行為。而公開演出權依照著作權法第 26 條第 1 項，規定著作人專有公開演出其音樂著作之權利，所以公開演出權既然係音樂著作權人所專有的權利，除非有合於著作權法第 44 條至第 65 條著作財產權合理使用之規定，否則公開演出音樂著作，應徵得著作財產權人之同意

始可。

　　因此，本案例「美美餐廳」縱使已付費合法取得多塊正版中西洋情歌精選集之所有權，但是其要在公開場合（營業場所）播放這些音樂，還是應該取得音樂著作權人的授權始可，而目前音樂著作權人多是將其著作財產權交由著作權仲介團體管理，故業者可透過與該等團體聯繫授權方式，方能確保無觸法之虞。

29

將購買來的 CD 出借給親朋好友，是否觸犯著作權法所增訂的散布權規定？

小明最近買了一片「五月天」的音樂 CD，覺得裡面有多首歌曲蠻適合失戀中的人療癒之用，所以就將該片 CD 出借給目前失戀中的好友小王，小明此種出借的行為是否違反著作權法所增訂的散布權規定？

　　散布權又稱為發行權者，亦即著作權人可享有授權或經由銷售或其他所有權轉讓形式，向公眾提供其作品原件或重製物之權利。我國著作權法本來沒有散布權的規定，是在 92 年著作權法修法時，才在第 28 條之 1 增訂散布權的規定，該條規定：「（第 1 項）著作人除本法另有規定外，專有以移轉所有權之方式，散布其著作之權利。（第 2 項）表演人就其經重製於錄音著作之表演，專有以移轉所有權之方式散布之權利。」而所謂散布係指：「不問有償或無償，將著作的原件或重製物提供公眾交易或流通。」（參見著作權法第 3 條第 1 項第 12 款），但是根據第 28 條之 1 的立法理由，我國就散布權仍採狹義的觀念，也就是僅限於著作人對著作原件或重製物之「所有權移轉」情形方有適用，如果是以出借的方式，單純將占有移轉給第三人，就不適用之。

　　另外，在賦予著作人散布權後，不免發生此時傳統之著作權法基本原則（如權利耗盡原則）是否因此必需受到限制或影響之問題，關於此，新法於第 59 條之 1 採取最保護著作權人之「國家耗盡原則」，亦即僅有在中華民國管轄區域內，取得著作原件或合法重製物所有權之人，得以移轉所有權之方式散布之；若係在外國取得著作原件或合法重製物所有權而輸入臺灣者（也就是真品平行輸入），仍無法使該著作物成為「合法」著作物，因而不能在臺灣以移轉所有權之方式散布之。此種規範之方式，雖有助於保障著作權人權益，但卻明顯歧視著作利用人，此種以立法對抗經濟原則，是否適當，實值深思。

　　本案例，小明將買來的 CD 出借給朋友小王，因為並沒有移轉著作原件或重製物所有權的情事，而僅有占有的移轉，並不在著作權法第 28 條之 1 散布權的權利範圍內，且小明也沒有對公眾銷售流通的情形，故小明的行為並未觸犯著作權法所增訂的散布權規定。

30 何謂暫時性重製？哪些行為會涉及暫時性重製？是否所有的暫時性重製行為均受到著作人重製權的限制？

　小李將買來的 VCD 透過影音光碟機欣賞，此種暫時性重製的行為，是否需先徵得原著作權人的同意才合法？

　　重製權是著作財產權中最重要的權利，因為只有透過不斷的重製著作銷售，著作人方能實現其財產價值。所謂「重製」，依著作權法第 3 條第 1 項第 5 款規定：「指以印刷、複印、錄音、錄影、攝影、筆錄或其他方法直接、間接、永久或暫時之重複製作。於劇本、音樂著作或其他類似著作演出或播送時予以錄音或錄影；或依建築設計圖或建築模型建造建築物者，亦屬之。」所以暫時性的重製（例如將電腦程式載入記憶體的行為）依法亦屬於重製權的範圍。但為了避免影響一般人的利用，著作權法特別於第 22 條第 3 項、第 4 項增設除外規定，亦即，若是(1)專為網路合法中繼性傳輸，或(2)合法使用著作，屬技術操作過程中必要之過渡性、附帶性而不具獨立經濟意義之暫時性重製，例如用電腦來觀看影片或聽音樂，就不適用第 22 條第 1 項與第 2 項之規定，至於所謂「網路中繼性傳輸」包括了網路瀏覽、快速存取或其他為達成傳輸功能之電腦或機械本身技術上所不可避免之現象。

　　本案例，小李的行為雖然構成暫時性的重製，但因為著作權法第 22 條第 3 項的規定，此種情形並不在著作人得主張重製權的範圍內，因此小李的行為並無違反著作權法。

31　想要利用他人的音樂，如果著作權人不願授權，是否就無計可施？

某電視公司想要在其製作的影片中利用某音樂著作，但由於雙方一直無法就使用之報酬達成協議，電視公司可否透過著作權法強制授權的規定，取得授權？

　　所謂強制授權制度指欲利用他人著作的人，只須符合法律所規定之條件，經主管機關許可，不論著作權人是否同意，即得利用該著作，其目的在普及著作之利用。關於強制授權之要件需符合：

強制授權要件
1　錄有音樂著作之銷售用錄音著作發行已滿 6 個月
2　係為利用該音樂著作錄製其他銷售用錄音著作
3　需申請主管機關許可強制授權
4　需給付使用報酬
5　強制授權者不得將其錄音著作之重製物銷售至中華民國管轄區域之外

（參見著作權法第 69 條、第 70 條）

　　又為規範申請強制授權及使用報酬，內政部依著作權法第 69 條第 2 項頒布「音樂著作強制授權申請許可及使用報酬辦法」，依該辦法如欲申請強制授權，應檢附申請書、音樂著作的著作樣本、有關

的證明文件。至於強制授權使用報酬的費率，原則上係以預定發行的錄音著作的批發價格 5.4%乘上預定發行的錄音著作數量計算之。

　　本案例，某電視公司想要在其製作的影片中利用某音樂著作，可否向主管機關申請強制授權？因為其並非為錄製其他銷售用錄音著作而係為錄製影片而利用，顯然不合強制授權的要件，所以某電視公司不可能藉由強制授權制度取得使用該音樂著作的合法權利。

32　婚紗店未經新人同意，將新人所拍攝的婚紗照公開陳列於店外之廣告看板上或刊登在雜誌上，是否觸法？

阿偉與鈴鈴為著名影星，新婚前至攝影師小羅經營之婚紗店拍攝婚紗照，小羅未經阿偉與鈴鈴同意便將兩人的婚紗照交由某八卦雜誌社報導並陳列於公司櫥窗，供其他來店新人參考，問阿偉與鈴鈴可以主張何種權利？

　　人格權可分為「特別人格權」與「一般人格權」，前者係指法律具體規範保護的人格權，例如民法所規定的姓名、身體還有著作權法上的著作人格權；後者則為民法第 18 條所概括規定的人格權，例如肖像權。而當特別人格權與一般人格權發生衝突時，一般認為在著作權法特別規定的範圍內，例如保護期間應優先適用。但是如果是在兩個不同的權利主體行使權利發生衝突時，則不能單純的認為享有著作人格權之人一定優先於一般人格權而受保護，此時反而應以人類最基本的生存發展所必備、不可或缺之一般人格權為最優先考量。

　　本案例，雖然小羅依照著作權法第 12 條之規定，如在雙方未有特別約定之情形下，可擁有該婚紗照之著作人格權中之公開發表權，但仍應該受限制，且隨著社會發展及經濟活動的發展，有些人格權

（如影星的肖像權）已不再是僅單純具有人格利益的內涵，而兼具有高度的經濟價值，因此小羅如欲使用阿偉與鈴鈴之婚紗照增加本身的知名度，還是應先徵得他們之同意始可，否則縱使其擁有著作權，仍無法免除需對其二人負侵權責任。

33 擅自將著作人表示於著作上藉以確認著作人或著作名稱或著作財產權人之數字、符號移除變更，是否觸法？

阿英將某著名布袋戲多媒體公司所發行的錄影帶上片頭聲明中，關於著作人的姓名更改，及將某小說的版權頁關於著作財產權人的記載加以變更，其行為是否違反著作權法的規定？

　　著作人常常會於著作原件或其重製物，或於著作向公眾傳達時，以電子資訊或以數字、符號表示足以確認著作、著作名稱、著作人、著作財產權人或其授權之人及利用期間或條件之相關資訊，此稱為「權利管理電子資訊」（參見著作權法第 3 條第 1 項第 17 款），這一類的資訊通常記載於文字著作的版權頁、視聽著作的片頭聲明或 CD 外包裝等明顯處，其目的在於使欲利用該著作的他人，得據以知悉應向何人協商取得權利。鑑於現今數位科技進步，將語文、圖片或其他影音著作數位化並上傳至網路已為常態，倘著作上所註記的權利管理電子資訊，遭他人竄改、增刪，不僅破壞著作市場之安定秩序，損害著作財產權人的權利，亦將造成利用人無法合法取得授權。因此為加強對於「權利管理電子資訊」之保護，我國著作權法第 80 條之 1 規定，禁止任何人移除或變更著作權人所為之「權利管理電子資訊」，除非有(1)因行為時之技術限制，非移除或變更著作

權利管理電子資訊即不能合法利用該著作。⑵錄製或傳輸系統轉換時，其轉換技術上必要之移除或變更等情形，方可移除或變更之。此外，若明知著作權利管理電子資訊業經非法移除或變更者，亦不得散布或意圖散布而輸入或持有該著作原件或重製物，或公開播送、公開演出、公開傳輸，若有違反亦需依著作權法第 96 條之 1 負起刑事責任，並應依第 90 條之 3 負民事上之損害賠償責任。

本案例，阿英將著作人用以表示著作權利狀態的訊息加以移除或變更，其行為顯然已經違反上述著作權法之規定。

34 出版社在不知情下出版侵害他人著作權的書籍，違法嗎？

小黎為受刑人，他利用服刑閒暇之餘撰寫小說，並將完成的小說拿給亮亮出版社出版，出版社為鼓勵受刑人創作及改過自新，所以在收到稿件後隨即將稿費寄給小黎並將小說付梓發行，後來有讀者向出版社反映小黎的小說內容幾乎是完全抄襲網路名人安安的著作，問亮亮出版社要負侵害著作權的法律責任嗎？

　　侵害著作權的法律責任可分為刑事及民事責任兩大部分。由於著作權法在刑事責任部分並沒有處罰過失犯的特別規定，所以侵害著作權的刑事責任以故意為要件，如果僅是因過失而侵害他人著作

權並無刑事責任。但是在民事責任部分，其成立要件只需行為人有過失即可成立。而所謂過失指按其情節應注意並能注意，卻不注意而言。本案例，亮亮出版社在不知情下出版小黎抄襲他人著作的小說，雖然沒有刑事責任，但是就民事責任部分，亮亮出版社如果要免責，還必須證明其已盡到出版社應盡的注意義務，卻仍然無法察覺小黎所投稿的小說係抄襲他人之著作而來，如此方能免責。否則，亮亮出版社還是必須和小黎對著作人安安負共同侵害著作權的民事損害賠償責任。

35 何謂「抄襲」？「抄襲」的法律效果為何？

阿哲在其碩士論文中多處直接摘錄他人著作，其中一部分未交代摘錄來源，一部分雖有交代來源，但摘錄之內容並未加註引號，請問阿哲的行為是否構成抄襲？如果是，在法律上可能會有哪些效果？

隨著我國高等教育的日漸蓬勃，學術著作（包括論文、報告等）之數量呈現爆炸性的成長，在這樣的情況下，師生互控抄襲而對簿公堂者有之，甚至指控對手之學位論文有抄襲他人之嫌疑也成了選舉攻防方法之一種。可以說，「抄襲」在我國已經變成了一個新穎而又屢見不鮮的文化現象。因此，到底什麼是「抄襲」，而「抄襲」可能會帶來哪些後果便成為我們日常生活中很重要的問題，以下依序為讀者分析：

━　何謂「抄襲」？

一說到抄襲，我們很容易就聯想到這個竊取他人心血結晶的行為可能有違反智財法的嫌疑，不過，首先必須澄清的是，事實上，我國智財三法（著作、商標、專利）的條文中從來沒出現過抄襲這兩個字。因此，抄襲充其量只是個描述事實的用語，而不是法律用語。也因此，行為人是否需要負擔著作權法相關的民刑事責任，關鍵不在他是否構成抄襲，而是他的行為是否構成著作權法所謂的「重製」或「改作」。不過，就算最終個案中的抄襲行為無須負擔著作權法之民刑責任，還是有可能引來某些行政法上之不利效果，因此，對於何謂抄襲我們還是有加以瞭解之必要。

比較可惜的是，我國成文法規及各學術單位制定之倫理規範一直缺乏對於抄襲的完整定義性規定，但近年已在「科技部學術倫理案件處理及審議要點」中，將抄襲定義為：「援用他人之申請資料、研究資料或研究成果未註明出處。註明出處不當情節重大者，以抄襲論。」或可作為參考。

━　抄襲是否構成著作權侵害之判斷標準

判斷標準	內　容
接觸 (Access)	被告是否接觸過著作權人之著作，應由著作權人負舉證責任，但一般來說要著作權人提出直接證據顯然太過困難，因此我國實務上肯認只要原告有證據

	能證明被告有「合理機會」聽聞過著作權人之著作即可
實質近似 (Substantial Similarity)	兩著作間是否實質近似,我國實務認為只要抄襲之部分為著作之重要部分即可,而非以抄襲之量作為判斷之依據

三 「抄襲」的法律效果為何?

種　類	內　容
民事 責任	1.排除侵害及防止侵害請求權(著作權法第 84 條) 2.損害賠償責任 (1)著作人格權受侵害時(著作權法第 85 條) (2)著作財產權或製版權受侵害時(著作權法第 88 條第 1 項)
刑事 責任	1.重製權之侵害(著作權法第 91 條第 1 項) 2.散布權之侵害(著作權法第 91 條之 1 第 2 項) 3.改作權之侵害(著作權法第 92 條) 4.著作人格權之侵害(著作權法第 93 條第 1 款、第 17 條) 5.未明示出處罪(著作權法第 64 條、第 96 條)
行政 責任	以學位論文之抄襲來說,學位授予法第 7 條之 2 規定:「各大學對其所授予之學位,如發現論文、創作、展演、書面報告或技術報告有抄襲或舞弊情事,經調查屬實者,應予撤銷,並公告註銷其已發之學位證書;其有違反其他法令者,並應依相關法令處理。」

　　因此,阿哲於其碩士論文抄襲之情事若經認定屬實,不僅可能須負擔民刑事責任,其學位恐怕也將不保。

36 遭他人控訴違反著作權法刑責時，應如何因應？

阿哲公司為代客印刷的工廠，某日乙持某一圖案至阿哲公司請其依該圖案代為印製標籤，印製完成後不久，有人指稱阿哲公司上開行為已違反著作權法，並對其提起刑事告訴，阿哲公司該如何面對這場官司？

　　在日常生活中，不論個人或公司行號難免會遇到著作權的問題，在有些情形固然真的已觸犯著作權法的規定，但也有些狀況，係他人無的放矢，膨脹自己所擁有的著作權，藉著著作權法所規定的刑事處罰，達到以刑逼民的目的，或打擊同業。為方便被控違反著作權法的被告，分析本身是否已經觸法，特提供以下幾點供讀者參考：

一 告訴人是否有合法的告訴權

　　如果告訴人本身不是著作財產權人，而僅是被授權人，依照著作權法第 37 條第 4 項之規定，必須是專屬授權的被授權人才有權利提出告訴。因此，被告可要求告訴人提出證明其有合法告訴權的證明文件。此外，被授權人其被授權的範圍為何，也會影響到告訴

是否合法。所以瞭解被授權人被授權之範圍，究竟是僅被授權某種著作財產權，還是所有的著作財產權都在授權的範圍，也是面對違反著作權刑事訴訟時可加以留意的。

二　可爭執著作是否有原創性

該著作是否有原創性？此點必須由被害人自己提出證明，如果是圖案，被害人就應該提出當時設計的草圖或圖檔，以供法院確認，否則若被害人無法證明其著作具有原創性，就無法受到著作權法的保護。

三　注意是否為告訴乃論之罪

侵害著作權的案件，原則上皆屬告訴乃論之罪，例外如違反第91條第3項、第91條之1第3項（亦即盜錄、盜拷及散布盜版光碟的犯罪，因破壞產銷秩序、擾亂交易安全甚鉅，故應由國家主動追訴）方為非告訴乃論之罪。而依照刑事訴訟法的規定，如果是告訴乃論之罪，告訴人應自知悉犯人之時起，於6個月內提出告訴，否則其告訴期間超過，其告訴就不合法。因此，如果被告在被害人提出刑事告訴前，如有先接獲被害人寄發之警告函，而被害人卻是遲至6個月後才提出告訴，被告亦可對此點加以爭執。

四　被告之行為是否構成合理使用

由於著作權法規定著作僅供個人參考或合理使用者，不構成著作權侵害（參見著作權法第 91 條第 4 項），而關於合理使用係規定在著作權法第 44 條至第 65 條，所以被告在面臨著作權訴訟時，可從上述之條文尋求是否有可主張合理使用的法條依據，以免除本身之刑事責任。

五　被告之行為是否出於故意

由於著作權法之刑罰只處罰故意犯，若被告係出於過失而違反著作權法，至多僅有民事責任，所以被告可提供相關證據證明本身確無侵害他人著作權之故意。

六　明確瞭解被害人告訴的內容

例如被害人告訴者為侵害公開演出權或侵害散布權，則被告可從著作權法中何謂公開演出、何謂散布之定義加以釐清，藉以判斷自己的行為是否果真符合該定義。

七 請教專業律師

　　畢竟著作權法屬專業的法律，一般民眾有時縱使自己翻閱法條亦無法窺其要義，因此為確保本身權益，仍應就該訴訟請教專業律師為宜。

　　本案例，阿哲公司即可循上述建議事項，謹慎面對該訴訟。例如提出客戶訂單，表明該圖案並非其所仿冒，其縱有重製行為亦無故意可言。

37 侵害他人著作財產權應負如何的民事責任？

阿哲為賺取生活費 ， 竟未經著作權人同意擅自拷貝盜版的遊戲軟體，再將該軟體拿到光華商場販售給不特定的客人圖利，阿哲的行為除了需負起刑事責任外 ， 尚須對合法遊戲軟體的著作權人負如何的民事責任？

著作權被侵害時，權利人的救濟方式大致上可分為民事救濟、刑事救濟及行政救濟三大部分。其中針對民事救濟部分，包含可以主張：

一 排除侵害或侵害防止請求權

著作權或製版權之權利人對於侵害其權利者，得請求排除之，有侵害之虞者，得請求防止之（參見著作權法第 84 條）。

■ 損害賠償請求權

▌著作人格權

　　著作權之侵害可分為著作人格權與著作財產權之侵害，如果是著作人格權遭受侵害，被害人除可向侵害著作人格權者請求損害賠償責任，如有非財產上之損害，被害人亦得請求賠償相當之金額（參見著作權法第 85 條第 1 項）。又著作人格權被侵害時，如著作人尚生存，當可由其為原告請求救濟，但如果著作人已死亡，著作人一定範圍之親屬，因多與著作人有密切之關係，如著作人死後其著作人格權遭受侵害，亦會對其名譽、聲譽造成影響，是以著作人死亡後，除遺囑另有指定外，下列之人，依順序對於有違反第 18 條人格權之人或有侵害之虞者，得請求救濟：一、配偶。二、子女。三、父母。四、孫子女。五、兄弟姊妹。六、祖父母（參見著作權法第86 條）。故著作人死亡後，著作人之子女、配偶等人均得依第 84 條及第 85 條第 2 項規定請求救濟。

▌著作財產權

　　如是著作財產權的侵害，被害人得向行為人請求損害賠償。鑑於著作財產權遭受侵害時其損害難以證明或確定，著作權法特別於第 88 條第 2 項規定損害賠償額之計算方式。其大致可分為 5 種：

種 類	內 容
具體損害賠償說	由被害人請求其所受損害及所失利益
差額說	被害人如不能證明其損害時，得以行使權利依通常情形可得預期之利益，減除被侵害後行使同一權利所得利益之差額，為其所受損害
銷售總利益說	被害人得請求因侵害行為所得利益作為其損害賠償。亦即被害人不需證明是否已受損害或是否能獲得該利益，被害人可依侵害人公司之帳冊扣除成本後以之為計算之基礎
銷售總價額說	侵害人不能證明其成本或必要費用時，被害人得以其侵害行為所得之全部收入，為其所得利益。亦即以侵害人銷售全部所得作為損害賠償之總額
酌定說	被害人如仍不易證明其實際損害額，得請求法院依侵害情節，在新臺幣 1 萬元以上 100 萬元以下酌定賠償額。如損害行為屬故意且情節重大，賠償額得增至新臺幣 500 萬元

三 回復名譽請求權

如果侵害著作人之著作人格權時（不包含著作財產權），被害人除得請求損害賠償外，並得請求表示著作人之姓名或名稱、更正內容或為其他回復名譽之適當處分（參見著作權法第 85 條第 2 項）。例如命侵害人在報紙上刊載道歉啟事。

四 銷毀侵害物請求權

被害人對於侵害行為作成之物或主要供侵害所用之物，得請求銷毀或為其他必要之處置。

五　判決書登載請求權

　　按著作權乃智慧財產權之一種，對於此種精神創作成果之侵害，往往對於著作人之名譽、聲望造成不良之影響，因此著作權法第89條特別賦予被害人得請求侵害人由其負擔費用，將判決書之內容全部或一部登載於新聞紙之權利。

　　本案例，阿哲未經著作權人同意而擅自重製他人著作，依照上述說明，阿哲必須依其所侵害的權利內容，對著作權人負起民事責任。

38　著作權被侵害時，被害人得否請求侵害人將判決書登報？

小同公司未經大明的同意，擅自將大明所拍攝具有著作權之照片，刊登於公司網頁。於是大明對小同公司提出民事訴訟，除要求賠償外，還請求小同公司日後必須自行負擔費用將民事判決書的內容以一定大小之字體刊登在各大報紙之頭版，以正視聽，是否有理由？

著作權法第 89 條雖然規定被害人得請求由侵害人負擔費用，將判決書內容全部或一部登載新聞紙、雜誌。但是上開法條所謂的「新聞紙、雜誌」之解釋應該要隨著科技之發展變動，傳統之新聞紙或雜誌固僅指書面之報紙或雜誌，但因為網路科技的發展，已出現電子報之新聞媒體型態，另有許多雜誌因網路科技之發展，已不再發行紙版之雜誌，而僅發行電子版之雜誌，甚而僅發行電子書。所以因網路科技之進步所發展出與傳統「新聞紙、雜誌」具有相同功能之網路媒介（例如：被告公司之網頁），都應認為包含在前揭法條所規定之「新聞紙、雜誌」之範圍內。

因此，如果小同公司所使用系爭照片僅占公司網頁之一小部分，且小同公司如在大明提出訴訟後，為免爭議，亦早已移除該張照片，

侵害大明權益之情節甚微，大明請求將判決書刊登於各大報紙之登報費用與侵害著作權所生之損害賠償間，兩者並不相當，並不符合公平原則。如前所述，既然因網路科技進步發展下，公司網頁亦具有傳統「新聞紙、雜誌」之網路媒介功能，則命侵害人負擔費用將判決書以彈跳視窗方式刊登於其公司之網站首頁上，所需費用不高，以此方式回復被害人之損害方符比例原則，對於雙方而言應稱公允。本案例大明請求小同公司負擔費用外，還請求小同公司日後必須自行負擔費用將民事判決書之部分內容以一定大小之字體刊登在各大報紙之頭版，以正視聽，應無理由。

　　附帶言之，另有部分實務見解認為如果侵害人侵害系爭著作權之損害賠償與支出判決書之登報費用，兩者均屬侵害人應負之民事責任，而命登報之功能在於回復被害人之信譽，倘被害人之損害已獲得適當之補償，自無必要再

命其負擔費用，將判決書內容全部或一部登刊在新聞紙。亦即，登報費用與侵害著作權所生之損害賠償間，兩者必須相當，始符合公平原則。且所謂適當之處分，應係指該處分在客觀上足以回復被害人之信譽且屬必要者而言。縱認侵害人侵害著作之行為致被害人受損害，惟於命侵害人負損害賠償責任時，已足使被害人之損害獲得適當賠償，當無必要再命侵害人負擔費用，將判決書內容登報，否則，將有不當處罰被告之嫌。換言之，有法院根本就否決被害人有請求侵害人登報之權利。

39　著作權人進行侵權訴訟，其舉證責任為何？

阿華著有《塑鋼管特性及應用》一書，享有著作財產權，但小丹所經營的晶晶公司卻未經阿華授權或同意，意圖營利，在未經阿華之授權與許可下，將該書中某頁之全部文字，重製於其公司網站，以作為產品塑鋼管簡介之一部分，侵害阿華之著作財產權。阿華以上開事實為理由，對晶晶公司及小丹提起違反著作權法之刑事告訴，於該訴訟中阿華應如何舉證其為適法之著作權人？

　　按我國著作權法係採創作主義，著作人於著作完成時即享有著作權，然著作權人所享著作權，仍屬私權，與其他一般私權之權利人相同，對其著作權利之存在，自應負舉證之責任，故著作權人為證明其享有著作權，應保留其著作之創作過程、發行及其他與權利有關事項之資料作為證明自身權利之方法，如日後發生著作權爭執時，俾提出相關資料由法院認定之。

　　另著作權法為便利著作人或著作財產權人之舉證，特於著作權法第 13 條規定，在著作之原件或其已發行之重製物上，或將著作公開發表時，以通常之方法表示著作人、著作財產權人之本名或眾所

周知之別名，或著作之發行日期及地點者，推定為該著作之著作人或著作權人。因此，著作權人之舉證責任，在訴訟上至少必須證明下列事項：

著作權人舉證責任	
1	證明著作人身分，藉以證明該著作確係主張權利人所創作，此涉及著作人是否有創作能力、是否有充裕或合理而足以完成該著作之時間及支援人力、是否能提出創作過程文件等
2	證明著作完成時間：以著作之起始點，決定法律適用準據，確定是否受著作權法保護
3	證明係獨立創作，非抄襲，藉以審認著作人為創作時，未接觸參考他人先前之著作（最高法院 92 年度臺上字第 1664 號判決意旨參照），是主張著作權被侵害者，除合於上開推定規定外，仍須舉證證明其為著作人或著作財產權人

本案例如晶晶公司或小丹於訴訟中爭執阿華非該語文著作之著作權人時，阿華就必須依照上開說明證明，否則其可能就會被法院以無法舉證為適法之著作權人，而無法達其目的。由此可知，著作人於創作過程中，應就著作之原件或創作之草稿、圖稿詳加保存，或甚至可辦理著作存證等動作，以利日後如著作權遭他人侵害時，能舉證證明其為適法之著作權人。

商標法

何謂商標？商標註冊有多重要？

小華最近剛從大學企管系畢業，想要自行開店經營一家「寵物旅館」，取名為「寶貝寵物旅館」，試問如果小華想要把「寶貝寵物旅館」這個品牌

推出，行銷於市場、廣為消費者所知，第一步應該如何著手，才能保障該品牌之相關法律權利？

　　隨著生活水平的提高及產業的發達，一般消費者在選購商品或服務時，最重要的考量因素除了價格以外，就是「品牌」，由於消費者對於「品牌」的重視，所以各企業對於品牌的行銷無不全力以赴，而行銷品牌除了要有好的企畫案、好的宣傳手段外，其中最重要也是最根本的就是必須對所要使用的品牌取得商標權，因為取得商標權後，方能積極的加以利用，並禁止他人使用，否則有再好的行銷都沒用。況且，商標法就是為建立註冊商標制度，以鼓勵申請註冊，藉由商標權之保護，使商標權人得以專用其註冊商標，並使消費者易於辨識，不致產生混淆誤認而設，所以申請商標註冊就變成各企

業行銷品牌時不得不慎重面對之課題。

　　商標法第 1 條：「為保障商標權、證明標章權、團體標章權、團體商標權及消費者利益，維護市場公平競爭，促進工商企業正常發展，特制定本法。」是以，商標法保護的客體有商標權、證明標章權、團體標章權及團體商標權。而何謂商標、證明標章、團體標章、團體商標，以下分述之：

商　標	商標，指任何具有識別性之標識，得以文字、圖形、記號、顏色、立體形狀、動態、全像圖、聲音等，或其聯合式所組成（參見商標法第 18 條）
證明標章	指證明標章權人用以證明他人商品或服務之特定品質、精密度、原料、製造方法、產地或其他事項，並藉以與未經證明之商品或服務相區別之標識（參見商標法第 80 條）
團體標章	指具有法人資格之公會、協會或其他團體，為表彰其會員之會籍，並藉以與非該團體會員相區別之標識（參見商標法第 85 條）
團體商標	指具有法人資格之公會、協會或其他團體，為指示其會員所提供之商品或服務，並藉以與非該團體會員所提供之商品或服務相區別之標識（參見商標法第 88 條）

　　本案例，小華想要自行創業經營寵物旅館生意，小華如果想要讓該店廣為消費者所知悉，最重要的第一件事，就是先為寵物店取一個響亮、好記而且好用的名字，並趕快以該名字向主管機關申請商標註冊。

　　本文參考馮震宇〈品牌行銷的基礎——商標註冊與商標權的取得〉一文，刊登於《月旦法學雜誌》，第 27 期，114 頁以下。

什麼樣的商標才能獲准註冊？

小明剛從大學畢業，打算在網路上經營各種衣服的拍賣，自行創業，所以就以「便利網路服飾店」，指定使用於進口服飾的代理、販賣等服務，向經濟部智慧財產局申請商標註冊，可能獲准註冊嗎？

依照商標法第 18 條第 1 項之規定，商標圖樣是指任何具有識別性之標識，得以文字、圖形、記號、顏色（包含單一顏色）、立體形狀、動態、全像圖、聲音等，或其聯合式所組成。其中立體形狀、動態、全像圖、聲音等是為配合國際趨勢，於 92 年及 100 年修正商標法時納入。

修法後不僅商標圖樣不再侷限於平面之圖樣，屬於立體設計之形狀（例如瓶子之外觀）、米高梅電影「獅子吼片頭」、皮克斯動畫「調皮小檯燈」、以及各式手機的開機影音等，皆可作為商標註冊之客體。此外，商標保護之客體不再限於所例示之情形，如此方能符合現今商標活動發達，傳銷媒體及廣告設計日新月異，傳統商標表現之型態已不敷所需之趨勢。

而要獲准商標註冊，必須商標足以使商品或服務之相關消費者

認識為指示商品或服務來源，並得藉以與他人之商品或服務相區別（參見商標法第 18 條第 2 項），簡言之，申請作為「商標」的圖樣必須具有識別性（又稱為特別顯著性）才有可能獲准註冊。依照經濟部智慧財產局所公布的「商標識別性審查基準」將商標依其識別性強弱，區分為：

種　類	內　容
獨創性商標	指商標圖樣是運用智慧獨創取得，而非沿用既有之辭彙或事物者。例如「捷安特」、「義美」
隨意性商標	商標圖樣由現有之辭彙或事物所構成，但是與指定之商品全然無關者。例如「蘋果牌」電腦、「大同」、「統一」等商標
暗示性商標	商標圖樣以隱含譬喻的方式暗示商品的形狀、品質、功用或其他有關成分、性質、特性或目的等，但必須不是業者所必須或通常用以說明商品者。例如「快譯通」、「一匙靈」等商標

　　以上三種商標，其識別性雖強弱不同，但都有識別性，原則上都可以獲准商標註冊，但是如果是像簡單之線條、基本顏色、流行之標語、廣告用語（如隨手關燈、安全第一）、常用之成語、祝壽語（如壽比南山、百年好合）、單純之國名、地理名稱、書籍、小說著作物之名稱（如《紅樓夢》）等，都是沒有識別性而不得申請商標註冊。

　　本案例，「便利網路服飾店」，「便利」兩字僅在強調網路服飾店得隨時上網訂購、搜尋服飾之便利性，只是在對其服務本身的說明及描述，應該不具有識別性，所以小明欲以此名稱申請商標註冊，恐怕會遭智慧財產局駁回。

03 立體形狀的商標能申請註冊嗎？

巧虎公司欲以特殊的酒瓶造型（吉羊圖）申請註冊為酒類商標可行嗎？

商標得以文字、圖形、記號、顏色、立體形狀、動態、全像圖、聲音等，或其聯合式所組成（參見商標法第 18 條第 1 項），所以依照我國目前商標法的規定，以三度空間具有長、寬、高所形成的立體形狀，只要能使相關消費者藉以區別不同的商品或服務來源，即有機會申請註冊為商標。但須注意並非所有的立體商標都能申請註冊。立體商標要能獲准註冊除了必須具有識別性之外，而且必須不是僅描述商品或服務之品質、用途、原料、產地或相關特性之說明所構成者（參見商標法第 29 條第 1 項第 1 款）。此外商標如果是僅發揮其功能性所必要者，例如輪胎之紋路、運動鞋底之紋路或電扇之扇形，亦不能申請商標註冊（參見商標法第 30 條第 1 項第 1 款），因為如果商標是僅發揮其功能性所必要者，讓他人申請註冊，而獲得商標權的保護，無異於讓商標

權人可以壟斷特定商品之形狀或功能，並不妥當。本案例，該酒瓶
造型並非屬一般酒瓶造型，具有特殊性，且其具有之特殊形狀亦非
僅發揮商品或服務功能性所必須之形狀，因此，巧虎公司應可以該
立體酒瓶造型申請註冊為酒類商標。

04 描述性的用語能申請註冊為商標嗎？

美美以「一番搾」商標圖樣，指定使用於啤酒、生啤酒等商品申請註冊，問美美的商標申請案能獲准嗎？

　　由於有些如描述性的用語、地理名詞等原則上因欠缺識別性，本來是不可以申請商標註冊的，但是因為經過申請人一段時間的使用之後，已經在交易上被消費者或購買人認識其為商品或服務之識別標識，也就是消費者常會將該標識與所有人之商品或服務聯想在一起，則該標識因使用而具有識別性之效果，而具有區別力，申請人此時得以之申請註冊，此即為第二重意義（又稱為次要意義）。例

如：「多喝水」三字原為描述性用語，但其用於礦泉水已有相當之知名度，一般購買人一聽到「多喝水」三字即聯想到某礦泉水之商標，此時「多喝水」三字即已取得第二重意義，可註冊為商標。我國商標

法於第 29 條第 2 項規定，雖然有前項第 1 款（僅由描述所指定商品或服務之品質、用途、原料、產地或相關特性之說明所構成者）或第 3 款（僅由其他不具識別性之標識所構成者）規定之情形，但如經申請人使用且在交易上已成為申請人營業上商品或服務之識別標識者，仍可申請註冊為商標，就是承認第二重意義之明文規定。

例 1：「V50」使用於汽車、卡車及多用途休旅車商品，給予消費者的印象為指定商品的型號，原不具識別性。惟經申請人使用，汽車的相關消費者已可以之作為識別來源的標識，具有後天識別性。

例 2：「787」為單純的數字，原不具識別性。惟經申請人長期作為商標，使用於飛機及其零組件、航空器及其零組件、直昇機及其零組件等商品，已足以使相當數量的相關消費者認識其為識別商品來源的標識，而取得後天識別性。

另申請人就其申請之商標主張具有第二重意義時，主管機關通常依下列原則認定該商標是否具有第二重意義：

認定標準	
1	使用該商標於指定商品或服務之時間長短、使用方式及同業使用情形
2	使用該商標於指定商品或服務之營業額或廣告數量
3	使用該商標於指定商品或服務之市場分布、銷售網絡、販賣陳列之處所等
4	廣告業者、傳播業者出具之證明
5	具公信力機構出具之證明，例如商會或工會所出具之證明書
6	各國註冊之證明
7	其他得據為認定有識別性之證據

　　本案例，美美欲以該商標註冊，必須具備第二重意義才可能獲准註冊。

05 商標如何申請？

小華最近跟朋友合夥開了一間服飾店，小華替服飾店取名為「引爆服飾店」，並且決定以「引爆」作為商標名稱申請商標註冊，指定使用於服飾等商品上，問小華可以自己向智慧財產局申請商標註冊嗎？小華申請時應準備哪些文件？小華如獲准註冊時，是否需繳納註冊費？

　　申請商標註冊，應檢附經濟部智慧財產局統一印製各類商標註冊申請書（可至智慧財產局網站下載），申請書上應載明申請人、商標圖樣（通常檢附商標圖樣五張）及指定所要使用之商品或服務及其類別（可指定兩個以上之類別），並且具體列舉商品或服務之名稱，至於商品或服務類別為何？申請人可參考商標法施行細則之規定，或上網至智慧財產局網站查詢，最後再由申請人簽名或蓋章，再送至（可郵寄）智慧財產局，但送件時必須同時繳納規費（新臺幣 3,000 元）。

　　商標註冊申請案經審查並無不准予註冊之情形者，主管機關應予核准之審定。申請人在核准審定書送達後 2 個月內，繳納註冊費後，主管機關即會將該商標註冊公告，並發給商標註冊證，但申請

人如超過期限未繳費者，主管機關則不予註冊公告，原核准審定也失其效力。

值得一提的是，100 年修法增訂商標法第 32 條第 3 項，若申請人非因故意，未於期限內繳費，可以於繳費期限屆滿後 6 個月內，繳納二倍之註冊費後，由商標專責機關公告之。但如果影響到第三人於此期間內申請註冊或取得商標權者，則不得為之。

之所以增訂本項，是因為以前實務上運作時，商標專責機關送達註冊費繳納通知信件，常常遇到申請人出國或其他非故意事由，導致未能遵守繳費期限，由於這類型事由並不屬於原條文第 9 條第 2 項所規定之「天災或不可歸責於己之事由」，且原條文第 25 條及第 26 條所規定之繳費期間為不變期間（即時間一到，不需要法院判決就直接發生失權的效果），所以申請人往往無法申請回復原狀，也沒有其他救濟方法可以恢復自身權利。而商標從申請至核准審定，除申請人已投入許多精力、時間及金錢外，商標主管機關亦已投入相當的行政資源從事審查，認定一切符合法律規定才會予以核准審定。再者，商標如果已經開始在市場上使用，申請人所為之投資更大。因此，對於申請人非因故意，遲誤繳納註冊費者，增訂其救濟及繳納 2 倍註冊費之規定。本案中，小華應檢附經濟部智慧財產局統一印製各類商標註冊申請書，並於上載明申請人、商標圖樣及指定所要使用於衣服零售批發服務上，最後再簽名或蓋章，送至智慧財產局，並同時繳納新臺幣 3,000 元，即可完成申請手續。

06 商標權只能一人擁有嗎？

大一、大二、大三可否共有 A 商標，同時成為 A 商標的商標權人？若可，則大一欲移轉其應有部分，有無限制？A 商標於獲准註冊後，大一如果要

拋棄其應有部分，則有無相同限制？大一拋棄後之應有部分應如何歸屬？

　　目前實務上已接受商標共有註冊之申請，且已訂定商標共有申請須知進行規範，但是因為商標申請屬於人民權利義務的規範事項，宜以商標法明定較為妥適。故於商標法第 7 條增訂：「（第 1 項）二人以上欲共有一商標，應由全體具名提出申請，並得選定其中一人為代表人，為全體共有人為各項申請程序及收受相關文件。（第 2 項）未為前項選定代表人者，商標專責機關應以申請書所載第一順序申請人為應受送達人，並應將送達事項通知其他共有商標之申請人。」從而，大一、大二、大三可針對 A 商標，向商標專責機關以

全體具名提出申請，共有 A 商標。

又共有商標申請權之共有關係可分為分別共有及公同共有二種，依民法第 831 條準用分別共有或公同共有之規定。

分別共有	如果允許共有人未經其他共有人全體同意而自由處分其應有部分，將嚴重影響共有商標指示商品或服務來源與品質之能力，故商標法第 46 條第 1 項特別規定，共有人未得其他共有人之同意，不得以其應有部分讓與他人，以排除民法第 819 條第 1 項規定之適用
公同共有	其權利之行使，仍適用民法第 828 條第 3 項規定，原則上亦應經全體共有人同意，但如果是因繼承、強制執行、法院判決或依其他法律規定移轉者，則無須全體共有人之同意

本案例中，大一若欲移轉其應有部分，應得全體共有人之同意，始得為之。

至於共有商標權人拋棄其應有部分者，並不影響其餘共有人之權益，自不須得全體共有人同意（參見商標法第 46 條第 2 項）。大一僅拋棄其應有部分，不須得全體共有人同意，即得為之。在大一拋棄其申請權之應有部分，其應有部分應如何歸屬，為免商標申請權共有關係更加複雜，商標法第 46 條第 3 項規定大一之應有部分由其他共有人依其應有部分之比例分配之，故由大二、大三依各自應有部分比例分配。

07 何謂「商標聲明不專用制度」？

羅拉公司想要以「Hi 網際電視網」作為商標圖樣申請註冊，指定使用電信加值網路之傳輸服務，但是他們想到「網際電視網」似乎是一個通用名稱，並沒有識別力，可是如果單純以 "Hi" 二字加以註冊，又會使其商標欠缺完整性，羅拉公司到底該怎麼辦？

　　商標圖樣中包含不具識別性部分，且有致商標權範圍產生疑義之虞，申請人應聲明該部分不在專用之列；未為不專用之聲明者，不得註冊。故申請人在為商標之申請時，商標圖樣中有包含不具識別性部分，且有致商標權範圍產生疑義之虞時，申請人即應聲明該部分不在商標權專用範圍內，否則不得註冊，這就是所謂的「聲明不專用」制度（參見商標法第 29 條第 3 項）。

　　聲明不專用制度之目的，在於避免申請人於商標註冊後，濫行主張權利，造成第三人之困擾。但如果不具識別性部分，並沒有使第三人對商標權範圍產生疑義之虞，例如通用名稱或明顯不具識別性之說明性文字等情形；如「嘉禾不動產」使用於不動產租售、買賣服務，「不動產」為指定服務之說明，依照舊商標法規定，若申請

人於申請時未聲明，審查時仍須要求申請人補正聲明不專用，此舉其實徒增公文往返時間，影響審查時效，又因為商標註冊所賦予權利之範圍明確，是沒有辦法單獨就一個商標權的某部分主張不受保護，因此商標專責機關其實不需要要求申請人再就該部分聲明不專用。但如果該部分有致商標權範圍產生疑義之虞，還是應就該部分聲明不在專用之列，例如將說明性或不具識別性文字予以圖形化，使商標圖樣整體具有識別性，惟該等文字若有致商標權產生疑義，申請人仍應聲明該等文字不在專用之列，以釐清專用範圍。

商標權人於申請時利用「聲明不專用」制度，則主管機關在審查該商標有無與他人之商標圖樣相同或近似時，仍應以整體圖樣作為審查標準，不可專就專用部分判斷。

本案例，「網際電視網」部分為指定服務之說明，且沒有致商標權範圍產生疑義之虞，因此羅拉公司以「Hi 網際電視網」申請註冊時，並不需要依商標法第 29 條第 3 項聲明不專用。

08 在國外註冊的商標其效力及於國內嗎？

花輪公司以 A 商標向美國申請商標註冊獲准，但尚未在臺灣辦理商標註冊，現在有美環公司在臺灣仿冒 A 商標，花輪公司能拿著美國的商標註冊證對美環公司主張侵害商標權嗎？

各國的商標法都採「屬地主義」（屬地主義可謂是商標法的基本原則之一），也就是各商標權人能否享有商標權，其內容為何、期間長短、有無侵害情形，均應依主張權利時所在地之法律定之。所以如果想在中華民國境內主張商標權的效力，就必須符合我國商標法的規定。

依照商標法第 2 條之規定：「欲取得商標權、證明標章權、團體標章權或團體商標權者，應依本法申請註冊。」因此，不論是自然人、法人、本國人或外國人，如果要在我國取得商標權，都必須申請註冊方可，並不會因為商標權人在國外已取得商標註冊而有所不同。反之，如果要在國外享有該國商標法的保護，亦必須依照該國商標法的相關規定始可。例如臺灣人之商標如欲在美國主張商標權，就必須在美國辦理商標註冊（美國商標法雖然採先使用主義，以先使用商標者取得權利，但為免日後舉證困難，仍以早日辦理註冊為佳）。

　　本案例，花輪公司在美國所註冊的商標，其效力僅及於美國，不能及於臺灣，花輪公司既尚未就 A 商標在臺灣辦理註冊登記，就不能依照我國商標法的規定對美環公司主張侵害商標權。附帶言之，就此種跨國註冊的情形，花輪公司可以依照商標法第 20 條之規定，在美國提出首次商標申請日後 6 個月內，趕緊向中華民國就該申請同一之部分或全部商品或服務，以相同商標申請註冊，並在申請時主張優先權，也就是主張其申請註冊日要以優先權日（在美國之申請日）為準，如此，可避免有心人士利用商標權人僅在國外申請商標註冊，但尚未在臺灣提出申請進而搶先註冊。

　　可稍加提及的是，舊商標法第 20 條僅限於「與中華民國有相互承認優先權之國家」或「世界貿易組織會員」，可在中華民國申請註冊時主張優先權，但在 100 年修法時，為符合國際間有關商標優先權之相關規定，放寬主張優先權的限制規定，增加以下兩種情形。第一、商標法第 20 條第 2 項，外國申請人雖然不是世界貿易組織會員的國民，且其所屬國家與

中華民國亦沒有相互承認優先權者，但是，如果於互惠國或世界貿易

組織會員領域內，設有住所或營業所者，則依舊可以主張優先權。第二、商標法第 21 條，於中華民國政府主辦或認可之國際展覽會上，展出使用申請註冊商標之商品或服務，則自該商品或服務展出日後 6 個月內，提出申請者，亦可以主張優先權，其申請日以展出日為準。

09　何謂類似商品或服務？

大雄公司以 A 商標申請註冊，指定使用於洗髮精，現有一家小雄公司也想要以 A 商標申請註冊，不過是指定使用在香皂，問小雄公司有可能獲准註冊嗎？

　　原則上並不是商標與圖樣和他人註冊的商標相同或近似，就不能申請註冊，還必須商標指定的商品或服務與該註冊商標指定使用的商品或服務屬於同一或類似的商品或服務，才會產生排擠之效果，所以何謂「類似商品或服務」在商標法上就成為一個相當重要的問題，此外，在判斷有沒有侵害他人商標權時也常常會和類似商品或服務扯上關係。就「類似商品或服務」主管機關原訂有「類似商品及類似服務審查標準」，後來在 101 年 4 月 20 日更修正公布了「『混淆誤認之虞』審查基準」（於 101 年 7 月 1 日生效），其大致上認為「類似商品」 是指商品在用途、 功能 （包含具有相同及相輔的功能）、產品產製者、行銷管道、場所買受人、原材料或其他因素上具有共同或關聯之處或相互替代性，依一般社會通念及市場交易情形，易使一般商品購買人誤認其來自相同或有相關聯之來源，例如塑膠條與塑膠管、奶瓶與奶嘴、家庭用果汁機與電鍋。而「類似服務」

則是考量服務性質、內容、行銷管道場所、服務之對象範圍、服務
之提供者及其他足認是為類似服務之相關因素判斷之，例如進口與
出口貿易、超級市場之經銷服務與百貨業的服務。不過需注意商標
法施行細則的商品或服務分類表，只是為了申請註冊時，行政上便
利而規定，跟商品或服務是否類似，未必有絕對之關係，主管機關
在審查是否屬於「類似商品或服務」並非絕對要受其拘束的。

　　本案例，洗髮精與香皂應屬於類似商品，小雄公司如果要以 A
商標申請指定使用於香皂，會被主管機關以違反商標法第 30 條第 1
項第 10 款之規定，駁回其註冊之申請。

如何判斷商標是否近似？

「第一」與「帝衣」、「日日安」與「月月安」、「**Pchbcl**」與「**Pentel**」是否構成近似之商標？

　　「商標近似」的問題一直是商標法上最常見的爭議，而且兩商標是否近似常常會因人而異，這中間的爭論可說是永無休止。不管是在申請商標註冊時，要注意所申請的商標是否和他人已經註冊的商標構成近似（參見商標法第 30 條第 1 項第 10 款、第 12 款），甚至，在商標權人主張權利時，也要面臨他人所使用之商標是否與其註冊商標構成近似（參見商標法第 70 條、第 95 條），所以要對商標法有基本的認識，就必須學會如何判斷商標的近似。按，所謂「商標圖樣近似」，是指具有普通之知識經驗之商品購買人，於購買時施以普通所用之注意，猶有混淆誤認之虞者而言。其近似之態樣包含：

態　樣	內　容
外觀近似	包括商標圖樣的構圖近似、設計近似或排列近似，例如「三菱」與「三菱」
讀音近似	指商標唱呼之讀音，有使一般消費者發生混淆誤認之情形，例如「三上」與「三尚」、「綠棉」與「麗棉」
觀念近似	指商標之文字或圖形、記號表現之意義或觀念，在一般人之視覺或聽覺等感官作用所得之心理印象，有無引起混淆誤認之虞而言，例如「三六」與「666」

　　關於這三種近似的態樣，以往認為只要外觀、讀音或觀念中，「有一近似、即為近似」，但是此種認定基準，不但與國際間所慣採的實質近似原則不符，而且因而衍生了很多商標的爭議，所以在主管機關新頒布的「混淆誤認之虞」審查基準中，已改採不同的處理原則，雖然二商標在外觀、觀念或讀音其中之一近似，但並非當然近似，仍必須「從商標整體印象」來觀察是否構成近似，也就是以其整體是否達到可能引起商品或服務之消費者混淆誤認的程度，作為判斷是否構成近似之基礎。

　　目前主管機關審查商標是否近似時，多採取以下的判斷原則：

判斷原則	內　　容
總體觀察原則	亦即判斷商標是否相似時，應總括其各個部分通體觀察之，不可將整個商標分割成好幾個部分再一一比對
主要部分觀察原則	所謂主要部分乃指識別之成立及變更，商標是否近似是以事物足以惹人注意之主要部分加以比較觀察。故凡商標無論在外觀上、名稱上或觀念上，其主要部分近似，有足以惹起混淆誤認之虞者，而其他附屬部分雖不近似，仍不得不謂其為近似之商標
異時異地隔離觀察原則	此原則恰與總體觀察原則不同，強調瞬間之觀感，因此縱使兩商標相互對照比較，能見其差別，但異時異地，個別觀察，不易見其差別者，仍算商標之近似

　　除了上述三個原則外，主管機關在判斷商標近似時，還會考慮商品價格、經常購買同類商品與否，因為這些因素都會影響到商品購買人之注意程度。

所以，本案例中各商標是否構成近似，即可依照上述判斷原則判斷之。

(1)「第一」與「帝衣」雖然讀音相同，但外觀及觀念截然不同，就二商標之整體印象而言，引起商品／服務消費者誤認的可能性極低，應認為非屬近似之商標。

(2)「日日安」與「月月安」，在外觀、觀念及讀音方面，「日日」與「月月」，固有所不同，然而由於在類型上均為時間單位的重複，再加上同一「安」字，則當其使用在相同或極為類似之商品時，消費者誤以為同一廠商系列商品的可能性極高，自亦應屬近似態樣之一種。

(3)「**Pchbcl**」與「**Pentel**」，因為商標予以消費者的第一印象在於外觀，所以當二文字商標之外觀構成近似時，雖然觀念與讀音未必近似，仍可認為該二商標為近似。

可以用文學虛構人物之姓名取得商標註冊嗎？

老蘇以販售馬桶等衛浴設備爲業，一日突發奇想，想要以「林沖」爲商品名稱申請商標註冊。試問：老蘇是否可能取得此一商標註冊？

參照商標法第 18 條第 1 項規定，商標，指任何具有識別性之標識，得以文字、圖形、記號、顏色、立體形狀、動態、全像圖、聲音等，或其聯合式所組成。同條第 2 項規定，前項所稱識別性，指足以使商品或服務之相關消費者認識爲指示商品或服務來源，並得與他人之商品或服務相區別者。由上揭條文可知，商標法並沒有排除「人名」取得商標註冊的可能性，因爲商標的主要功能在於識別商品或服務的來源，如果人名可指示及區別商品或服務的來源，即具有商標功能，原則上沒有造成混淆誤認或法所不許的，就可以取得商標註冊。

不過，文學虛構人物的姓名與商品或服務的內容可能有關時，容易使相關消費者對其內容產生聯想，視其爲商品或服務內容的說明，例如將《紅樓夢》中的林黛玉與賈寶玉等虛構人物名稱用於影片、舞臺劇表演，消費者容易認爲其爲商品或服務內容的說明，而

非表彰商品或服務來源的商標，此時主管機關可能會以商標法第 29 條第 1 項第 1 款認為該商標欠缺識別性而予以核駁。

　　此外，某些著名歷史人物，例如至聖先師孔子、唐太宗等，由於他們形象鮮明，常具有社會教化功能，若使用於指定商品或服務，使人產生不敬或侮蔑等負面聯想，將對公共秩序或善良風俗有所妨害，一旦有此情形，則應依商標法第 30 條第 1 項第 7 款「妨害公共秩序或善良風俗」之規定，不得註冊之。

12　自己原先使用的商標，被他人申請註冊為商標，能繼續使用嗎？

阿土伯在南部經營燒仙草、豆花生意已經十幾年了，都一直使用「古早味」作為其店名招牌，某日阿土伯竟接到北部阿誠商店寄來的存證信函，信中陳稱「古早味」這三個字已經被該店申請註冊為商標，且該店也是在賣燒仙草、豆花等商品，故要求阿土伯自即日起不能再使用「古早味」這三個字，阿土伯一想到經營多年的招牌必須更改，心裡就相當困擾，他應如何應對？

　　我國商標法就商標權的取得並非採取所謂的「先使用主義」，也就是只要實際使用該商標於商品上就可以取得商標權，而是採取所謂的「註冊保護主義」，商標必須取得商標註冊，才能取得商標權。但是過度的採取註冊保護主義對於事先自行創設商標而不是襲用他人標章之善意先使用者，因為其可能已經大量投資於行銷，並建立起一定之商譽，此時若仍堅守註冊保護主義讓後來取得註冊之商標權人排除其使用，對於原善意先使用者顯然不公平，因此我國商標法特別於第 36 條第 1 項第 3 款規定，在他人商標註冊申請日前，善意使用相同或近似之商標圖樣於同一或類似之商品或服務者，可不

受他人商標權之效力所拘束，作為註冊保護主義之例外，藉以使善意的先使用者得到適當的保障。但是得主張善意先使用之商品或服務，以原使用之商品或服務為限，商標權人並得要求其附加適當的區別標示。

　　本案例，阿誠雖然已取得「古早味」商標之商標權，但是因為阿土伯使用該商標之時點是在阿誠提出商標註冊申請之前，故依據上述之說明，阿土伯當可依商標法第 36 條第 1 項第 3 款之規定抗辯其不受阿誠商標權效力之拘束，而無需更換招牌。但是由本案例可知，如果商家為維護己身權益，避免日後發生紛爭，還是應早早就自己所使用之商標向經濟部智慧財產局提出商標註冊之申請才是。

13 商標先註冊就一定贏嗎？

老王想要以註冊長達十年之 A 商標（指定使用於鞋類）主張老李所註冊 B 商標（指定使用於鞋類），不僅與 A 商標近似，而且 A 商標註冊在先，B 商標之註冊已經違反商標法規定，申請評定將 B 商標撤銷，但是老王近三年因身體不佳，無心經營，所以在市場上實際上並沒有使用 A 註冊商標之事實，反而 B 商標卻在市場上頗具盛名，老王之主張是否有理由？

　　本來，我國舊法下的商標法是採註冊保護主義，即申請商標註冊時，不以商標已於市場上實際使用為要件，故雖老王未有實際使用 A 商標，仍可主張 B 註冊商標是近似 A 註冊商標，有致相關消費者混淆誤認之虞者，已經違反商標法的規定，申請評定將 B 商標撤銷。但是後來修法時，特增定商標法第 57 條第 2 項、第 3 項：以商標之註冊違反第 30 條第 1 項第 10 款（相同或近似於他人同一或類似商品或服務之註冊商標或申請在先之商標，有致相關消費者混淆誤認之虞者，不得註冊）規定，可向商標專責機關申請評定，並且，其據以評定商標之註冊，已滿 3 年的話，應提出證據證明申請評定前 3 年有使用其所主張之商品或服務，或其未使用有正當事由

之事證。而所提出的使用證據，應符合下列要件：一、足以證明商標之真實使用。二、符合一般商業交易習慣。

　　之所以新增上開規定，是因為修法前商標法採註冊保護主義，申請商標註冊時，不以商標已於市場上實際使用為要件，但是商標是交易來源之識別標識，必須於市場上實際使用才能發揮其商標之功能，進而累積商譽，創造商標價值。因此，兩造商標是否在市場上造成混淆誤認之虞，應回歸兩造商標在市場上實際使用情形加以判斷，始符合商標保護必要性。再者，實務上常發生申請評定人以未於市場上實際使用之註冊商標為據，主張撤銷已於市場上長久使用且頗具規模之註冊商標，最後甚至排除其註冊之情形，反而影響工商企業之正常發展，所以為避免未於市場上使用之商標產生排除他人註冊之不合理現象，如果據以評定商標之註冊已滿 3 年，應檢附申請評定前 3 年之使用證據，或其未使用有正當事由之事證，才能申請將他人之註冊商標撤銷掉。

　　本案例中，老王並無實際使用 A 註冊商標之情事，當無法檢附 A 商標之使用證據，並不符合商標法的規定，主管機關應將他評定之申請駁回，作出不受理之決定。

14 未在臺灣註冊的外國著名商標，可以拿來申請註冊嗎？

「香奈兒」是世界著名品牌，其販售的商品包含衣服、香水，如果「香奈兒」在臺灣尚未被申請註冊，阿香可否據以申請註冊在汽車旅館等服務？

所謂「著名標章」，乃指有客觀證據足以認定該商標或標章已廣為相關事業或消費者所普遍認知者而言。而所謂相關事業或消費者，是以商標或標章所使用或服務之交易範圍為準。關於著名標章如何認定？其認定原則可參考經濟部智慧財產局所公布之「著名商標或標章認定要點」，包含考量下列因素：

考量因素	
1	相關事業或消費者知悉或認識該商標或標章之程度
2	商標或標章之使用期間、範圍及地域
3	商標或標章推廣之期間、範圍及地域，所謂商標或標章之推廣，包括商品或服務使用商標或標章之廣告或宣傳或在展覽會之展示
4	商標或標章註冊、申請註冊之期間、範圍及地域
5	商標或標章成功執行權利之記錄
6	商標或標章之價值
7	其他足以認定著名標章之因素。但著名標章之認定並不以在我國已註冊為必要

　　我國商標法對於著名標章之保護，特別參考巴黎公約及 TRIPS、APEC 等國際公約及決議之規定，規定若以相同或近似於他人著名商標或標章之圖樣申請註冊，且有致相關公眾混淆誤認之虞者，主管機關得駁回其註冊之申請。另為避免對著名商標之減損產生，若商標有減損著名商標或標章之識別性或信譽之情形，亦不得申請註冊（參見商標法第 30 條第 1 項第 11 款），換言之，他人以相同或近似於著名標章的圖樣，縱使使用於不相同的商品或服務，只要會導致著名標章跟特定商業來源間的聯繫能力減弱者，為避免著名標章成為商品的通用名稱，使商標權人長期的資產化為烏有，蒙受損失，均不得以之申請註冊。

　　本案例，縱使「香奈兒」在臺灣尚未辦理商標註冊登記，但是因為我國商標法對於著名標章的保護比一般標章來得周全，阿香仍然不可以「香奈兒」作為商標名稱，指定使用在汽車旅館業。只不過著名標章之權利人如為完整保護其權利，最好還是辦理註冊為妥。因為著名標章權利人對於不法侵害其標章之行為人，依照我國目前現行商標法第 2 章第 7 節「權利侵害之救濟」以下之規定，著名商標權人除了可依一般註冊商標受侵害時之救濟外，若第三人明知為他人著名之註冊商標，而使用相同或近似之商標或以該著名商標中之文字作為自己公司、商號、團體、網域或其他表彰營業主體之名稱，有致相關消費者混淆誤認之虞或減損該商標之識別性或信譽之虞者，亦視為侵害商標權（參見商標法第 70 條），不過需以著名標章權利人就該標章曾在我國註冊者為限，並不包含僅在外國註冊或未曾註冊之著名標章。

15 商標使用的重要性知多少？

小王剛從大學畢業，他想要自創品牌在網路上銷售各種兒童鞋，但由於創業基金尚須籌措，小王打算先到一般公司受雇工作幾年後，等累積到一定的存款，再自行創業。不過，小王怕自己現在想到的商標名稱，幾年後可能就被別人註冊走，所以他未雨綢繆，打算現在就向智慧財產局申請商標註冊，但暫時不使用，留待日後創業再使用該商標。小王的作法是否正確？

　　申請到的註冊商標有沒有使用，在商標實務上，是個相當重要的事情。原因有二：

　　⑴因為依商標法第 63 條第 1 項第 2 款規定，商標權人如果沒有正當事由迄未使用或繼續停止使用已滿 3 年者，主管機關是可以將該註冊商標廢止，商標權人如果不想註冊商標被廢止，就必須證明他有使用註冊商標之事實。

　　⑵因為在主張他人商標之註冊或使用與自己的註冊商標構成相同或近似，而有混淆誤認之虞者，欲申請評定時，依商標法第 57 條第 2 項規定，應檢送申請評定前 3 年有使用自己註冊商標的使用證

據。所以商標權人在平時商業
交易或從事其他商業活動
時， 就應該隨時
保存使用註冊
商標的證
據，以證
明有使用
註冊商標
之事實。

　　關於可以證明有使用註冊商標的證據包含：標示有商標的商品
實物、照片、包裝、容器、製作招牌的訂購單、裝潢費收據、契約
書、出貨單、出口報單、廣告、型錄、海報、宣傳單等物品或商業
文件，或標示有商標於服務相關的營業文件、營業場所照片等，併
同提供服務的收入憑證，如統一發票、收據、估價單等或廣告證明
文件；另外如商標權人提出我國消費者透過網路或文件傳真向商標
權人訂購商品之單據、發票、購物網之商品型錄等，證明國內消費
者經由網路訂購該等商品，亦可認為商標權人有使用系爭註冊商標
（以上可參見經濟部智慧財產局頒布之註冊商標使用之注意事項）。

　　再者，需注意的是商標的使用需符合商業交易習慣才算商標的
使用。例如實務上常見商標權人以國內報紙分類廣告，來證明其有
使用註冊商標，但是主管機關認為分類廣告刊登方式只是在表示其
獲准註冊的商標圖樣及指定的商品或服務，依一般社會通念及市場

上交易習慣，該使用並不是為行銷目的，在商業上促銷其經營的商品或服務，所以此種情形就不能算是註冊商標的使用，可能還是會面臨商標被廢止或無法申請評定他人註冊商標之情形。

　　本案例，小王如果想要維護好本身註冊商標之權益，就必須在取得註冊後有依照商業交易習慣使用之事實並保留相關證據，不能放著註冊商標長期不使用，否則哪一天想要用時，就來不及了。

16 不使用商標，商標會被廢止嗎？

小蘭公司申請註冊的商標很多，其中 A 商標自申請註冊後，長期未加以使用，最近有人以小蘭公司自取得 A 商標後長期未使用為由，向經濟部智慧財產局申請廢止小蘭公司關於 A 商標的註冊，是否有理？

　　商標主要的目的就是在於表彰商品或服務的來源，所以申請到商標註冊後，要真正使用在商品或服務之上，才能發揮商標的功效，否則申請商標的目的如只是在待價而沽，則與商標法的目的相違。因此，我國商標法特別於第 63 條第 1 項第 2 款規定，商標註冊後，如無正當理由不使用或繼續停止使用滿 3 年者，商標專責機關應依職權或依據申請將該註冊商標予以廢止，以便真正想要使用該商標的人得據以申請註冊。但是商標權人本身沒有使用商標，而有授權給他人使用者，仍視為其有在使用商標，其註冊商標例外可不被廢止。此外，如果商標權人在他人申請廢止商標時已開始使用，除非商標權人是因為知道他人將申請廢止才開始使用商標，否則主管機關仍不可廢止其註冊。

　　由上述可知，長期未使用商標，商標就有面臨被廢止的危險。至於商標權人要怎麼使用其註冊商標才算有使用商標？依照商標法

第 5 條之規定，商標之使用，指為行銷之目的，而有下列情形之一，並足以使相關消費者認識其為商標：

第 1 項第 1 款	
將商標用於商品或其包裝容器上	所謂將商標用於商品，例如附有商標之領標、吊牌等，縫製、吊掛或黏貼於商品上之行為；而所謂將商標用於包裝容器，則是因商業習慣上亦有將商標直接貼附於商品之包裝容器者，或因商品之性質，商標無法直接標示或附著在商品上（例如液態或氣體商品），而將商標用於已經盛裝該等商品之包裝容器。該等已與商品結合之包裝容器，能立即滿足消費者之需求，並足以使消費者認識該商標之商品，亦為商標使用態樣之一
第 1 項第 2 款	
持有、陳列、販賣、輸出或輸入	前款之商品是指為行銷之目的，除將商標直接用於商品、包裝容器外，亦包括在交易過程中，持有、陳列、販賣、輸出或輸入已標示該商標商品之商業行為
第 1 項第 3 款	
係將商標用於與提供服務有關之物品	服務為提供無形之勞務，與商品或其包裝容器之具體實物有別，於服務上之使用，多將商標標示於提供服務有關之物品，例如提供餐飲、旅宿服務之業者將商標製作招牌懸掛於營業場所或印製於員工制服、名牌、菜單或餐具提供服務；提供購物服務之百貨公司業者將商標印製於購物袋提供服務等
第 1 項第 4 款	
係將商標用於與商品或服務有關之商業文書或廣告	茲因將商標用於訂購單、產品型錄、價目表、發票、產品說明書等商業文書，或報紙、雜誌、宣傳單、海報等廣告行為，為業者在交易過程常有促銷商品之商業行為，應為商標使用之具體態樣之一
第 2 項	
前項各款情形，以數位影音、電子媒體、網路或其他媒介物方式為之者，亦同。乃是因透過數位影音、電子媒體、網路或其他媒介物方式提供商品或服務以吸引消費者，已逐漸成為新興之交易型態，為因應此等交易型態所為增定	

　　另外，商標權人有下列情形者，也認為有在使用其註冊商標：實際使用之商標與其註冊商標不同，但依社會一般通念並不失其同一性者（參見商標法第 64 條）。所以依我國目前的規定，對於商標使用的認定算是採取相當寬鬆的標準。

　　本案例，小蘭公司自申請到 A 商標如果都未加以使用，主管機關或第三人即可依照商標法第 63 條第 1 項第 2 款之規定，讓其商標被廢止。

商標的保護期間有多久？

嘉嘉以 A 商標申請註冊，指定使用於飲料等商品上，最近才獲准商標註冊，嘉嘉想知道他所拿到的商標受保護的期間有多長？又，期間居滿後嘉嘉難道就不能再繼續使用 A 商標嗎？

　　商標權跟其他智慧財產權相同，都受到存續期間的限制，依商標法第 33 條第 1 項規定，商標權自註冊公告當日起，由權利人取得商標權，期間為 10 年。其表面上與著作權（著作人死亡後 50 年）、專利權（發明專利 20 年）比較起來似乎保護期間較短，但是因為商標權人於商標權期間居滿前 6 個月內，得提出申請延展商標註冊（但在期間居滿後 6 個月內提出申請延展，應繳納 2 倍延展註冊費），每次得延展 10 年，且延展之次數並未受到任何限制，故商標權之存續期間事實上應是最長的（參見商標法第 34 條）（若逾法定申請延展期間，商標權人仍未申請延展者，依商標法第 47 條第 1 款規定，商標權自商標權期間居滿後消滅）。而且關於商標權之延展，我國原採更新審查主義。即主管機關在原商標權人申請延展商標權期間時，仍必須就該商標再行審查，看看其是否具有不得註冊之情形，但鑑於實務上大多數之商標申請延展均為合法使用，僅有少數

延展申請案不使用商標卻需花費相當行政資源加以審查，實非妥適，且基於落實行政程序法保障人民權益，提高行政效能之意旨，所以商標法已經廢除延展申請時之實體審查制度。

　　本案例，嘉嘉如果想在商標權期間屆滿後繼續使用 A 商標，並節省註冊費，自應在商標權 10 年期間屆滿前 6 個月，填具延展註冊之申請書，就其想要延展的註冊商標指定之商品或服務予以延展，向智慧財產局提出申請。

18　商標被搶先註冊了，該怎麼辦？

小羅在擔任外商大臺公司之臺灣代理商時，發現公司並未就其使用之商標在國內註冊，乃在大臺公司已經於臺灣使用該商標五年後，將其公司的商標圖樣之主要部分向經濟部智慧財產局在同類商品申請註冊，並取得商標權。問大臺公司該如何維護自己的權益？

　　商標如果有以相同或近似於他人先使用於同一商品或類似商品之商標，而申請人因與該他人間具有契約、地緣、業務往來或其他關係，知悉他人商標存在者，意圖仿襲者，是不可以申請註冊的（參見商標法第 30 條第 1 項第 12 款），其目的在於保護商標的先使用者，避免有心人士搶先註冊，藉以維持商場秩序。因此若主管機關疏忽未查而准予註冊，此種商標註冊當然有違法的事由，利害關係人自得依據商標法第 57 條第 1 項之規定，對該註冊商標提出評定，撤銷其註冊，但如果該註冊公告日後滿 5 年，則利害關係人不能再申請評定。

　　本案例，小羅原為大臺公司的代理商，其因為早期與大臺公司有業務往來關係而知悉其商標存在，竟然將該商標拿來申請註冊，

意圖模仿抄襲，顯已該當於上述商標法第 30 條第 1 項第 12 款商標註冊的消極要件，大臺公司可對該商標提出評定，申請主管機關撤銷其註冊。

19 同業拿著和自己註冊商標近似的商標圖樣向智慧財產局申請商標註冊，該怎麼辦？

巧虎公司與花輪公司為競爭的同業，花輪公司見巧虎公司自創的 A 品牌（已申請註冊），於市場上受到消費者喜愛，便以近似於 A 品牌的圖樣向智慧財產局申請註冊，智慧財產局不查竟准許花輪公司的註冊，巧虎公司應如何確保己身權益？

由於商標申請案眾多，主管機關審查人力又有限，導致主管機關在審查商標申請時，常無法察覺該申請之商標實際上是具有違法之事由，所以為彌補行政機關審查之不足，商標法上特設有「公眾審查制度」，其中最重要的就是「異議」及「評定」兩種制度，藉以撤銷違法之商標註冊。茲就此兩種制度說明如下：

一 異議制度

異議人	早期商標法規定異議人必須為利害關係人才可提出異議，但是修法後將得為異議人之範圍擴張至任何人均可提出異議。此可從商標法第 48 條之規定得知
異議事由	包含核准之審定具有違反下列不得註冊事由：1.第 29 條第 1 項、2.第 30 條第 1 項、3.第 65 條第 3 項

異議期間	依照商標法第 48 條之規定，對商標專責機關提出異議者，需於商標註冊公告日後 3 個月內為之；否則縱使註冊之商標有不予註冊之事由，若已逾 3 個月之異議期間者，任何人均不得再藉由異議制度撤銷註冊之商標，僅能藉由評定的制度撤銷
異議之程序	異議人提起異議時，必須敘明審定商標違法之事由（亦即異議之事實及理由），並檢附相關證據送請商標專責機關審核，商標專責機關於接獲異議書後，應將異議書及相關附屬文件，送達商標權人，限期答辯。商標權人提出答辯書者，商標專責機關應將答辯書送達異議人限期陳述意見。依規定提出之答辯書或陳述意見書有遲滯程序之虞，或其事證已臻明確者，商標專責機關得不通知相對人答辯或陳述意見，逕行審理（參見商標法第 49 條）
異議之效果	異議後，商標專責機關必須指定商標審查官審查該異議案，該審查官必須非原來商標申請案之審查人員始可，審查官於審查後應分別情形為異議不成立之審定或為異議成立之審定，作成審定書送達申請人及異議人。如對於審定之結果不服，亦可再對其提起行政訴訟救濟。不過，任何人對於異議確定後之註冊商標，不得再以同一事實、證據及理由申請評定（參見商標法第 56 條）

二　評定制度

申請評定人	利害關係人
評定事由	商標註冊違法，有下列事由時，對註冊有利害關係之人得向主管機關申請評定其註冊無效，而有無違法事由依其註冊公告時之規定：1.第 29 條第 1 項、2.第 30 條第 1 項、3.第 65 條第 3 項（參見商標法第 57 條及第 62 條）
評定程序	利害關係人申請評定時，應檢附相關文件如申請書、申請人資格之證明文件及相關之證據
評定期間之限制	凡商標之註冊有違法事由者，若有第 29 條第 1 項第 1 款、第 3 款、第 30 條第 1 項第 9 款至第 15 款或第 65 條第 3 項之情形，自註冊公告日後滿 5 年者，不得申請或提出評定。但若商標之

	註冊有上述第 30 條第 1 項第 9 款、第 11 款情形而屬惡意者，為制裁其為獲取不正當競爭之利益之惡性，此時不再受到評定期間之限制。至於其他各款，則因涉及社會公益，不受到評定期間之限制（參見商標法第 58 條）
評決效果	商標註冊之評定案，由主管機關處分後應作成處分書，通知當事人，當事人有不服者，得依法提起訴願、行政訴訟。評定結果為申請駁回者（即評定不成立），任何人不得就同一事實、同一事由再申請評定（參見商標法第 61 條）；評定結果為成立者，應撤銷其註冊自始無效。不過若於評定時，該違法事由已不存在，主管機關得斟酌公益及當事人利益之衡平，為不成立之評定（參見商標法第 60 條）

　　本案例，巧虎公司可在花輪公司獲准註冊公告 3 個月內對該註冊提出異議，也可以在 3 個月後對該註冊提出評定之申請，撤銷其註冊。

違法註冊商標認定之時點為何？

「誠品書店」因多年來辛苦經營的結果，最近一、兩年已成為著名商標，而大臺書店所使用的「誠品」商標則已註冊四年，誠品書店認為大臺書店之註冊商標顯已侵害誠品書店的著名商標,欲向主管機關請求評定撤銷大臺書店之前的註冊,可否？

　　商標註冊如果有違法不得註冊的事由，利害關係人雖然可以向主管機關申請評定撤銷該註冊，而商標是否有評定之事由，究竟應該以什麼時候的規定作為判斷的依據，是以註冊時的規定作為判斷的依據?還是以申請評定時的規定作為判斷的基準?關於此一問題，依照商標法第 62 條準用第 50 條之規定，評定商標之註冊有無違法之事由，依其「註冊公告時」之規定。又，如果以相同或近似於他人之著名商標或標章，有致相關公眾混淆誤認之虞，或有減損著名商標或標章之識別性或信譽之虞者，不得申請商標註冊（參見商標法第 30 條第 1 項第 11 款），而此款關於著名之認定時點是以「申請時」作為認定的時點（參見同法第 30 條第 2 項）。

　　綜上，本案例，大臺書店申請註冊時，誠品書店尚未成為著名

商標，所以大臺書店當時所為之註冊並無違法之處，今誠品書店欲以提起評定時，誠品書店已成為著名商標作為評定之事由，顯然是沒有理由的。

21 商標註冊後，在什麼樣的情形下會被主管機關廢止？

美環公司以 A 商標圖案申請註冊，指定使用於鉛筆、原子筆等商品，該公司在拿到商標註冊後，將 A 商標圖案的顏色由黃色改成藍色，且在該圖旁邊再加上一卡通人物加以使用，導致與同樣從事文具販售的巧虎公司的 B 商標圖案構成近似，問巧虎公司可向主管機關申請廢止美環公司的 A 商標嗎？

商標註冊後，註冊人如果有商標法所規定的廢止事由者，商標專責機關應依職權或依據申請，廢止商標權（參見商標法第 63 條），就是舊商標法所稱的「撤銷」，其事由有：

自行變換商標圖樣或加附記，致與他人使用於同一或類似之商品或服務之註冊商標構成相同或近似，而有使相關消費者混淆誤認之虞者

亦即就註冊商標本體之圖樣、文字、色彩等加以變化，或就註冊商標本體加以附記而言，均屬本款規定之範圍，此外，只要有本款之情形，即可廢止其商標註冊，至於商標權人本身對於商標圖樣之加附記主觀上出於善意或惡意在所不問。

▋ 無正當理由迄未使用或繼續停止使用已滿 3 年者

所謂「未使用」包括實際上無使用之事實、使用人非商標權人亦非被授權人、使用之商標與實際註冊之商標圖樣不符（雖不以完全相同為必要，但仍須依一般通念不失其同一性）、使用之商品非註冊時所指定使用之商品、或使用之方式非屬商標之使用。但被授權人有使用者，仍算有使用，不得廢止其商標註冊。若依本款申請廢止時該商標已為使用者，除因知悉他人將申請廢止，而於申請廢止前 3 個月內開始使用者外，不得廢止其註冊（參見商標法第 63 條第 3 項）。又，註冊商標指定使用於數種商品，然僅其中一種未使用，應僅就未使用之部分廢止之。

▋ 未依第 43 條規定附加適當區別標示者

商標權移轉的結果，如果導致相關消費者有混淆誤認之虞者，各商標權人使用時應該附加適當的區別標示 （參見商標法第 43 條），以避免消費者對其所表彰的商品來源產生混淆誤認，因此商標權人如果未依上述規定附加適當的區別標示，主管機關就可以廢止其商標。不過若於商標專責機關處分前，商標權人已附加區別標示並無產生混淆誤認之虞者，則不可廢止之。

▋ 商標已成為所指定商品或服務之通用標章、名稱或形狀者

商標權人拿到商標註冊後，竟怠於維護自己商標之區別性，致該商標成為所指定商品或服務的通用標章、名稱或形狀，則此時因該商標已喪失識別性者，無須再給予商標之保護，自應廢止其商標註冊。

商標實際使用時有致公眾誤認誤信其商品或服務之性質、品質或產地之虞者

此款乃基於為避免註冊商標因不當使用而影響正常之交易秩序而設。

本案例，美環公司取得 A 商標註冊後，竟自行變換商標或加附記，致跟巧虎公司的 B 商標構成近似，依照上述說明，巧虎公司就可以上述第 1 款之事由，向主管機關申請廢止 A 商標。

如何辦理商標移轉及授權？

大雄公司以 A 商標向經濟部智慧財產局申請註冊，指定使用於各類的魚罐頭，後來公司經營狀況欠佳，公司欲結束營業，大雄公司想事先將 A 商標移轉有意繼續經營魚罐頭的挑樂比公司，應注意哪些事項？又，如果大雄公司經營狀況頗佳，挑樂比公司想要取得大雄公司 A 商標授權，共享經營成果，又應注意哪些事項？

商標權是無體財產權之一種，既為財產權，當然可以移轉、授權或設定質權予他人。其中，商標權之授權乃商標權人將商標授權他人使用，不移轉商標權而同意他人使用自己註冊商標之一種法律行為。依商標法第 39 條規定，商標權人得就其註冊商標指定使用商品或服務之全部或一部指定地區為專屬或非專屬授權，授權時須檢附授權使用申請書向商標主管機關申請授權登記，若未登記，該授權不得對抗第三人。

至於商標權之移轉，我國是採任意移轉主義，只要讓與人與受讓人雙方意思一致，移轉、受讓即發生效力；又商標移轉與商標授權相同，必須向商標專責機關辦理移轉登記，否則仍然無法對抗第

三人（參見商標法第 42 條）。

　　本案例，大雄公司欲將 A 商標權移轉給桃樂比公司，應向商標專責機關辦理移轉登記，未經登記不得對抗第三人，申請時以受讓人為申請人填具申請書，載明申請人、原商標權人、商標註冊之號數及名稱，並繳足規費向商標專責機關提出。而申請商標授權登記者，應由商標權人或被授權人備具申請書，載明（參見商標法施行細則第 38 條第 1 項）：

商標授權登記應載明資訊	
1	商標權人及被授權人之姓名或名稱、住居所或營業所、國籍或地區；有代表人者，其姓名或名稱
2	委任代理人者，其姓名及住居所或營業所
3	商標註冊號數
4	專屬授權或非專屬授權
5	授權始日。有終止日者，其終止日
6	授權使用部分商品或服務者，其類別及名稱
7	授權使用有指定地區者，其地區名稱

商標權讓與合約書範本

商標權讓與合約書

立約人　甲方（商標權讓與人）：
　　　　乙方（商標權受讓人）：
雙方茲就商標權讓與事宜，訂立條款如後，以資信守：

第一條　讓與標的
　　甲方願將其所享有之「　　　」商標，註冊號數為：　　　號（以下稱本商標，如附件）之商標權讓與給乙方。

第二條　價金之交付
　　本商標讓與總價為新臺幣　　　元整。付款方式為：於本合約簽訂前，由乙方支付甲方現金新臺幣　　　元，於簽訂本約後　　　個月內，再由乙方支付甲方尾款新臺幣　　　元整。

第三條　不利行為之禁止
　　甲方自本合約成立後，不得再使用本商標或為其他不利於乙方之行為。

第四條　擔保條款
　　甲方保證其有讓與乙方本商標之權利，甲方並擔保日後若有第三人向乙方主張本商標權為其所有及其他相關權利時，乙方應立即以書面通知甲方，甲方應負責出面處理，並負擔因而產生之一切賠償及費用。

第五條　損害賠償及違約之效果
　　當事人若有違反本合約各條款之情事，應賠償他方因此所受之損害。乙方若未能依照本約第二條約定付款（包含遲延付款），其應無條件將受讓之本商標返還移轉予甲方，至於乙方之前所付價金，則悉數由甲方沒收之。

第六條　合約之補充及解釋
　　本合約若有未盡事宜或不明之處，依商標法及其他相關法令定之。

第七條　爭端之解決及管轄法院
　　甲乙雙方同意，對本合約所引發之一切糾紛，應本誠信原則解決之；如有訴訟必要，雙方同意以臺北地方法院為第一審管轄法院。

第八條　合約之修改與收存
　　本合約若有任何修改，應由雙方協議另以書面為之；本合約一式二份，由雙方各執乙份為憑。

```
立約人　甲方：
　　　　乙方：

中　華　民　國　　　　年　　　　月　　　　日
```

商標權授權合約書範本

商標權授權合約書

立約人　甲方（商標權授權人）：
　　　　乙方（商標權被授權人）：
雙方茲就商標權授權事宜，訂立條款如後，以資信守：
第一條　授權標的
　　　　甲方願將其所享有之「　　　　」商標（註冊號碼為　　　　號）（以下稱本商標，如附件）之商標權授權乙方使用。
第二條　授權區域
　　　　中華民國境內（包含臺、澎、金、馬）。
第三條　授權期間
　　　　自　　年　　月　　日起至　　年　　月　　日止。
第四條　授權性質
　　　　乙方所取得之授權為專屬授權（或非專屬授權）。
第五條　授權金及支付方式
　　　　雙方協議，由乙方以新臺幣　　　　元作為使用本商標之授權金。付款方式為：於本合約簽訂時，由乙方支付甲方現金新臺幣　　　　元，於簽訂本約後　　　　個月內，再由乙方支付甲方新臺幣　　　　元整。
第六條　乙方義務
　　㈠乙方承諾在任何時候不得從事有損本商標權利之行為，亦不得以與本商標相同或近似之商標向主管機關申請商標之註冊。若有違反，乙方需賠償甲方新臺幣　　　　元。
　　㈡乙方於使用本商標時應標示授權字樣及商標權人名稱。
第七條　擔保條款
　　　　甲方保證其確有授權乙方使用本商標之權利，並擔保日後若有第三人向乙方主張本商標權為其所有及其他相關權利時，乙方應立即以

書面通知甲方，甲方應負責出面處理，並負擔因而產生之一切賠償及費用。

第八條　合約期限及終止條款

㈠本合約期間屆滿後，任何一方若未於本合約期滿前一個月以書面表示不再續約，本合約自動延長一年，再期滿亦同。

㈡若任何一方違反本合約之約定，且未在接獲他方書面通知十五日內予以完全改善者，他方得終止本合約。另於本約存續期間內，任一方發生解散、破產、重整、清算等情事，本約視為終止。

第九條　合約之補充及解釋

本合約若有未盡事宜或不明之處，依商標法及其他相關法令定之。

第十條　爭端之解決及管轄法院

甲乙雙方同意，對本合約所引發之一切糾紛，應本誠信原則解決之；如有訴訟必要，雙方同意以臺北地方法院為第一審管轄法院。

第十一條　合約之修改與收存

本合約若有任何修改，應由雙方協議另以書面為之；本合約一式二份，由雙方各執乙份為憑。

立約人　甲方：
　　　　乙方：

中　華　民　國　　　　年　　　　月　　　　日

23 專屬授權與非專屬授權的差異為何？

小黃就其註冊 A 商標先指定小李為某地區之非專屬被授權人，之後小黃又在同地區專屬授權於小張。

一、小李之非專屬被授權人地位是否因之後的專屬授權而受影響？

二、若小黃將 A 商標權移轉予小玉，則小黃與小李、小張間之授權契約是否對小玉繼續存在？

三、小李或小張，在面臨 A 商標權受侵害時，可否以自己名義行使權利？

四、小李、小張可否於被授權範圍內，再授權他人使用？

　　商標法上之授權可區分為專屬授權與非專屬授權兩種（參見商標法第 39 條第 1 項）：

種　類	說　明
專屬授權	指授權人在授權使用之同一時期與同一地域內不得將同一商標權授給被授權人以外之人使用，包括授權人本身，但亦得將授權人之使用為例外之規定
非專屬授權	指授權人得在同一時期與同一地域內將同一商標權授權給二以上之人實施或使用，被授權人則在契約之限制範圍內使用授權人之權利內容而不構成侵權行為之謂

但不論屬何種授權關係，皆須向商標專責機關登記後，始得生對抗第三人之效力，這就是所謂登記對抗原則（參見商標法第 39 條第 2 項）。

一　小李之非專屬被授權人地位是否因之後的專屬授權而受影響？

商標法為避免經登記之非專屬授權因嗣後商標權人復將其商標專屬授權他人，所產生商標使用權利衝突之疑義，特於第 39 條第 4 項增訂商標非專屬授權登記後，商標權人再為專屬授權者，在先之非專屬授權登記不受影響之規定。所以，本案例小黃、小李間之授權若經登記，則其登記不會因事後小黃、小張之專屬授權而受到影響。

二　若小黃將 A 商標權移轉予小玉，則小黃與小李、小張間之授權契約是否對小玉繼續存在？

若小黃與小李、小張間之授權契約，有經商標專責機關登記，則在小黃移轉 A 商標權予小玉時，小黃與小李、小張間之授權契約，對小玉而言就會繼續存在。

三　小李或小張，在面臨 A 商標權受侵害時，可否以自己名義行使權利？

於商標權受侵害之際，在專屬授權範圍內，專屬被授權人自得以自己名義行使民事及刑事商標權受侵害救濟之權利（參見商標法第 39 條第 6 項）。專屬被授權人在專屬授權範圍內排除他人使用，某程度上與專屬授權人無異，所以本案例中身為專屬被授權人之小張當可以自己名義行使權利，而小李僅是非專屬被授權人則無此權限。

此外，商標即便因專屬授權而由專屬被授權人於授權範圍內單獨使用，惟商標所累積之信譽，於專屬授權終止後，最後仍回歸商標權人。且專屬授權契約若以一定期間內授權商品銷售金額之比例，作為權利金數額之計算方式，則專屬授權範圍內之商標侵害行為，對商標權人之權益亦有影響，況商標專屬授權僅是商標權人在授權範圍內，為被授權人設定專有排他之使用權利，商標權人並不喪失商標使用權利以外之權能，如商標權之移轉、設定質權等。因此，專屬授權後之商標侵害行為，如果損及到商標權人上開之權利時，亦有排除侵害之需要。我國商標法第 39 條第 6 項但書特別明定在商標有專屬授權之情形允許得由當事人約定商標權受侵害時行使權利之主體，以符實際狀況。

四　小李、小張可否於被授權範圍內，再授權他人使用？

依商標法第 40 條：「專屬被授權人得於被授權範圍內，再授權他人使用。但契約另有約定者，從其約定。非專屬被授權人非經商標權人或專屬被授權人同意，不得再授權他人使用。再授權，非經商標專責機關登記者，不得對抗第三人。」之規定可得知，專屬被授權人於被授權範圍內，具有專屬使用註冊商標之權能，於授權範圍內，自得再授權他人使用，但是因考量授權契約之訂定多是當事人在信任基礎下本於個案情況磋商訂定，如有特別約定限制專屬被授權人為再授權時，應優先適用特別約定之規定。所以本案例中，小張可否於被授權範圍內，再授權他人使用，要看小黃、小張之間有無特別約定而定，若無，則專屬被授權人小張可再授權他人使用；至於小李僅是非專屬被授權人，他必須經小黃或小張同意，始得再授權他人使用，與小張之情形不同。

24 商標權人把部分商品的商標權移轉給他人，應注意哪些事項？

普普公司以 A 商標申請註冊，指定使用在香水、口紅等商品上，普普公司後來基於營運考量，將口紅部分之商標權移轉給達達公司，問普普、達達公司移轉後使用 A 商標時應注意哪些事項？

　　商標法第 43 條規定：「移轉商標權之結果，有二以上之商標權人使用相同商標於類似之商品或服務，或使用近似商標於同一或類似之商品或服務，而有致相關消費者混淆誤認之虞者，各商標權人使用時應附加適當區別標示。」而究竟應該如何附加區別之標示？可由各商標權人互相協議，但基本上標示應依一般社會通念及市場交易習慣，例如在商品或其包裝上清楚附記各商標權人公司、商號名稱或來源地。如果各商標權人並未依照上述規定為適當區別之標示，其商標註冊可能會被主管機關依照商標法第 63 條第 1 項第 3 款之規定廢止其註冊。

　　本案例，普普、達達公司在就 A 商標部分移轉後，因為兩家公司現在就 A 商標所使用之商品是屬於類似商品，有致相關消費者混淆誤認之虞，所以就必須按照上述的規定，在使用時附加適當區別的標示，以免商標被廢止。

進口「水貨」是否侵害商標權？

> 巧虎是臺灣取得「碧蓮」註冊商標的商標權人，並將商標指
> 定使用在去污劑商品上，挑樂比為進口貿易商，自韓國輸入
> 同樣商標的去污劑販賣，巧虎認為挑樂比的行為對公司權益
> 已造成侵害，所以發函要求挑樂比不得再使用該商標，而且
> 必須賠償侵害商標權的損失；不過挑樂比認為他們所輸入的
> 商品，是韓國廠商製造，而韓國廠商製造時有得到「碧蓮」
> 韓國商標權人的同意，所以他們所進的水貨並無侵害巧虎的
> 商標權，故不予理會，問誰的主張有理？

　　所謂的「水貨」就是「真品平行輸入」的商品，指本地已有商
標權人，現又從國外進口國外註冊商標之真品。關於「真品平行輸
入」是否違反商標法？採肯定說者認為，因為本國商標權人通常就
該商標已花費鉅額之廣告費用，進口商若不必花費任何的成本，就
可以攀附其成果（搭便車），顯然不足保障本地商標權人之權益，所
以應該禁止真品平行輸入。但採「真品平行輸入」是合法行為的人
就認為，商標權的範圍並未包含「進口」之權利，而且基於鼓勵公
平競爭，讓消費者有較多選擇，真品平行輸入應該是可以允許的。

商標法第 36 條第 2 項：「附有註冊商標之商品，由商標權人或經其同意之人於國內外市場上交易流通，商標權人不得就該商品主張商標權。」明示商標法採國際耗盡原則，亦即是無論國內或國外，商品第一次經權利人同意於市場上流通後，即已產生權利耗盡，權利人不得再對該商品主張權利。此一國際耗盡原則，亦可以證明我國是承認真品平行輸入。且我國最高法院 81 年臺上字第 2444 號民事判決認為，只要水貨的品質與我國商標權人所銷售之商品相同，且進口商又未冒用他人商標，水貨就不至於使消費者有混淆誤認之虞，如此對於我國商標權人及消費者的利益（消費者有選擇可能性，可享受自由競爭的利益）就沒有損害，自然不應禁止真品平行輸入。不過要注意的是，雖然真品平行輸入原則上並沒有違反商標法的問題，但是如果進口商是用積極的手段攀附本國商標權人的聲譽（搭便車），例如不在商品上註明是水貨而使用本國商標權人的廣告字眼，可能還是會被認為違反公平交易法。

本案例，如果桃樂比並未有以積極的手段攀附巧虎聲譽之情事，其自可對巧虎之要求不予理會。

26 委託加工製造 （俗稱的 OEM） 法律問題知多少？

巧虎公司委託挑樂比公司加工製造某產品，包含產品上的商標亦是依照巧虎公司之意思而使用，雙方約定巧虎公司就挑樂比公司所製造之產品，可分批出貨。

詎料，巧虎公司因為該批產品在市場上反應不佳，所以僅向挑樂比公司出過一次貨，其餘產品一直放在挑樂比公司的倉庫中，挑樂比公司為減少公司損失，在未經巧虎公司同意下，乃將庫存部分全數出售給各大賣場，問挑樂比公司之行為有無侵害商標權？

又，如果巧虎公司是外國客戶，而巧虎公司所使用之商標雖有在國外註冊，但在國內卻被琪琪公司申請註冊為商標，挑樂比公司在製造後將產品出口到國外的行為，有無侵害琪琪公司的商標權？

商標法第 36 條第 2 項規定：「附有註冊商標之商品，由商標權人或經其同意之人於國內外市場上交易流通，商標權人不得就該商品主張商標權。」此即所謂的「耗盡原則」，由條文內容可知如果要主張商標法上的「耗盡原則」，必須該附有註冊商標的商品是基於商

標權人的意思在國內外市場上流通才可以，如果該附有註冊商標的商品，其流通並非是基於商標權人的同意，自無「耗盡原則」的適用。本案例，桃樂比公司為減少損失，在未經商標權人巧虎公司的同意下，擅自將該商品出售給各大賣場，因為沒有「耗盡原則」的適用，所以桃樂比公司還是要對巧虎公司負侵害商標權的法律責任。桃樂比公司如要避免此種情形發生，可以在當初雙方所簽訂的委託加工製造合約書上面約定，日後如巧虎公司未依約出貨時，桃樂比公司有權將庫存商品予以出售，如此一來，桃樂比公司就沒有侵害商標權的問題。

　　桃樂比公司受託加工製造商品，並將製造之商品全數外銷，是否違反商標法？其關鍵應是在於桃樂比公司的行為算不算是在「使用」商標？如果認為桃樂比公司的行為是在「使用」商標，那就構成仿冒商標，反之，如果這種情形不算「使用」商標，那就沒有違反商標法的問題。依照商標法第5條之規定：「（第1項）商標之使用，指為行銷之目的，而有下列情形之一，並足以使相關消費者認識其為商標：一、將商標用於商品或其包裝容器。二、持有、陳列、販賣、輸出或輸入前款之商品。三、將商標用於與提供服務有關之物品。四、將商標用於與商品或服務有關之商業文書或廣告。（第2項）前項各款情形，以數位影音、電子媒體、網路或其他媒介物方式為之者，亦同。」

　　所以要構成商標的「使用」必須是基於「行銷」之目的，如果不是基於「行銷」的目的，當然就不算是商標的「使用」，因此，桃

樂比公司接受外國商標所有人（巧虎）的訂單，授權在臺製造商品，製造後全數外銷，並未在國內流通，此種情形應該可認為不構成商標的「使用」，自然就沒有侵害琪琪公司的商標權之問題。不過為保險起見，桃樂比公司應該在接受委託時，要求巧虎公司提供商標證明文件（尤其是我國的商標證明文件），並且在雙方的合約書中記載擔保條款，約定委託者擔保其委託製造之商品上所使用之商標並未侵害他人商標權，如有違反，委託人應負起完全的賠償及善後責任。

27 將別人的註冊商標使用在商品上，是否一定違反商標法？

小明是「正箔」註冊商標的商標權人，登記使用在「香冥紙」（金紙、紙錢）等物品上，小王、小美都是經營香鋪的老闆，小明主張小王、小美所銷售的金紙上所標示的「正箔」文字，已經侵害他的商標權，向法院提出侵害商標的民事訴訟，小王、小美則主張他們之所以在銷售的金紙使用「正箔」字樣，純粹只是在表示金紙的性質、規格，並無當作商標的意思，所以應該沒有侵害小明的商標權，究竟誰的主張有理由？

　　商標權人於註冊指定之商品或服務，取得商標權，除商標法第36條另有規定外，於同一商品或服務，得使用相同於其註冊之商標。所以，有權於同一商品使用相同於其註冊商標之商標者，必需是商標權人或經其授權者，而其使用商標之目的，則在於行銷商品或服務。至於所謂行銷，乃指向市場銷售作為商業交易之謂，行銷範圍包含國內市場或外銷市場，且在其商品或服務行為上需有標示商標之積極行為，而該標示尚需足以使相關消費者認識其為商標。

　　但是如果以符合商業交易習慣之誠實信用方法，表示自己之姓名、名稱，或其商品或服務之名稱、形狀、品質、性質、特性、用

途、產地或其他有關商品或服務本身之說明，非作為商標使用者，依照商標法第 36 條第 1 項第 1 款之規定，則可以不受他人商標權之效力所拘束。一般認為上面所規定的商標合理使用，包括描述性合理使用及指示性合理使用兩種，而這二種情形都不是在作為自己商標使用，都可以不受到商標權效力的拘束。

種　類	內　容
描述性合理使用	第三人以他人商標來描述自己商品或服務之名稱、形狀、品質、性質、特性、產地等，此種方式之使用，並非利用他人商標指示商品或服務來源之功能，純粹作為第三人商品或服務本身之說明，商標權人取得之權利，是排除第三人將其商標作為第三人指示自己商品或服務來源之使用，第三人所為之使用既非用以指示來源，即非屬商標權效力拘束範圍
指示性合理使用	第三人以他人之商標指示該他人（即商標權人）或該他人之商品或服務，此種方式之使用，是利用他人商標指示該他人商品或服務來源之功能，用以表示自己商品或服務之品質、性質、特性、用途等，此種使用情形通常多出現在比較性廣告、維修服務，或用以表示自己零組件產品與商標權人之產品相容

　　本案例小王、小美在所販售紙錢上標示之「正箔」二字，究竟是作為商標使用，還是僅是在作商品品質之說明？必須就他們實際使用的情形予以判斷，如果小王、小美在所銷售的紙錢側邊均有標示自己所有之商標與附記規格如「16 刈、正箔」等字樣，如此他們使用「正箔」字樣應該只是在標明商品之名稱、品質及規格，目的是在作為商品的說明，以供消費者選購的參考，並非作為商標使用，相關消費者在目睹上開連貫標示之文字時，應該不至於會將「正箔」等文字認為是該商品之商標，換句話說，不能僅以文字中有出現他

人已登記之商標，就認為必然是在作商標之使用。所以，本案例小王、 小美應該可以依照商標法第 36 條第 1 項第 1 款的規定主張並未侵害小明的商標權。

28

公司將授權期間取得之商品，在授權期滿後出清，會不會違反商標法？

　　小君是 A 公司負責人，B 公司則為「勹勹」商標之商標權人（指定使用商品為靴鞋類）。A 公司與 B 公司原簽訂有獨家授權合約，但是該授權合約已於日前因期滿而終止，本來依照合約之相關規定，A 公司如有庫存未銷售完之商品，應於合約終止後 6 個月內銷售處理完畢，於處理期間後，A 公司即不得再銷售 B 公司印有「勹勹」授權商標之商品。

　　詎料，小君為降低公司損失，仍在處理期間屆滿後繼續將未出清之授權商品對外銷售，問：小君之行為是否違反商標法之刑責？小君主張本件純屬民事糾紛，是否可採？

　　商標不僅表彰商品之品質，亦表示商品之來源，且授權期間內製造、販售之商品，仍須得授權人之管理及監督，小君所陳列販售之鞋品雖為授權期間內製造之商品，但於處理期間經過後，如繼續販售該商品，將讓消費者混淆該商品是否經合法授權？或是品質是否在授權人之控管下？故小君於處理期間經過後，在尚未去除原授權商標印記之情形下，逕行販賣上開商標商品，就屬於未經授權而使用他人商標之違法行為。小君之行為不僅違反民事上之契約義務，

亦違反商標法關於保護商標權之刑事規定 （商標法第 95 條第 1
款），本件並非只是民事紛爭（智慧財產法院 99 年智上易字第 71 號
刑事判決參照）。

　　但針對以上看法，有不同之實務見解認為，商標權人受保護之
原因，並不是對於商標圖樣所為之創作，而是其對商標加以使用或
有使用之意思，使該商標成為商品來源之表彰，為維護競爭秩序，
以保使用者之正當利益與消費者之利益，故有加以保護之必要。所
以，商標侵權刑事責任之成立與否，不應超出商標法立法目的所設
之界限，而漫無目的入人於罪。商標法所謂於同一商品使用相同於
他人註冊商標之圖樣者，必須是行為人在其製造之同一商品上所使
用之商標圖樣，並非原廠商自己製作之商標圖樣，而是出自行為人
之擅自仿冒者始足當之。商標侵權刑事責任之成立與否，應判斷有
無造成商品來源誤認等維護公平競爭交易秩序之因素；另再參酌商
標法中亦有權利耗盡原則之規定（即現行商標法第 36 條第 2 項）。

　　在這種實務見解下，本案例中的小君所販賣之系爭商標商品，均是授權合約所訂授權期間內所生產但未出清之庫存商品，小君雖於授權合約所訂授權期間屆滿後仍予以展示、出售，但因所販賣之系爭商標商品都是真品，而非仿冒商標商品，當然就沒有混淆商品來源而減損消費者權益或因仿冒商品之品質低劣而貶損商標權人信譽之可能，所以可以認為沒有違反公平競爭交易秩序之維護，不應以商標法之刑責相繩（板橋地方法院 98 年簡上字第 1322 號刑事判決參照），小君之行為既未侵越商標法所欲保障之公益，而僅屬當事人間之合約糾紛，依循私權爭議處理程序尋求解決，就足以保障商標權人之私權，在此情形下，不宜以國家公權力介入當事人間商標合約之私權糾紛，以避免過度干預私法自治之空間，並符智慧財產權法制除罪化之國際趨勢，亦可供參考。

29　將買來貼有合法商標的容器再回充其他東西出售，違法嗎？

羅拉收購貼有「葵花牌」商標之沙拉油空罐，裝入自製劣質之沙拉油，冒充相同之沙拉油，並以相同之價格出售圖利，若該空罐上之葵花牌是查理公司向主管機關申請註冊之商標，問羅拉應負如何之刑事責任？

在本實例中，羅拉已觸犯刑法之詐欺罪，就此業經最高法院 80 年第 1 次刑庭總會決議在案，故在此僅就有無違反商標法部分加以說明。按，商標法上有所謂的「商標權耗盡原則」，也就是「附有註冊商標之商品，由商標權人或經其同意之人於國內外市場上交易流通，商標權人不得就該商品主張商標權」（參見商標法第 36 條第 2 項），這是為了促進商品的自由流通而設。但是要注意的是要主張「商標權耗盡原則」也是有其限制的，如果是為了防止商品流通於市場後，發生變質、受損，或有其他正當理由者，商標權人仍得主張其商標權，自無「商標權耗盡原則」之適用。其目的在於使附有商標之商品於轉讓後仍得維持其原有之狀況，因此當第三人未經商標權人同意，改變商品之型態，而損及原商品之狀況者，商標權人仍可對改變商品之人主張其商標權。故本案例羅拉以劣品充當真品

之行為，已該當商標權耗盡原則之例外情形，依據上述說明，羅拉不得主張本件有耗盡原則之適用而阻卻其違法性。

至於違反商標法，是否必須以行為人有在同一或類似商品上，使用「相同或近似」他人註冊商標為必要？亦即是否以行為人現在所使用之商標必須非原來真品上之商標，方可論以商標法？關於這個問題，法院多認為並不以此要件為必要，故本案例羅拉所使用之商標縱使是商標權人查理公司所貼之商標，其仍應負商標法第 95 條第 1 款之刑事責任，可處 3 年以下有期徒刑、拘役或科或併科新臺幣 20 萬元以下之罰金。

30 商標被仿冒時有何民事權利可主張?

「名家西服公司」以製作、販賣成人西服為業,由於品質優良、款式新穎,深受消費者喜愛,查理公司見有利可圖,就委託工廠縫製大批西服,且將與「名家西服公司」相同的商標標籤貼附於商品之上,再將其出售圖利,「名家西服公司」在民事上有何權利可對查理公司主張?

　　商標法第 69 條規定:「(第 1 項)　商標權人對於侵害其商標權者,得請求除去之;有侵害之虞者,得請求防止之。(第 2 項)商標權人依前項規定為請求時,得請求銷毀侵害商標權之物品及從事侵

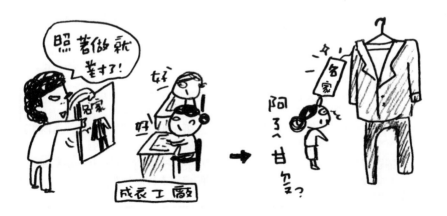

害行為之原料或器具。但法院審酌侵害之程度及第三人利益後，得
為其他必要之處置。（第 3 項）商標權人對於因故意或過失侵害其商
標權者，得請求損害賠償。（第 4 項）前項之損害賠償請求權，自請
求權人知有損害及賠償義務人時起，二年間不行使而消滅；自有侵
權行為時起，逾十年者亦同。」從此條文分析，可知商標權人商標
權被侵害時有下列四項民事請求權可為主張，即侵害防止請求權、
侵害排除請求權、損害賠償請求權及請求銷毀或為其他必要處置之
權利。茲分別說明如下：

權利類型	內　容
侵害防止請求權	亦即在侵害行為尚未發生但有受侵害之虞時，事先請求預防之
侵害排除請求權	乃在侵害行為發生後，請求排除其侵害。蓋在商標權侵害行為發生時，如商標權人即時發現，此時因尚未發生損害，自無法請求賠償，但如不禁止該侵權行為，而任令其繼續侵害，將導致商標權人發生損害之結果，故此時若商標權人能事先排除該侵害，避免損害結果之發生，將有助於損害發生之預防
損害賠償請求權	關於損害賠償請求權之要件，一般認為目前商標法第 69 條之規定不夠明確，所以必須參考民法第 184 條侵權行為之規定，亦即必須有侵害行為、侵害他人之商標權、損害之發生、行為與結果間必須有因果關係、行為必須有不法性及行為人主觀上有故意或過失等要件。其中關於行為人必須有故意或過失這個要件，與上述之侵害排除及侵害防止請求權二請求權之成立並不以行為人有故意或過失為必要不同，亦即商標權人在主張侵害排除及侵害防止請求權時，縱使行為人無任何之故意或過失而為侵害行為，商標權人仍得主張，但是如果欲向行為人請求損害賠償，就必須證明行為人有故意或過失才可主張
請求銷毀或為其他必要處置之權利	商標權人對於侵害商標權之物品及從事侵害行為之原料或器具，得請求銷毀。但法院審酌侵害之程度及第三人利益後，得為其他必要之處置

　　本案例，查理公司故意在同一商品上，使用相同於名家西服公司註冊商標的圖樣，其行為顯然已侵害名家西服公司的商標權，名家西服公司可依照上述規定，分向查理公司主張民事上之權利。

31 商標被侵害時，商標權人損害賠償請求權之時效為何？

春日公司未經小新同意或授權，於 91 年 1 月 1 日時起擅自於牛奶香料商品之外包裝上，仿冒小新所有之 A 註冊商標（指定使用商品為香料、香精等商品），並將該商品對外販售。小新於 101 年 1 月 2 日始發現上開事實時，可否向春日公司依照商標法之規定主張民事上之權利？

一　請求權

商標侵權之民事救濟方式，依其性質可分為二大類型，一者為損害賠償請求權（參見商標法第 69 條第 3 項）；另一者為除去及防止侵害請求權 （參見商標法第 69 條第 1 項），性質上類似民法第 767 條第 1 項所定物上請求權之妨害除去及防止請求。

二　時效規定

關於商標侵權行為請求權消滅時效之規定，國外立法例，除德

國於其商標法明文規定外，其他主要國家之商標法並未明文規定，其未規範之理由在於商標侵權為侵權行為之一種，其消滅時效，適用其他法律，尤其是民法侵權行為消滅時效規範即可。

我國專利法第 96 條第 6 項及著作權法第 89 條之 1 對此既均有明文規定，為求智慧財產權法相關規定之一致性，商標法第 69 條第 4 項已明定損害賠償請求權，自請求權人知有損害及賠償義務人時起，2 年間不行使而消滅；自有侵權行為時起，逾 10 年者亦同。至於第 1 項侵害除去或防止請求權之消滅時效，則仍應回歸適用民法相關規定（即 15 年）。

本案例中，小新於 101 年 1 月 2 日時才知道春日侵害其商標權，則依第 69 條第 4 項規定，請求權因 2 年間不行使而消滅，似乎小新的請求權還有 2 年可行使。但是依同條項的規定，自有侵權行為時起，逾 10 年者，請求權消滅，是以，春日公司於 91 年 1 月 1 日開始侵害小新的商標權，時效自侵權行為時起算，即從 91 年 1 月 2 日起算（始日不算入）至 101 年 1 月 1 日，故小新對春日公司的請求權，已逾 10 年的時效，不得再行主張。

綜上，可知商標權人在商標被侵害時，欲向行為人主張商標法上之民事權利時，如是主張損害賠償，需注意是否有依照相關規定證明行為人主觀上具有故意或過失；並且也需注意是否有罹於請求權時效之問題。

32　拿他人註冊商標中的文字作為公司名稱或網址並加以登記，合法嗎？

日商花輪公司為「三菱」商標權人，指定使用於汽車、汽車維修等商品服務上，美環日前以「中華三菱汽車開發公司」作為公司名稱，向經濟部辦理設立登記在案，並從事汽車維修等服務。花輪公司在知悉上開情形後，乃委由律師發函主張美環的行為已違反商標法的規定，要求美環在五日內應將公司名稱變更並將公司招牌予以更換，美環則認為所使用的公司名稱既已得到經濟部的核准，縱使「三菱」為花輪公司之商標，其行為亦屬合法。問美環之主張有理嗎？

　　侵害商標權的態樣甚多，原則上有商標法第 35 條第 2 項各款規定的情形：

商標法第 35 條第 2 項	
第 1 款	於同一商品或服務，使用相同於其註冊商標之商標者
第 2 款	於類似之商品或服務，使用相同於其註冊商標之商標，有致相關消費者混淆誤認之虞者
第 3 款	於同一或類似之商品或服務，使用近似於其註冊商標之商標，有致相關消費者混淆誤認之虞者，視為侵害商標權

　　但是鑑於近來以他人註冊商標中之文字作為自己公司、商號、團體、網域或其他表彰營業主體之名稱，所衍生的商標權糾紛甚多。所以為求明確，商標法特別以擬制的方式規定如果未經商標權人同意，明知為他人著名之註冊商標而使用相同或近似之商標或以該著名商標中之文字作為自己公司、商號、團體、網域或其他表彰營業主體之名稱，有致相關消費者混淆誤認之虞或減損商標之識別性或信譽者，視為侵害商標權（參見商標法第 70 條）。

　　本案例，「三菱」商標在國內應已屬「著名商標」，結果美環卻以該註冊商標中之文字作為自己的公司名稱，其行為顯然已經違反上述商標法第 70 條第 2 款之規定，至於美環縱使有拿到經濟部核准公司設立登記的公函，此亦僅屬公司法之問題，美環不能以此作為對抗花輪公司的正當理由。

33 商標權被侵害時，損害額要如何計算？

羅拉公司以 "LV" 為商標申請註冊，指定使用在各種皮件上，查理公司見有利可圖竟仿冒羅拉公司上開商標，將該商標使用在其自行製作之皮包上，每只皮包以 3,000 元之代價販售，後來羅拉公司向警方報案，前往查理公司的倉庫搜索，現場共搜出 600 件仿冒皮包，羅拉公司究竟可向查理公司請求多少金額的損害賠償？

關於商標權被侵害時，商標權人如對仿冒者主張損害賠償請求權，其損害賠償應如何計算？計算方式可分成下面幾種，由商標權人依照個案情形， 擇一計算其損害而為請求 （參見商標法第 71 條）：

一 具體損害計算說

以被害人所受損害及所失利益作為計算基準，以填補權利人所遭受之全部損害。

◧　差額說

權利人如不能提供證據方法以證明其損害時，權利人得就其實施權利通常可獲得之利益，減除受害後實施同一商標權所得之利益，以其差額為所受損害。換言之，比較權利人在侵害行為前後所獲得利益之差額，作為損害賠償額。惟因造成得利差額之因素，有時非純是侵害人之侵害行為所致，可能尚有其他因素，例如政治、天災等因素，因此本核算方法，仍非相當準確。

◨　總利益說

即侵害人就扣除仿冒商品之成本後，以其所得之利益作為損害賠償額。此計算方法是由前二說所依據賠償權利人轉為以賠償義務人為計算之對象。本說之缺點為欲證明侵害人獲利多寡，比證明自己受損害情況更加困難，因此亦有舉證困難之缺點。

◩　總銷售額說

又稱總價額說，指侵害人如不能就其成本或必要費用舉證時，以銷售該物品之全部收入作為所得利益。但須注意欲適用此計算方法，必須以侵害人不能就其成本或必要費用舉證為前提。

五　零售價多倍賠償說

　　亦即就查獲仿冒品零售單價（並非指一般享有商標權商品之零售單價）1,500 倍以下之金額作為其賠償金額，至於倍數之決定，由法院參酌社會情事及個案判斷，不宜籠統一概而論。可特別一提的是 100 年修法前原條文規定為：就查獲侵害商標權商品之零售單價「500 倍」至 1,500 倍之金額。而修法後將最低損害賠償即單價 500 倍部分刪除，由法官依侵權行為事實之個案為裁量，以免實際侵權程度輕微，仍以零售單價 500 倍之金額計算損害賠償額，而有失公平。但是如果查獲之商品超過 1,500 件時，則以其總價定賠償金額。此一計算方式最為簡便。

　　至於何謂「查獲」侵害商標權物，有認為雖非以經扣押者為必要，仍須以實際上查獲之侵害商標權商品為限。亦有認為不以在市場或侵害人所有場所實際查知獲悉其侵害他人商標權而生產貨品數量，只要確有所據，即應構成該款之「查獲」數據以計算損害額，例如仿冒人有向國稅局申報之出貨數量，即可作為查獲數量。

六　權利金說

　　亦即是以相當於商標權人授權他人使用所得收取之權利金數額為其損害。這是在 100 年修法時新增之計算方式，其立法理由有二，第一、商標權人以外之人，如果想合法使用註冊商標，本應透

過商標授權之方式，於經授權之範圍內，支付對價後方能使用。所以未經商標授權之侵害使用行為，對於商標權人所造成之損害，就相當於侵害商標權人透過授權條件所可以取得之客觀財產價值。第二、侵害智慧財產權損害賠償事件損害額之認定，「辦理民事訴訟事件應行注意事項」第 87 點第 2 項已規定，得參考智慧財產權人於實施授權時可得收取之合理權利金數額，核定損害賠償之數額，增訂相關計算其損害賠償之方式，以利商標權人選擇適用，因此新增這種計算方式。

法院就上開計算方式計算而得之賠償金額如認為顯不相當者，得依據商標法第 71 條第 2 項予以酌減。

本案例中，羅拉公司可以主張上述任何一說計算損害，其應可選擇依照上述的零售價多倍賠償說，主張以查理公司被查獲仿冒品之零售單價 1,000 元，乘上 1,500 倍即 150 萬作為賠償（各種計算方

式都可以適用的情形下，可從實際個案所提供的素材判斷，何種方式最有利於當事人，也最為便利）。法院如認為過高，再予以酌減。

最高法院 88 年臺上字第 137 號判決：「於被上訴人所經營之商店內查獲之仿冒商標之光碟片，縱全數銷售，價額亦僅為二千二百元，被上訴人所得利益甚微，上訴人所受損害尚非重大，依商標法第六十六條第一項第三款規定，以上開查獲商品之單價七百倍為被上訴人前開侵權行為之賠償金額為適當。」

34 侵害商標權的刑事責任重不重？

瑞士 A 公司於臺灣註冊之 A 牌商標，為鐘錶界及消費者眾所皆知的國際著名商標，巧虎竟仿冒該 A 商標的手錶，大量在外販售圖利，巧虎有何刑事責任？

違反商標法是屬於非告訴乃論之罪，此與著作權法多數犯罪屬告訴乃論的犯罪不同，並非一定要有被害人提出告訴，偵查機關才能將被告起訴。關於仿冒他人商標的犯罪有：

一 仿冒商標罪

商標法第 95 條規定，未得商標權人或團體商標權人同意，為行銷目的而有下列情形之一者，處 3 年以下有期徒刑、拘役或科或併科新臺幣 20 萬元以下罰金：㈠於同一商品或服務，使用相同於註冊商標或團體商標之商標者。㈡於類似之商品或服務，使用相同於註冊商標或團體商標之商標，有致相關消費者混淆誤認之虞者。㈢於同一或類似之商品或服務，使用近似於註冊商標或團體商標之商標，有致相關消費者混淆誤認之虞者。就其要件說明如下：

	要 件
1	需他人商標已經註冊並且在存續期間內，如果未經註冊之商標或註冊期間屆滿未申請延展，因此沒有取得商標權或商標權已消滅，自非在保護之列
2	行為人必須要有使用商標之行為，亦即行為人必須要有出於行銷之目的，將商標用於商品或其包裝、容器、商業文書、說明書、價目表或其他類似物件上之行為。因為單純購買之消費行為並非刑事處罰之對象
3	必須行為人所使用之商標與註冊之商標圖樣構成相同或近似
4	需行為人使用之商品與他人註冊商標所指定使用之商品為同一商品或類似商品
5	行為人要有犯罪的故意，商標法修正時，雖然將「欺騙他人的意圖」之要件予以刪除，但基於行為非出故意或過失者，不罰。且過失行為之處罰以有特別規定者為限（參見刑法第 12 條），所以行為人仍需要有犯罪的故意，才可以處罰

二 仿冒標章罪

商標法第 96 條規定：「（第 1 項）未得證明標章權人同意，為行銷目的而於同一或類似之商品或服務，使用相同或近似於註冊證明標章之標章，有致相關消費者誤認誤信之虞者，處三年以下有期徒刑、拘役或科或併科新臺幣二十萬元以下罰金。（第 2 項）明知有前項侵害證明標章權之虞，販賣或意圖販賣而製造、持有、陳列附有相同或近似於他人註冊證明標章標識之標籤、包裝容器或其他物品者，亦同。」

100 年修法前原條文有關商標侵權之刑罰規定，並未包括侵害證明標章之情形。但是有鑑於證明標章為證明商品或服務之特性、

品質、精密度、產地等事項，本身具有公眾信賴之期待與消費者保護之功能，較一般商標具有更高之公益性質，侵害證明標章權對社會公眾造成之損害較一般商標權為鉅，在此情況下，一般商標侵害尚且有罰則之規定，證明標章遭受侵害時，更應加以規範，故特別予以規定。此外，對於明知有第 1 項侵害證明標章權之虞，仍販賣或意圖販賣而製造、持有、陳列附有相同或近似於他人註冊證明標章標識之標籤、包裝容器或其他物品者，其不僅侵害證明標章權，同時亦危及公益，自應加以規範禁止，故於第 2 項明定罰則。

三 販賣仿冒品罪

行為人如果明知道是他人所為之仿冒品，而加以販賣或意圖販賣而持有、陳列、輸出或輸入者，就必須依照商標法第 97 條之規定，負起刑事責任。本條規範對象是商標法第 95 條、第 96 條行為主體以外之其他行為人。若本條所列之行為，是由前二條行為主體所實施者，其情形已為前條罪責所涵蓋，並無另行構成本條罪責之餘地。

　　修法前就明知為侵害他人商標權之商品，如非以營利販賣意圖而販入（如原先是以自用目的而販入），或因其他原因而持有（如受贈等），之後起意營利販賣者，其行為無法為原條文所涵括。然為避免侵害他人商標權商品於市面散布流通，而侵害商標權人之權益，故於修法時增加意圖販賣而「持有」者為處罰之對象。

　　又商標法第 97 條後段新增：「透過電子媒體或網路方式為之者，亦同。」乃是因為目前行銷商品或提供服務之型態日新月異，為因應電子商務及網際網路發達之經濟發展情勢，將透過電子媒體或網路方式為該條規範行為者，列為處罰之對象，以遏止侵權商品散布之情形。

　　本案例巧虎之行為，已構成商標法第 95 條第 1 款，未得商標權人同意於同一商品上，使用相同的註冊商標，依法最重可處 3 年以下有期徒刑。

35 面對商標刑事訴訟，應注意哪些事項？

花輪公司於嬰兒用品類註冊有「第三代」商標，同業美環公司不知道「第三代」已成為註冊商標，在其出售的奶瓶包裝盒上使用相同字樣「第三代」，花輪公司以美環公司的行為已經違反商標法的規定，對其提出刑事告訴，問美環公司應如何為自己辯解？

　　「使用」是商標權人專有之權利，具有排他的效力。也就是他人在下列情形，應經商標權人之同意，方可使用該商標：㈠於同一商品或服務，使用相同於註冊商標之商標者；㈡於類似之商品或服務，使用相同於註冊商標之商標，有致相關消費者混淆誤認之虞者；㈢於同一或類似之商品或服務，使用近似於註冊商標之商標，有致相關消費者混淆誤認之虞者（參見商標法第 35 條）。

　　但是在面對商標權人對自己所提的刑事違反商標法訴訟，被告可從以下幾點為自己辯解：

一　主張自己使用的行為可不受商標權人商標權效力的拘束，包含：

▌主張自己是以符合商業交易習慣之誠實信用方法使用，又稱為普通使用

以符合商業交易習慣之誠實信用方法，表示自己之姓名、名稱，或其商品或服務之名稱、形狀、品質、性質、特性、用途、產地或其他有關商品或服務本身之說明，非作為商標使用者，不受他人商標權之拘束（參見商標法第 36 條第 1 項第 1 款）。

而商品之說明、品質、用途等事項原則上是不准申請註冊，但是因為有第二重意義制度的存在，使得有人可能因為長期使用而可以申請註冊商標，此時若有第三人以符合商業交易習慣之誠實信用方法使用上述文字或圖樣，如以某種文字表明是何人製造、何地生產，以示與他人有別，將構成商標權之侵害，顯不公平，因此商標法特別規定上述情形不受商標權之拘束。

至於第三人是否符合商業交易習慣之誠實信用？可從當事人對於他人商標存在情形之瞭解程度、營業上競爭程度等事項上斟酌。而使用方式是否合理及是否作為商標使用，則視其是否與一般商業上使用方式相當判斷之。

為發揮商品或服務功能所必要者，亦可主張不受他人商標權效力所拘束

規定於商標法第 36 條第 1 項第 2 款。值得一提的是，舊法原有「商品或包裝之立體形狀」之規定，但其實功能性問題並不限於商品或其包裝容器之立體形狀，顏色及聲音亦有功能性問題，原條文範圍過於狹隘，為使法律適用較為周延，故刪除之。

善意的先使用

在他人申請商標註冊前，善意使用相同或近似之商標圖樣於同一或類似之商品，不受他人商標權之效力所拘束，但以原使用之商品為限，商標權人並得要求其附加適當之區別標示（商標法第 36 條第 1 項第 3 款）。此規定是基於公平原則，使事先自行創設商標而不是襲用他人標章之善意使用者，不受商標權之效力所拘束，得到適當的保障。因為其可能已大量投資於行銷，並建立起一定之商譽，此時若仍堅守註冊保護主義讓後來取得註冊之商標權人排除其使用，顯然對原善意先使用者有所不公，是以特設本項規定，作為註冊主義之例外。但是要注意的是，要主張本款必須使用商標的時點是在「他人商標註冊申請前」使用才可以，而不是在「他人獲准註冊前」使用。

主張商標權人的商標權已耗盡

商標權人或經其同意之人將附有商標的商品於國內外市場上交易流通者，商標權人不能就該商品再主張商標權（商標法第 36 條第

2 項）。但為防止商品流通於市場後，發生變質、受損，或有其他正當事由者，不在此限。

■二 主張自己所使用的商標與商標權人的商標並未構成近似

依商標法第 95 條仿冒商標法罰則的規定，必須侵害人所使用的商標與註冊商標構成近似時，才有該條之適用，否則即無該條的適用。

■三 主張自己的商品與註冊商標所指定使用的商品並非屬於類似商品或服務

同樣的，依照商標法第 95 條的規定，必須仿冒者的商品與註冊商標的商品屬於同一或類似商品才算數。

四 注意商標權人的商標權期間是否已屆滿

商標權人的商標權如果已經期間屆滿，又未辦理延展，其商標權當然消滅，其自無權利對他人再主張商標權。

五　主張自己並無犯罪之故意

　　按，商標法只處罰故意的犯罪行為，不處罰過失行為，所以，只要行為人有辦法證明自己並無侵害他人商標權的故意，也可以免除刑事責任。

　　本案例，美環公司可以主張自己的使用行為，是符合商業交易習慣之誠實信用方法表示有關商品本身的說明（表示自己的產品研發的次序），所以並無違反商標法。

和解書範本

和解書

立和解書人　　　　（以下簡稱甲方）、　　　　（以下簡稱乙方），茲就乙方不慎使用甲方註冊商標「　　　」字樣（註冊號數：　　　　）之侵權事件，同意協商和解，並約定履行事項如下：

一、乙方於簽立本和解書前因不慎於其商品及業務上使用之物品或文件上標示「　　　」商標字樣，經甲方通知「　　　　」為其註冊商標後，乙方除同意立即停止使用外，並已為必要之改正措施（包含更換招牌、包裝、目錄及名片）。

二、乙方同意代甲方支付因委請第三人維護本件商標權之酬金費用及支出之裁判費共計新臺幣　　　元整，作為對甲方之補償；並於簽訂本和解書時以相同金額之現金交付甲方，以資履行。

三、乙方應於簽立本和解書後於　　　報紙之頭版刊登如附件內容之道歉啟事，以示警惕。

四、甲方同意乙方依上述約定履行後，不追究其所涉之一切民、刑事責任，以杜糾紛。

五、乙方保證爾後絕不再發生與本件相同或類似之情形，否則一經查證有侵權情事願無條件賠償甲方新臺幣　　　元。

六、本和解書內容如有未盡事宜，悉依相關法令規定處理，如有糾紛並願以臺灣臺北地方法院為第一審管轄法院。

七、本和解書一式二份，甲、乙雙方各執乙份為憑。

　　甲方：
　　乙方：

中　華　民　國　　　年　　　月　　　日

專利法

01 專利的種類有哪些？

巧虎發明了「免刀膠帶」，讓使用者在使用時可以免用任何刀具，用手即可沿凹部弱點撕裂呈整齊斷面，巧虎就「免刀膠帶」究竟應該申請哪一種專利比較恰當？

按，專利依照發明或創作的內容不同，可分為發明專利、新型專利、設計專利，這三種專利所受保護的內容、程度及審查的方式都不相同，茲分別說明如下：

一 發明專利

指發明人利用自然法則之技術思想所為之創作。也就是利用自然界所存在之原理原則所為之創作。其類型有物品發明如機器裝置，及方法發明如製造方法、使用方法發明（參見專利法第 21 條）。

二 新型專利

指利用自然法則之技術思想，對物品之形狀、構造或組合之創作（參見專利法第 104 條）。其係介於發明專利與設計專利之間。新

型專利所保護者為具有實用性創作之物品形狀、構造或組合，亦即以有形之物品為保護對象。故若為方法之更新或單純平面圖之改善，或雖是對物品之形狀、構造、組合之改變，但未達利用價值之創造者，均無法申請新型專利。

由於新型專利的保護僅有少數國家採之，例如德、日、我國及中國大陸，所以上開國家多對於新型專利採程序形式審查的登記註冊制度，主管機關對於新型專利申請案，並未作實質審查，但此種作法對於新型專利的權利內容將存在著相當高的不安定性及不確定性，所以我國專利法就規定在新型專利公告後，任何人得向專利專責機關申請新型專利之技術分析報告 （參見專利法第 115 條第 1 項），且要求新型專利權人在行使專利權時，如未提示新型專利技術報告，則不得進行警告（參見專利法第 116 條）。

三 設計專利

設計專利指對物品之全部或部分之形狀、花紋、色彩或其結合，透過視覺訴求之創作 （參見專利法第 121 條第 1 項）。值得一提的是，修法前「新式樣」專利保護之創作必須是完整之物品（包含配件及零、組件）外觀的形狀、花紋、色彩或其結合之設計，若設計包含多數新穎特徵，而他人只模仿其中一部分特徵時，就不會落入「新式樣」專利所保護之權利範圍，這樣一來，並無法完善保護設計本身。因此，一方面為鼓勵傳統產業對於既有資源的創新設計，

另一方面為因應國內產業界在成熟期產品開發設計的需求，強化設計專利權的保護，特別將「部分設計」納入設計專利保護的範圍。

應用於物品之電腦圖像（Computer-Generated Icons，簡稱 Icons）及圖形化使用者介面（Graphical User Interface，簡稱 GUI），是屬於暫時顯現於電腦螢幕，具有視覺效果的二度空間圖像 (two-dimensional image)，因為無法像包裝紙與布匹上之圖像及花紋能恆常顯現於所實施之物品上，且不具備三度空間特定形態，原本並非新式樣專利保護之標的。但是基於我國相關產業開發利用電子顯示之消費性電子產品、電腦與資訊、通訊產品之能力已日趨成熟，又電腦圖像或圖形化使用者介面與前述產品之使用與操作有密不可分之關係，為配合國內產業政策及國際設計保護趨勢之需求，故將「電腦圖像」及「圖形化使用者介面」亦修法增訂為設計專利保護之標的（參見專利法第 121 條第 2 項）。但是，此等設計須指定所施予之電腦螢幕、手機或電話等物品，亦即是，須結合於物品提出申請，不能以單獨之圖像、圖形提出申請。

發明人就所發明或創作之技術究竟要申請何種專利？申請人應該要考慮產品的週期、申請的手續、審查的時間及各專利取得的難易等等因素，作出最適當的決定。本案例，巧虎就其所發明之免刀膠帶，如想輕易獲得主管機關核准註冊，似乎以申請新型專利較為妥適。

先申請的人就先贏嗎？

大臺公司完成一技術之研發後，在提出專利申請前，該技術資料即被大正竊取，大正竟以該技術提出專利之申請，並經主管機關為核准審定之公告，試問大臺該如何確保自己之權益？大臺就該技術是否仍有可能取得專利權？

關於專利權的取得，在各國立法例上可區分為「先申請主義」與「先發明主義」兩種：

先申請主義	以提出專利申請之先後，作為核准或核駁專利之標準，如果「兩人以上」有相同之發明而向主管機關申請專利者，由最先申請者取得專利權
先發明主義	以發明的先後作為核准或核駁之依據，亦即若有兩人以上有相同之發明而據以申請專利者，以最先發明之人取得專利權

我國專利法第 23 條規定，兩人以上有相同之發明者，由先申請之人取得專利權；另，新型專利部分依據專利法第 120 條準用第 23 條規定：申請專利之新型，與申請在先而在其申請後始公開或公告之發明或新型專利申請案所附說明書、申請專利範圍或圖式載明之內容相同者，不得取得新型專利；及設計專利部分依據專利法第 123 條規定：申請專利之設計，與申請在先而在其申請後始公告之

設計專利申請案所附說明書或圖式之內容相同或近似者，不得取得設計專利。均可知我國專利法就專利權的取得係採先申請主義。

　　所以基本上如果兩人剛好有相同之發明（或稱為平行發明），就由先申請的人取得專利權。不過，如果兩人中一人是竊取他方的技術資料據以申請專利，其情況又有不同，因為竊取者並非是真正的發明者，應該沒有專利申請權，所以縱使其先申請，真正的發明人還是可以藉由專利法上的舉發撤銷制度，撤銷其取得之專利權（參見專利法第 71 條第 1 項第 3 款、第 119 條第 1 項第 3 款、第 141 條第 1 項第 3 款），並且在舉發撤銷後以該經撤銷確定之發明專利權之申請日作為專利申請權人之申請日，以避免其技術因為被他人竊取申請專利公開，而遭智慧財產局認為該技術已喪失新穎性而不願給予真正的專利申請權人專利權（參見專利法第 35 條第 1 項）。

　　本案例，大臺可依照上述舉發撤銷之規定，確保其權益，並援用專利法第 35 條之規定，以該經撤銷確定之發明專利權申請日為其申請日，如此，大臺就有可能獲得專利權。因此，「誰先申請，誰就先贏」這句話並不一定全然可以適用於專利的申請。

發明是我，專利歸誰？

大臺公司出資聘請小邰公司代為開發某項技術，小邰公司就該研發工作交由員工老黃進行，如果大臺公司、小邰公司及老黃均並未對權利之歸屬加以約定，問誰可取得專利申請權及專利權？誰可取得姓名表示權？

關於專利之申請權人依照專利法第 5 條第 2 項之規定，除非本法另有規定或契約另有訂定外，係指發明人、新型創作人、設計人或由其受讓、繼承申請權之人。但是如果遇到僱傭關係存續中所完成之發明、新型或設計（以下僅略稱發明）或出資聘請他人完成的發明，則跟專利有關的權利，應如何歸屬就有爭議。關於在僱傭關係存續中所完成的發明，可分為職務上之發明及非職務上之發明，如果是職務上之發明，由於受雇人所從事之工作本來就是其職務範圍所應作的，且受雇人通常已從雇用人處獲得相當的報酬，為確保雇主之權益，其專利申請權及專利權均應屬於雇用人，惟契約另有訂定者，從其約定（參見專利法第 7 條第 1 項）。至於姓名表示權仍由該發明人等人享有，不受影響（參見專利法第 7 條第 4 項）。

但如果是受雇人於僱傭關係存續中所完成之非職務上之發明，

由於這是受雇人自行努力研究又與職務無關，所以其專利申請權、專利權及姓名表示權均歸受雇人享有。不過如果受雇人所完成之非職務上發明，係利用雇用人一方之資源或經驗之便方順利完成者，為求均衡，雇用人得於支付合理報酬後，於該事業實施該發明（參見專利法第 8 條），此時雇用人就取得法定的授權。另外，由於受雇人所完成之發明究竟屬於職務上之發明或非職務上之發明，對於僱傭關係雙方之權益影響甚大，因此受雇人如認為其所完成之發明係屬非職務上之發明，應於發明後以書面通知雇用人，如有必要，並應告知創作之過程。雇用人於接獲通知後，如未在 6 個月內提出反對之表示，日後即不得再主張該發明為職務上之發明；但如雇用人表示反對異議，則此時似僅有訴諸法律訴訟途徑解決，以確認專利權之歸屬。

於出資聘請他方研究開發完成發明之情形，專利申請權及專利權之歸屬係依雙方契約約定，未約定者，則屬發明人等人所有，但

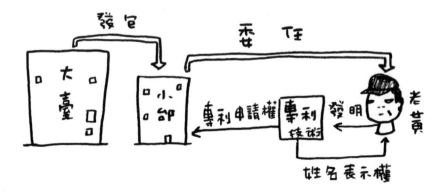

為確保出資人權益，出資人得實施其發明。至於姓名表示權部分，不論雙方對專利權及專利申請權如何約定，姓名表示權仍歸發明人等人所有（參見專利法第 7 條第 3 項、第 4 項）。

　　本案例，大臺公司、小邰公司及老黃均未以契約約定專利申請權、專利權之歸屬，則專利申請權及專利權應由小邰公司取得，至於小邰公司雖係交由員工老黃進行研發，仍無礙於小邰公司係本件專利申請權人及專利權之認定，不過為免爭議，實務上在申請專利時，均會要求發明人附上書面的專利讓渡證明文件。姓名表示權部分，這是發明人等人所享有的基本權利，所以本件專利之姓名表示權應屬於創作人老黃所有。

04 要取得專利應該具備哪些要件？

小美以「各種飲料之銷售及飲用兩簡便裝置」申請專利，卻遭專利專責機關認為該裝置所依據之原理及方法為眾所共知，且其構造較現行的打開瓶蓋後插入吸管飲用為不經濟，且其裝瓶工程亦繁雜困難，不切實用，所以不應准予專利。問要取得專利權到底應該具備哪些要件？

由於給予發明人專利權，就是在賦予專利權人可以在一定的期間內，排除他人未經其同意而實施其專利權，很容易造成市場壟斷的情形。因此，各國對於專利制度，普遍都會對專利權的取得設定一定之門檻或限制，以避免有專利權濫用及不公平競爭之情形。我國專利法認為發明人要取得專利權必須具備「三性一不」，「三性」就是要有「實用性」、「新穎性」及「進步性」，如果具備這 3 個要件，我們就稱該發明具有所謂的「可專利性」。至於「一不」指的是必須不是專利法不予保護之客體。茲說明如下：

① 實用性

　　實用性又稱為產業上可利用性，蓋專利法保護之目的既在提升產業科技水準，故專利應具有可供各種產業製造或利用之可能性，始有保護之必要。凡發明在產業上無法提供具體或有形的利用而產生實用之效果，該發明就不具有產業上可利用性，就不能申請專利。我國專利法就 3 種專利，分別在第 22 條、第 120 條準用第 22 條及第 122 條均明白說明，欲申請專利，必須該技術「可供產業上之利用」始可。

② 新穎性

　　所謂新穎性係指該發明、新型或設計必須是新的，尚未公開的技術而言，即使該發明等已存在，只要未公開就不影響申請案之新穎性。其要求之標準，可依其內涵分為絕對新穎性及相對新穎性兩種，前者指發明等一經公開致他人知悉或可得而知，則不論公開之地點是在國內或國外及公開之方式為何，均認為該發明等已喪失新穎性。後者則依公開之方式或公開之地點決定其是否喪失新穎性，故又可分為兩種，一為只要曾發行刊物，不論是在國內或國外刊物均算喪失新穎性，但如果是公開實施則僅在國內曾公開實施方算喪失新穎性。二為僅限於在國內刊物公開及在國內公開實施方算喪失新穎性。我國專利法係採絕對之新穎性，此可從專利法第 22 條、第

120 條準用第 22 條、第 122 條等規定得知，亦即只要有下列之情形即不可申請專利：1.申請前已見於刊物者。2.申請前已公開實施者。3.申請前已為公眾所知悉者。

三 進步性

所謂「進步性」指申請專利之發明、新型或設計，較諸習知技藝需具有更進一步之改良或創新始可申請專利，如果只是利用申請前所存在之技術所能輕易完成者，就不能申請專利。而發明、新型及設計專利其所要求之進步性程度內容不同，茲分述如下：

種 類	內 容
發明專利	凡為其所屬領域中具有通常知識者依申請前之先前技術所能輕易完成者，不具進步性
新型專利	凡為其所屬領域中具有通常知識者依申請前之先前技術顯能輕易完成者，不具進步性
設計專利	凡為其所屬技藝領域中具有通常知識者依申請前之先前技藝易於思及者，不具進步性

四 必須不是專利法所不予保護之客體

種 類	內 容	規定於
不予發明專利之客體	(1)動、植物及生產動、植物之主要生物學方法。但微生物學之生產方法，不在此限 (2)人類或動物之診斷、治療或外科手術方法 (3)妨害公序良俗者	專利法第 24 條

不予新型專利之客體	(1)非屬物品形狀構造或組合者 (2)違反第 105 條規定者（妨害公共秩序、善良風俗者） (3)違反第 120 條準用第 26 條第 4 項規定之揭露方式者（說明書、申請專利範圍、摘要及圖式之揭露方式，於本法施行細則定之） (4)違反第 120 條準用第 33 條規定者（申請發明專利，應就每一發明提出申請） (5)說明書、申請專利範圍或圖式未揭露必要事項，或其揭露明顯不清楚者 (6)修正，明顯超出申請時說明書、申請專利範圍或圖式所揭露之範圍者	專利法 第 112 條
不予設計專利之客體	(1)純功能性之物品造形 (2)純藝術創作 (3)積體電路及電子電路布局 (4)妨害公共秩序或善良風俗者	專利法 第 124 條

另外，100 年修法，已刪除「物品相同或近似於黨旗、國旗、國父遺像、國徽、軍旗、印信、勳章者」規定，因為上開物品實質上已屬不具新穎性，沒有另為規定之必要。

本案例，小美的專利申請案之所以遭主管機關駁回，應是被認為欠缺實用性及進步性所致，所以，小美要申請專利，自應具備上述之條件始可。

05 相同創作可以同時取得發明專利與新型專利嗎？

老張花了大半輩子的精力，終於完成技術的研發，他為求得到雙重保障，可否就相同創作同時申請發明專利以及新型專利？

專利法第 31 條規定，相同發明有二以上之專利申請案時，僅得就其最先申請者准予發明專利。所以，就相同創作，不問發明與發明，或發明與新型，專利法均明確規定禁止重複授予專利權。如果是同一人就同一技術，於同日分別申請「發明專利」及「新型專利」時，應於申請時分別聲明，讓社會大眾知悉申請人針對該相同創作有兩件專利申請案，避免產生誤導社會大眾的後果。因新型專利採形式審查，可先取得專利權，於審查發明時，如果認為該發明應准予專利權時，應通知申請人限期選擇其一；申請人未分別聲明或屆期未選擇者，則專利專責機關不給予發明專利，以避免重複授予專利權。申請人經通知選擇其一後，如果選擇新型專利權，該發明專利申請案即不給予專利，固無疑問。惟如其選擇發明時，因此時新型已取得專利權，基於保障專利申請人的權益考量，採權利接續制，其新型專利權僅自發明專利公告之日消滅，而非視為自始不存在（參

見專利法第 32 條）。

　　新型專利雖已取得專利權在先，如於發明專利核准前，該新型專利權已當然消滅，或有經撤銷確定之情事，因該新型專利權所揭露之技術已成為公眾得自由運用之技術，如再准予發明專利權，會使已可由公眾自由運用之技術復歸他人專有，將使公眾蒙受不利益，因此，於此情形之下，該發明應不予以專利。

　　本案例，老張針對相同創作，於同日分別申請發明專利及新型專利，可先取得新型專利，但是在發明專利也准予專利權時，老張可就兩者專利選擇其一。所以老張就算覺得自己的心血需要雙重保障，相同創作始終只能准予一個專利權而已。

06 審查專利具有新穎性的時點為何？

好多多公司完成某發明後，為瞭解市場需求，乃先將該發明公開展示於政府所舉辦之科技展覽會上，在展覽會結束後，他們判斷市場需求應會不錯，所以隨即向經濟部智慧財產局提出專利之申請，問好多多之發明是否已喪失新穎性？

認定專利申請案是否具有可專利性（尤其是有無新穎性、進步性），原則上係以申請日為準，不過如在特定之情事，例如在某些情況發明創作人完成創作發明後，必須從事實驗，或藉由公開展示瞭解市場需求，此時如仍以申請日作為判斷是否具備新穎性或進步性之時點，對於發明人將有所不利，其申請案將因事前曾公開而喪失新穎性或進步性。

故專利法第 22 條第 3 項例外允許申請人出於本意或非出於本意所致公開之事實發生後，只要在 12 個月內申請專利，都不算喪失新穎性或進步性，以鼓勵技術的公開與流通。申請人出於本意所致的公開，指的是基於申請人的意願或行為導致的該創作內容的公開，但不限由申請人親自為之，因此申請人自行公開或同意他人公開都包括在內；而非出於本意所致的公開，指申請人不願意公開創作內

容，但因為他人剽竊或因所雇用或委任之人疏失的緣故，而導致創作內容的公開。

如果申請人現在所申請專利技術內容，已出現於向我國或外國提出之其他件專利申請案，因該他件專利申請案登載專利公開公報或專利公報所致之公開，其公開係因申請人依法申請專利所導致，而由專利專責機關於申請人申請後為之。考量公報公開之目的在於避免他人重複投入研發經費，或使公眾明確知悉專利權範圍，與優惠期之主要意旨在於使申請人得以避免因其申請前例外不喪失新穎性及進步性之公開行為，而致無法取得專利保護者，在規範行為及制度目的上均不相同。故專利法第 22 條第 4 項特別規定，因申請專利而在我國或外國依法於公報上所為之公開係出於申請人本意者，不適用優惠期之規定。但如公報的公開係出於疏失，或係他人直接或間接得知申請人之創作內容後，未經其同意所提出專利申請案之公開者，該公開仍不應作為先前技術，併予敘明。

本案例，好多多公司完成發明後雖然在提出專利申請案前，曾將該發明公開展示於政府所舉辦之展覽會上，但是依照上述專利法之例外規定，好多多只要是在展覽會後 12 個月內提出申請，仍然不會被認為喪失新穎性及進步性。

07 主張優先權的好處知多少？

美商卡卡公司於美國申請專利後半年，始於臺灣申請發明專利，試問在卡卡公司向臺灣申請專利時，主管機關可否以該專利已喪失新穎性而駁回該專利申請案？

　　很多專利申請人為了要讓其專利可以推展到世界各國，常常會向多國同時或先後提出專利之申請，但是由於各國專利制度不同及所需之申請文件有所差異，導致當專利申請人先在他國申請專利後，可能就被有心人捷足先登而搶先在國內提出專利之申請，且縱使未被他人搶先申請，也可能面臨到申請人因為先前曾將專利技術公開，而遭主管機關認定喪失新穎性的危險。所以，採取國際優先權的制度就成為世界專利制度共同之趨勢，也就是只要申請人首先在其他國家提出申請，若在一定的期間內於我國再提出相同之申請案時，就可以以第一次提出申請之日，作為我國之申請日，而發生後來居上之情形。此構成專利法採先申請主義及屬地主義的例外。

　　關於國際優先權制度，巴黎公約很早就採取此一制度，而我國為配合加入世界貿易組織，也配合採用國際優先權制度，其要件如下（參見專利法第 28 條）：

一 申請人

㈠申請人為中華民國國民，當可主張國際優先權制度，並無疑問。

㈡申請人為外國人者，需其國籍所屬之國家亦承認我國之優先權或屬世界貿易組織會員之國民。

但如無上述任何一種情形，若該外國人有在世界貿易組織會員或與我國有互惠關係之領域內，設有住所或營業所，亦可主張優先權。

二 申請地

先申請案需為第一次之申請案，且受理國家需為世界貿易組織會員國或與中華民國相互承認優先權之國家。

三 需遵守優先權之期間

申請人必須於第一次申請案之日後 12 個月內，向中華民國申請專利。但如果是設計專利，則必須在第一次申請案之日後 6 個月內（參見專利法第 142 條第 2 項）。

四　申請案同一

前後申請案之內容必須同一，才可主張優先權。

五　必須符合法定之程式

主張國際優先權之程式，依專利法第 29 條之規定，欲主張優先權者，應於提出專利申請時同時聲明下列事項：

(一)第一次申請之申請日。

(二)受理該申請之國家或世界貿易組織會員。

(三)第一次申請之申請案號數。

此外，申請人應於最早之優先權日後 16 個月內檢具該國家或世界貿易組織會員受理之證明文件，若申請人無法依照上述之方式申請，將喪失優先權。如果申請專利時沒有同時聲明第一次申請之申請日及受理該申請之國家或世界貿易組織會員，也會有視為未主張優先權之問題（參見專利法第 29 條第 3 項）。不過，如果申請人非因故意，未於申請專利同時主張優先權，或申請專利時沒有同時聲明第一次申請之申請日及受理該申請之國家或世界貿易組織會員，還有一個補救之機會，就是依照專利法第 29 條第 4 項規定於最早之優先權日後 16 個月內，申請回復優先權主張，並繳納申請費與補行聲明應聲明之事項。

本案例，卡卡公司在美國提出專利申請後半年即向我國提出專

利之申請，如卡卡公司想要順利取得我國專利權，其可以依照上述
國際優先權的規定，主張以優先權日（在美國提出專利申請之日期）
作為審查專利要件的基準日。

如何申請專利？

迪生是個發明家，最近他想把他數年來所發明的東西，都拿去向經濟部智慧財產局申請專利，問迪生應該如何申請？要準備哪些文件？

　　關於專利的申請，首先要說明的是我國就專利之申請是採「一發明一申請」原則，亦即申請專利權時，應就每一發明提出申請，但二個以上之發明屬於一個廣義發明概念者，得於一申請案中提出申請（參見專利法第 33 條）。申請專利一般認為至少應具備下列之文件（參見專利法第 25 條）：

一　申請書（專利法施行細則第 16 條）

　　關於申請書上應載明之事項包含下列事項：

1	發明名稱
2	發明人姓名、國籍
3	申請人姓名或名稱、國籍、住居所或營業所；有代表人者，並應載明代表人姓名
4	委任代理人者，其姓名、事務所

有下列情事之一，並應於申請時敘明之：

1	主張本法第 28 條第 1 項規定之優先權者
2	主張本法第 30 條第 1 項規定之優先權者
3	聲明本法第 32 條第 1 項規定之同一人於同日分別申請發明專利及新型專利者

二　說明書（專利法施行細則第 17 條）

說明書是表彰專利技術的主要文件，應記載：

1	發明名稱
2	技術領域
3	先前技術：申請人所知道的先前技術，並得檢送該先前技術的相關資料
4	發明內容：發明所欲解決的問題、解決問題的技術手段以及對照先前技術的功效
5	圖式簡單說明：有圖式者，應使用簡明的文字依圖式之圖號順序說明圖式
6	實施方式：記載一個以上之實施方式，必要時得以實施例說明；有圖式者，應參照圖式加以說明
7	符號說明：有圖式者，應依圖號或符號順序列出圖式的主要符號並加以說明

三　申請專利範圍、摘要

　　修法前說明書包含「申請專利範圍」及「摘要」，100 年修法時為配合國際立法趨勢，將此兩者獨立於說明書之外。專利權範圍係

以申請專利範圍為準，因此申請專利範圍必須界定申請專利之發明。而摘要則應簡要敘明發明所揭露之內容。

四　必要之圖式

為了使發明之技術內容更容易被理解，申請專利時常常必須參照工業製圖之方法繪製必要之圖式。

09 說明書、申請專利範圍或圖式如何修正？

小明原申請專利範圍記載「使 A 與 B 反應」，若原發明說明已明確記載使 A 與 B 在 C 的存在下反應之技術特徵，且該 C 的存在與發明所欲解決之問題有關，小明可否將申請專利範圍修正為「使 A 與 B 在 C 的存在下反應」？

專利法第 43 條第 1 項規定：「專利專責機關於審查發明專利時，除本法另有規定外，得依申請或依職權通知申請人限期修正說明書、申請專利範圍或圖式。」此條的立法目的，乃是為了：一、使發明能明確且充分揭露，二、給予申請人取得專利權的機會。但值得注意的是，為兼顧先申請原則及未來取得權利的安定性，修正應僅在原說明書、申請專利範圍或圖式所揭露的範圍內始得為之，且不得變更申請案的實質。因如變更申請案實質，則與先申請主義有違，例如申請書原記載之發明範圍較小，在以後修正時擴大其範圍（參見專利法第 43 條第 2 項：「修正，除誤譯之訂正外，不得超出申請時說明書、申請專利範圍或圖式所揭露之範圍」）。

舊法下，申請人必須在發明申請日起 15 個月內，始可申請修正。惟新法基於修正之目的是為使說明書、申請專利範圍及圖式內

容更為完整，而有助於專利案之審查，故在專利專責機關尚未審查前，申請人之修正並無延宕審查，限制申請人僅能在一定之期間內主動修正並無必要。所以，新法施行後，申請人申請修正，並無 15 個月的期間限制。但是，如果專利專責機關在依第 46 條第 2 項通知申請人申復後，認有必要時，可為最後通知，而此時申請專利範圍之修正，申請人僅得於通知之期間內，就下列事項為之：一、請求項之刪除。二、申請專利範圍之減縮。三、誤記之訂正。四、不明瞭記載之釋明。此條的規定乃是因為申請人於接獲審查意見通知函後，如許其得任意變更申請專利範圍，不僅審查人員需對該變更後之申請專利範圍重新進行檢索及審查而造成程序延宕，且對依審查意見通知函內容作適當修正之其他申請案亦有欠公平。

本案例，小明申請修正為「使 A 與 B 在 C 的存在下反應」，乃是對於請求項某技術特徵再附加技術特徵，以作進一步限定時，是屬於已揭露於發明說明及圖式內（包括形式上所記載之內容以及形式上未記載而實質上已明確隱含之內容），但未記載於申請專利範圍中，且該附加技術特徵與原發明所欲解決之問題有關，當可申請修正增加於申請專利範圍中。

10 二人以上共有專利申請權，應如何申請專利？

A 發明是張三、李四二人所共同研發，問二人應如何辦理專利申請手續？

按，專利申請權如屬數人共有，該如何提出申請？究竟應由全體申請人提出或指定代表人提出即可，容有爭議。故專利法修正時，特別於第 12 條明確規範。共分成 3 項，第 1 項係針對申請專利之規定，第 2 項係對申請專利以外之事項所為之規定，第 3 項則在規定有多數申請人時，專利專責機關應向何人送達。茲分別說明如下：

㈠專利申請權為共有者，應由全體共有人提出申請：專利申請權常影響日後專利權之取得，因此申請權如為多數人共有時，專利權自應由全體共有人取得，而不能僅發給其中一人或數人，且為貫徹上述原則，多數申請權人亦不可約定由代表人代表提出，如有此種約定，約定應為無效。

㈡除拋棄申請案、申請分割、改請或本法另有規定者，應共同連署外，其餘程序各人皆可單獨為之。但約定有代表者，從其約定：舊條文原規定，二人以上共同申請專利時，不僅就申請，包含就日後共同提起舉發或提出答辯等一切程序均應共同連署，常有不便民

之處。因此專利法特別規定，二人如為專利申請以外之行為時，原則上不必由所有申請人提出，各人均可單獨為之。例外在拋棄申請案、申請分割、改請或本法另有規定如專利法第 64 條專利權讓與、信託、授權他人實施、設定質權或拋棄之情形，因為對申請人權益影響較為重大，為免將來發生爭執，仍須由所有申請人共同連署，不過這裡與上面專利申請不同者，乃此處可約定由代表人代表提出。

　　㈢多數人共同提出申請或共同連署為相關行為時，應指定一人為應受送達人，以為送達之便利。

　　本案例，張三、李四應共同提出專利申請案。

11 如何讓自己的專利範圍更加完整？

周董在完成 A 發明後，隨即於 101 年 1 月 1 日提出專利案之
申請，但周董認為 A 發明在技術上尚有可以改良之處，所以
在提出申請案後仍繼續從事 A 發明的研發改良，果真於 6 個
月後成功的研發出 A 發明的改良版（稱為 B 發明），周董此
時欲就 B 發明再提出專利之申請，周董應如何申請，對其權
益較有保障？

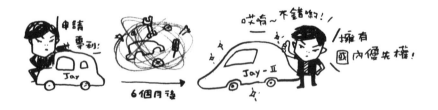

一　國內優先權制度介紹

專利法有所謂的「國內優先權制度」，係指申請人提出專利申請
案後，於相當期間內就其所提出之同一發明予以補充改良後，針對

該改良後之發明再提出申請時，得主張優先權，以先申請案之申請日作為審查專利要件的基準日（參見專利法第 30 條）。一般認為國內優先權具有下列之效用：

1	因為主張國內優先權之後申請案，是依基礎案進行改良或補充，而基礎案的技術內容已揭示於後申請案中，基礎案視為撤回，無須重複公開、重複審查，故申請人可減少以後需繳交之年費
2	可藉以延長專利權保護之期限
3	可藉由補充、修正基礎前案，達到使專利權範圍更加完整之目的，有助於國內產業之發明專利保護

二 主張國內優先權的要件

要　件		
1	基礎前案與申請後案之申請人必須同一人	
2	限於發明及新型專利申請案。不包括設計專利，因為設計專利並不涉及技術之改良，無須給予國內優先權之保護	
3	必須無下列情事	(1)自先申請案申請日後已逾 12 個月者 (2)先申請案中所記載之發明或新型已依第 28 條或本條規定主張優先權者。亦即國內優先權不得累積主張 (3)先申請案係依第 34 條第 1 項或第 107 條第 1 項規定分割為各別申請案或依第 108 條規定改請者。因各別申請案、改請案已援用原申請案之申請日，為避免因需審查前案是否符合各別申請案、改請案之要件等不必要負擔，所以不得據為主張優先權之基礎前案 (4)先申請案為發明，已經公告或不予專利審定確定者 (5)先申請案為新型，已經公告或不予專利處分確定者。因此時已不繫屬於專利專責機關，故不可主張優先權 (6)先申請案已經撤回或不受理者。因先申請案如經撤回或不受理者，標的已不存在，後申請案主張國內優先權即失所附麗

三 主張國內優先權之效力

1	基礎案視為撤回
2	逾期不得撤回優先權之主張。是否主張優先權是申請人之利益衡量，主張後亦可撤回，惟至遲應於申請案公告或不予專利處分確定前為之，以維持程序之穩定性，故特規定應於申請案申請日後 15 個月內，始得撤回
3	申請後案撤回視為同時撤回優先權
4	以一案主張數項優先權者，以最早之優先權日為準
5	主張國內優先權者，其專利要件之審查基準日，以優先權日為準

本案例，周董欲就改良後的 B 發明申請專利，最可行的方式就是主張國內優先權。

12 如何因應專利法上的早期公開制度？

博雅電子公司以「多晶片封裝方法」向經濟部智慧財產局申請發明專利，智財局經審查後認為沒有不合規定程式也沒有不應公開的情形，乃依「早期公開制度」將博雅公司上開申請案予以公開，結果在博雅公司尚未取得發明專利權之前，有家長青公司涉嫌侵害博雅公司上開專利，問博雅公司該如何救濟？

　　所謂「早期公開制度」，係指主管機關於申請人提出專利申請案經過一段期間後，將該申請案之內容公開，解除其秘密狀態，使公眾得知該專利申請案內容之制度。其目的在於藉由技術之公開，使社會大眾儘早知悉其申請之技術內容，以避免企業活動之不安定及重複研究、投資之浪費，並且可使第三人藉由專利內容的公開，及早獲得相關新技術之資訊，進一步從事開發研究，如此將對促進產業科技發展有所助益。此外，「早期公開制度」對於減少專利申請案及審查積案也有所幫助。茲將「早期公開制度」介紹如下：

一　申請案公開之時期及起算點

專利專責機關在接到發明專利（不包含新型專利、設計專利，此因其創作技術較低、產品生命週期較短，故無早期公開制度適用之必要）申請文件，經審查認為無不合規定程式且無應不予公開之情事，就可公開其申請案。至於公開之時點係自「申請日」後經過18個月，為專利內容公開之時期，但如有主張優先權者，需將主張優先權之期間考量在內，故公開期間應自「優先權之次日」起算。此外，關於申請案公開之時期，如申請人想可以迅速實施、製造、販賣並及早獲得公開後權利保護，可於上述法定公開期間前，申請提前公開其專利（參見專利法第37條第1項至第2項），反之，如果申請人係申請延遲公開其專利，則因與早期公開制度不符，當然不應允許。

二　申請案不得公開之情形

包含自申請日後15個月內撤回者、涉及國防機密或其他國家安全之機密者、妨害公共秩序或善良風俗者，均不予公開其專利申請案（參見專利法第37條第3項）。

三　申請案公開後之審查

　　在採取早期公開制度之國家，通常會跟延後審查制度（即請求審查制度）相互配合，亦即主管機關在收到專利申請案後，並不會馬上作實體審查，而是在申請後一定期間內（即自發明專利申請日後 3 年內或依第 34 條第 1 項規定分割為各別申請或改請後 30 日內）有人提出審查之申請並付費後，專責機關方開始進行實體審查，如果未於上述期間內申請審查者，基於不請求即不審查之原則，該發明專利申請案即視為撤回，如此將可減輕專利審查員之負擔並避免審查品質之低落（參見專利法第 38 條第 4 項）。另外，對於已公開之專利申請案，如發現有他人為商業上之實施時，原專利申請人或為商業上實施之他人（但不包含其他第三人），為使權利早日明確，均可向主管機關就該申請案申請優先審查（參見專利法第 40 條第 1 項）。

四　申請案公開後對於專利申請人之保護

　　由於專利申請案需自審定公告之日始發生專利權之效力，故早期公開之申請案自申請日至審定公告之日前這段期間，原則上申請人並無任何權利可資主張，且早期公開係基於公益目的而設，申請案一經公開，一般人即有知悉之機會，故實難排除第三人依其內容進而為商業上實施之可能性，為求公平，應就公開後審定前之期間，

賦予申請人一定之權利，始為妥當。因此，專利法第 41 條即規定，專利申請人於將來取得專利權後，對於一定之第三人（即公開後曾遭申請人以書面通知發明專利申請內容，而於通知後審定公告前就該發明繼續為商業上實施之人，或明知專利申請案已公開而於審定公告前繼續實施之人）請求適當之補償金，以彌補申請人此段期間之損失。但若就同一創作分別申請發明專利及新型專利，並已取得新型專利權的申請人，僅得在請求補償金或行使新型專利權之間擇一行使。

本案例，博雅公司可依照專利法第 40 條之規定，申請主管機關就該申請案優先作實體審查，以早日取得專利權，並且博雅公司可依照同法第 41 條之規定向長青公司請求適當之補償金。

13 主管機關如何審查專利申請案？

濟時公司以可以辨識偽鈔的驗鈔筆申請發明專利，主管機關審查後作出不予專利之審定，濟時公司針對該審定應如何應對？

專利專責機關對於專利申請案的審查制度，立法例上分為「形式審查主義」與「實體審查主義」。

種　類	說　明
形式審查主義	審查機關僅就申請案之形式要件為審查後即准予註冊，例如申請程式是否具備，至於申請案內容是否符合法律規定，則由舉發制度解決。其優點為專利申請相當簡便，核准專利迅速
實體審查主義	審查機關在審查專利申請案時，尚須就申請案之內容是否符合專利要件如有無新穎性，進行實體審查，審查後沒問題才核准專利。缺點為遇到申請案量多時，主管機關負荷甚重，核准專利的速度會拖延

我國專利法原本不論是發明專利、新型專利或設計專利皆採實體審查制度。但修法後就需具有高度創作之發明及設計專利維持採實體審查主義，而對於創作程度較低的新型專利則改採形式審查主義，以避免國家花費過多之費用及精力審查專利申請案。

專利申請案經審查後，專利審查機關應作成審定書，若認為不予專利之情事，主管機關於審定前應給予申請人限期申復之機會，若申復後審查機關仍作出不予專利之審定，申請人仍得依第 48 條之規定，於審定書送達後 2 個月內具理由書申請再審查（但僅限於發明專利與設計專利的申請案）。反之，若審定結果認為應准予專利者，申請人應於審定書送達後 3 個月內，繳納證書費及第 1 年專利年費後，始予公告，並從公告之日起給予專利權及取得證書。此外，申請人非因故意，未於審定書送達後 3 個月內，繳納證書費及第 1 年專利年費者，得於繳費期限屆滿後 6 個月內，繳納證書費及 2 倍之第 1 年專利年費後，由專利專責機關公告之（參見專利法第 52 條第 4 項）。

本案例，濟時公司可在收到專利專責機關不予專利的審定書後

2個月內備具理由書，申請再審查。如果主管機關仍作出不予專利之審定時，濟時公司可對該審定提出訴願及行政訴訟。

14 專利權的效力是否無邊無際？

羅耀拉公司為「折疊式收納盒生活大師」之新型專利權人，近來羅耀拉公司發現市面上有間博達公司所販售的收納盒與其所有之新型專利竟屬相同，羅耀拉公司乃發函要求博達公司停止使用並出面協調賠償事宜。但博達公司認為該批收納盒早在多年前公司即已開始生產，卻需對羅耀拉公司負侵害專利權賠償責任，極為不合理，問博達公司的使用行為合法嗎？

按，發明專利權人取得專利權後，即專有排除他人未經其同意而實施該發明之權。而所謂物之發明之實施，指製造、為販賣之要約、販賣、使用或為上述目的而進口該物品或新型專利物或設計專利之物之行為（參見專利法第 58 條、第 120 條、第 136 條及第 142 條）。不過為調和社會公益，在有些情形專利權之效力必須受到限制，行為人可主張不受專利權效力之拘束（參見專利法第 59 條、第 60 條、第 61 條）。茲說明如下：

一　非出於商業目的之未公開行為

　　發明專利權效力是保護專利權人在產業上利用其發明之權利；他人自行利用發明，並且非以商業為目的之行為，應不是專利權效力之範圍。再者，必須係主觀上非出於商業目的，且客觀上未公開之行為，始為本條專利權效力所不及，例如個人非公開之行為或於家庭中自用之行為。但是，如果是雇用第三人實施，或在團體中實施他人專利之行為，則可能因涉及商業目的，或該行為為公眾所得知，而不適用本款規定。

二　以研究或實驗為目的實施發明之必要行為者

　　這是為鼓勵發明人不吝將其發明公開，使他人得以研究、實驗進而創作出更多之發明及改良而設。但適用本款需主觀上係為研究或實驗等目的，客觀上亦需無營利行為者。

三　申請前已在國內實施，或已完成必須之準備者。但於專利申請人處得知其發明後未滿十二個月，並經專利申請人聲明保留其專利權者，不在此限

　　本款為學說上所稱先使用權或先用權之規定，由於我國專利法

係採「先申請主義」，因此若有先使用某一發明或技術者，因為他人先申請反而不得繼續使用該技術，顯然有所不妥，故本款特設「先申請主義」之例外，而採「先使用主義」，不過，如果先使用者所使用之技術，並非自行研發，而是由專利權人處得知製造方法，且經專利權人聲明保留專利權，該先使用人仍不得主張上述之權利。

四 僅由國境經過之交通工具或其裝置

例如過境國內的飛機，縱其設備有侵害專利權，亦可不受專利權效力限制。

五 非專利申請權人所得專利權，因專利權人舉發而撤銷時，其被授權人在舉發前以善意在國內使用或已完成必須之準備者

本款之規範目的是為了保護善意的專利被授權人，讓其可以在其原有事業繼續實施其專利，而不必受到後來真正專利申請權人舉發撤銷後所得專利權之拘束，但該被授權人其使用之範圍，仍限於原事業範圍內，不得擴張實施。此外，被授權人因專利權經舉發而撤銷之後，如仍實施時，若收到專利權人書面通知，則必須支付專利權人合理之權利金（參見專利法第 59 條第 3 項）。

六　專利權人所製造或經其同意製造之專利物品販賣後，使用或再販賣該物品者。上述製造、販賣，不以國內為限

此為專利法上的耗盡原則明文規定。

七　專利權依第 70 條第 1 項第 3 款規定消滅後，至專利權人依第 70 條第 2 項回復專利權效力並經公告前，以善意實施或已完成必須之準備者

專利權因專利權人依修正條文第 70 條第 1 項第 3 款規定逾越補繳專利年費的期限而消滅，第三人本於善意，信賴該專利權已消滅而實施該專利權或已完成必須之準備者，雖然該專利權之後因專利權人申請回復專利權而回復，依信賴保護原則，該善意第三人，仍應該給予保護。

八 專利法第 60 條規定發明專利權之效力，不及於以取得藥事法所定藥物查驗登記許可或國外藥物上市許可為目的，而從事之研究、試驗及其必要行為

該條是為保護社會大眾之身體健康。

九 專利法第 61 條規定混合兩種以上醫藥品而製造之醫藥品或方法，其發明專利權效力不及於依醫師之處方箋調劑之行為及所調劑之醫藥品

為了保護社會大眾之身體健康，對於混合兩種以上醫藥品而製造之醫藥品或方法，其專利權效力當然不及於醫師之處方箋或依處方箋調劑之醫藥品。

十 專利法第 7 條第 3 項但書規定出資人之實施權

亦即專利法第 7 條規定：「一方出資聘請他人從事研究開發者，其專利申請權及專利權之歸屬依雙方契約約定；契約未約定者，屬

於發明人、新型創作人或設計人。但出資人得實施其發明、新型或設計。」由此可知,雙方間契約有特別約定時,從其約定。而於契約未約定時,則屬於發明人等人,但須要注意的是此時並不排除出資人之實施,即稱為出資人之法定實施權。

十一　專利法第 8 條第 1 項但書規定雇用人之實施權

亦即對於受雇人於非職務上卻係利用雇用人資源或經驗所完成之發明、新型或設計,雇用人得於支付合理報酬後,於該事業內實施其發明、新型或設計。

本案例,如博達公司可證明該公司所販賣之收納盒是在羅耀拉公司申請專利前就已經開始使用或已存在,則自可主張不受羅耀拉公司專利權效力所及。

15 複製人幹細胞技術可以取得專利權嗎？

大臺公司打算研發複製人幹細胞，以求改變人類遺傳因子，
試問日後其以複製人幹細胞技術申請專利權時，可否准許？

　　從複製羊出現起，幹細胞技術研發一日千里，我國相關生物發明也逐漸增加。從胚胎分裂幹細胞，再培養新的器官細胞技術，在目前是全新的生物科技，雖然現在僅用於複製動物，但亦可能用於複製人，改變人類生殖及遺傳因子，可能會有道德上的問題。世界先進國家對於幹細胞技術專利，均訂有相關管理規範，美國目前的尺度較為寬鬆，除了複製人不允許外，與人無關的複製技術可以申請專利。但歐盟對此規定則較嚴格，即使是採用一個廢棄的胚胎，抽出幹細胞，也被認為是違反公序良俗，歐洲的綠色和平組織對於幹細胞研發批評尤多，並且專門派人向歐盟專利局異議與幹細胞相關的生物發明專利。

　　而我國專利法的目的依第 1 條雖是規定鼓勵、保護、利用發明、新型及設計之創作，促進產業發展，但也應尊重、保護人性尊嚴及生命權，維持社會秩序。故於專利法第 24 條第 1 項第 3 款、第 105 條、第 124 條第 4 款規定，如果有妨害公共秩序、善良風俗者，

不准其申請專利。

　　又依據生物相關發明審查基準，說明生物相關發明有妨害公共秩序、善良風俗者，包括複製人及其複製方法（包括胚胎分裂技術）、改變人類生殖、遺傳特性的方法及產物、由人體及動物的生殖細胞或可能發展出人類的全能性細胞及製造方法。此外，人體形成和發育各個階段，包括生殖細胞、受精卵、囊胚、胚胎、胎兒等製造人體形和發育的各種方法，也因違反公序良俗，將不准予專利。至於臍帶血幹細胞、以及不可能會發展成人類的多能性胚胎幹細胞等研發技術，其相關發明應無違反公序良俗，才有可能提出專利申請。

　　本案例，複製人幹細胞技術在現行法下仍舊被認為違反公序良俗，所以大臺公司如果研發出複製人幹細胞技術，並不能以此申請專利（另外，依據胚胎幹細胞研究的倫理規範規定，胚胎幹細胞之研究，不得以複製人為研究目的）。

16 物品專利與方法專利，何者優先？ 兼論專利法上的強制授權制度

大臺公司經過多年研究，終於發明一種可以製造感溫容器之方法，並向智慧財產局申請取得發明專利。春天公司得知大臺公司上開技術後，乃委託其製造感溫茶壺。然而在春天公司銷售感溫茶壺時，兩公司卻收到小蘋果公司的警告信函，信函中指稱春天公司所銷售的感溫茶壺已侵害該公司的感溫茶壺物品專利權，要求大臺、春天公司不得再製造、販賣感溫茶壺。大臺公司收到信函後認為該公司係依照日前申請的方法專利製造感溫茶壺，並無侵害小蘋果公司專利權之問題，問誰之主張有理？若大臺公司堅持要使用該方法專利，又應如何應對才是？

依照專利法第 58 條第 1 項、第 3 項規定，發明專利權人，除本法另有規定外，專有排除他人未經其同意而實施該發明之權。而所謂方法發明之實施，指下列兩類行為：一、使用該方法。二、使用、為販賣之要約、販賣或為上述目的而進口該方法直接製成之物。假若方法專利權人已取得專利權，但是依照該製造方法所製成之物品，卻剛好落入他人專利權的範圍的話，仍須經過該他人同意，才可以

繼續實施其發明。所以，本案例大臺公司如欲依照所取得的方法專利製造感溫茶壺，就必須得到小蘋果公司的同意始可。

　　但是如今有問題的是，如果小蘋果公司不願同意大臺公司實施其發明，對於大臺公司的權益，似有保障不周的地方，所以專利法在第87條第2項第2款就規定，大臺公司可向專利專責機關申請強制授權。但是需要注意的是，依專利法第87條第2項第1款或第2款規定申請強制授權者，必須以申請人曾以合理的商業條件在相當期間內仍不能協議授權者為限。所以，大臺公司必須先和小蘋果公司協議交互授權實施，而於協議不成時，且被認定其所表現的技術比小蘋果公司的物品發明更具有相當經濟意義之重要技術改良者，才可以向主管機關申請強制授權，此時即無需得到小蘋果公司之同意。

　　專利權人於取得專利權後，得於專利權期限內實施專利權，然基於特定之事由，為促進產業的發展及增進公益，專利法特別規定專利專責機關得強制專利權人將其專利權授與他人實施，此即所謂「強制授權」制度，有下列事由：

法　條	強制授權內容
依專利法第87條第1項強制授權	為因應國家緊急危難或其他重大緊急情況而強制授權之規定。遇此等情況時，專利專責機關應依緊急命令或需用專利權之中央目的事業主管機關之通知而強制授權所需用之專利權，對於「國家緊急危難或其他重大緊急情況」之要件不再作實質之認定，而是依緊急命令及需用專利權之中央目的事業主管機關之通知，專利專責機關並應於強制授權後，儘速通知專利權人

依專利法第 87 條第 2 項有下列情事之一，而有強制授權之必要者，專利專責機關得依申請強制授權	1. 增進公益之非營利實施 2. 發明或新型專利權之實施，將不可避免侵害在前之發明或新型專利權，且較該在前之發明或新型專利權具相當經濟意義之重要技術改良 3. 專利權人有限制競爭或不公平競爭之情事，經法院判決或行政院公平交易委員會處分
依專利法第 90 條所申請的強制授權	為協助無製藥能力或製藥能力不足之國家，取得治療愛滋病、肺結核、瘧疾或其他傳染病所需醫藥品，專利專責機關得依申請，強制授權申請人實施專利權，以供應該國家進口所需醫藥品

　　專利專責機關於接到第 87 條第 2 項及第 90 條之強制授權申請後，應通知專利權人，並限期答辯；屆期未答辯者，得逕予審查。而強制授權之審定應以書面為之，並載明其授權之理由、範圍、期間及應支付之補償金。修法前針對補償金的數額酌定是採兩階段的方式，第一階段先由雙方彼此磋商協議，而於無法達成共識或有爭執時，則進入第二階段，由專利專責機關介入核定補償金。但是，修法時，考量兩階段的處理方式比較耗時費日，故將該條修正為於專利專責機關准予強制授權時一併核定適當的補償金，不須再先行協議（參見專利法第 88 條）。

17 作好專利管理的第一要務——按時繳納年費

諾斯公司為 A 專利之專
利權人,某日諾斯公司於
市面上發覺有人仿冒該
公司上開專利,諾斯公司
隨即寄發存證信函要求
仿冒者停止販賣,但對方
卻以存證信函回應諾斯

公司,指稱:諾斯公司之專利權早已消滅,故並無侵害諾斯
公司專利權之問題。諾斯公司深感不解,明明專利證書上的
專利期間尚未過期,為何專利權會消滅,嗣後經瞭解原來是
當初委託辦理專利申請案的莫利專利事務所,並未如期通知
諾斯公司繳納專利年費,問諾斯公司還有挽救的餘地嗎?

關於專利權當然消滅的原因(參見專利法第 70 條),包含:

■ 專利權期限屆滿者，自期滿之日消滅

專利權之期限，發明專利為申請日起算 20 年（專利法第 52 條第 3 項）、新型專利為 10 年（專利法第 114 條）、設計專利則為 15 年（專利法第 135 條）。

■ 專利權人死亡而無繼承人

因專利權人死亡，無人主張其為繼承人的話，專利權應歸屬為公共財，故將修法前「歸屬於國庫」之規定，予以修改。

■ 第二年以後之專利年費未於補繳期限屆滿前繳納者，專利權至原繳費期限屆滿後消滅

■ 專利權人拋棄時，自其書面表示拋棄之日起消滅

由上述可知，專利權消滅的原因，除了專利權期限屆滿外，其中最重要的就是專利權人未按期繳納專利年費。按，專利權人在繳納證書費及第 1 年專利年費後就可以取得專利證書，但是為了維持專利權的效力，專利權人仍必須每年按期繳納年費，繳納的方式可

以一次繳 1 年，也可以一次繳數年之年費，繳納的期限則在每年屆期前繳納之，如果未於應繳納專利年費之期間內繳費者，得於期滿後 6 個月內補繳之，但其專利年費之繳納，除原應繳納之專利年費外，應以比率方式加繳專利年費（專利法第 93 條、第 94 條）。若專利權人在期滿 6 個月內仍未繳納，只要在專利專責機關尚未作成專利權消滅之處分前，趕快將應補繳之年費繳齊，還是來得及（專利法第 17 條第 1 項）。

另外，新法針對專利權人非因故意，未於第 94 條第 1 項所定期限補繳者，得於期限屆滿後 1 年內，繳納三倍之專利年費後，申請回復專利權（專利法第 70 條第 2 項）。因為第 94 條第 1 項所定 6 個月補繳專利年費期間之性質，屬於法定不變期間，不得申請展期，且屆期未繳費，即生不利益之結果。在實務運作上，往往有申請人非因故意而沒有準時繳納，如果僅是因為一時疏忽而未繳納，即不准其申請回復，恐怕有違專利法鼓勵研發、創新的用意。是以，如果申請人以非因故意為由，於繳費期限屆滿後 1 年內，再提出繳費之申請，雖然不是故意延誤，但仍有可歸責申請人之可能，例如實務上常遇到申請人生病無法依期為之者，即得作為主張非因故意之事由，與因天災或不可歸責當事人之事由申請回復原狀作區隔，因此新增此規定。

本案例，專利權人諾斯公司未依照專利法規定繳納年費，其專利權應已當然消滅。至於諾斯公司可否依照專利法第 17 條第 2 項之規定，主張其係因天災或不可歸責於己之事由而遲誤法定期間未

繳費者，於其原因消滅後 30 日內申請回復原狀？按，本案例諾斯公司之所以未按期繳納年費，係因其代理人之疏失所致，此應屬可歸責於諾斯公司之事由，故該公司無法根據此一規定申請回復原狀。然，諾斯公司非因故意而未按期繳納年費，故可依專利法第 70 條第 2 項，於期限屆滿後 1 年內，繳納三倍之專利年費，申請回復。最後，需提醒讀者乃專利專責機關依法並無通知專利權人繳費之義務，所以專利權人必須嚴格作好專利管理才是。

18 回收發明成果的最佳方式──專利的授權

卡神發明「汽車旋轉式壓按鈕鎖具」，防盜功能頗佳，但基於財力考量，無意自行生產製造，他可以何種方式回收其發明成果？

　　取得專利權對於發明人而言，其最重要的意義在於透過專利法所賦予的獨占地位，而取得一定之經濟利益。而取得經濟利益之方式雖然可以自己實施其專利技術，再將專利產品販售予以實現，但是有時發明人基於財力及風險考量，而不願自行實施其專利權。此時專利權人就會考慮將專利權讓與（出售）或授權予他人實施，而向其收取一定之報酬。此種利用專利權的方式對於專利權人可說是較無風險又能確保利益之方法。其中最常見又屬專利權的授權。專利權的授權，指專利權人將其專利權之部分內容授權他人實施，至於授權的範圍為何，完全視契約之內容而定。通常可分為「非專屬授權契約」與「專屬授權契約」兩種，前者指被授權人僅取得通常實施權，專利權人仍得再任意授權與第三人。後者指專利權人授權後不得再授權他人實施外，其本人亦不得實施，被授權人取得一獨占性之地位。但須注意乃不論是專利權的讓與或授權，非經向專利

專責機關登記，不得對抗第三人（參見專利法第 62 條第 1 項）。不過，此所謂「非經登記不得對抗第三人」，係指在第三人侵害其專利權時，若未經登記，專利受讓人或被授權人對於侵害者不得主張其權利；但是在當事人間，由於登記並非讓與或授權之生效要件，所以在當事人間之專利權讓與或授權仍生效力，如果專利權人將該專利權再轉讓與其他人，對於繼受人亦生拘束力，繼受人不得以未經登記為理由對抗受讓人或原被授權人。

專屬被授權人在被授權範圍內可排除專利權人自行或授權他人實施，原則上得再授權他人使用。但是考量到授權契約的訂定，多是當事人在信任基礎下本於個案情況磋商訂定，如果有特別約定限制專屬被授權人為再授權時，應優先適用特別約定，所以在專屬授權時，如有特別約定不可再授權他人實施，則應優先適用特別約定；如果沒有特別約定，則專屬被授權人在被授權範圍內是可再授權他人實施。至於非專屬被授權人因不具獨占性地位，必須經過發明專

利權人或專屬被授權人同意，才可以將其被授與的權利再授權第三人實施。同樣地，基於交易安全的保障，再授權未向專利專責機關登記的話，一樣不可以對抗第三人（參見專利法第 63 條）。

　　本案例，卡神可考慮以專利權讓與或授權他人實施之方式，回收其發明成果。

 專利授權合約書範本

專利授權合約書

立約人　甲方：
　　　　乙方：
雙方茲就專利授權暨產品銷售事宜，訂立條款如後，以資信守：

第一條
　　緣就乙方取得或發明之專利，已取得專利（專利證書號數：　　　　）（下稱本專利），乙方同意依下列條件將本專利權授權甲方使用實施，甲方亦同意依下列條件履行。

第二條
　　乙方同意授與甲方使用、實施本專利，並將其使用或實施本專利資料所製造或組裝之產品（下稱本產品）予以販賣之權利。

第三條
　　授權區域及授權性質為：㈠臺灣、大陸、香港、澳門部分：於此區域內甲方享有獨賣權（即專屬授權），乙方除本身不得以任何形式在本區域銷售本產品外，亦不得再授權第三人於此區域內銷售本產品。另於本專利期間屆滿後，乙方仍須確保甲方於此區域之專賣權。㈡其他區域：臺灣、大陸、香港、澳門以外之區域，甲方仍有權銷售本產品，僅不享有專賣權。

第四條
　　於本合約存續期間內，若乙方違反上開授權約定時，需賠償甲方因投資販賣本產品所支出之廣告及行銷費用。

第五條

　本合約存續期間，自西元　　　年　　月　　　日起至西元　　　年
　月　　　日止。

第六條

　非經合約他方事前書面同意，任何一方不得將其依本合約所享有之
　權利義務，轉讓或設定質權予第三人。

第七條

　乙方擔保授權甲方使用、實施之專利均已符合專利法等相關法令之
　規定，且產品品質亦符合所有管制規定，但若仍有第三人因本專利
　或本產品，向甲方主張權利時，乙方應出面處理，並負擔所有責任
　及費用。此外，甲方因而所受之損害乙方亦需賠償之。

第八條

　雙方須互相配合辦理本專利授權登記。

第九條

　本合約若有未盡事宜或不明之處，依臺灣相關法令定之。

第十條

　雙方同意，對本合約所引發之一切糾紛，應本誠信原則解決之；如
　有訴訟必要，雙方同意以臺北地方法院為第一審管轄法院。

第十一條

　本合約若有任何修改，應由雙方協議另以書面為之；本合約一式二
　份，由雙方各執乙份為憑。

立約人　甲方：
　　　　乙方：

中　　華　　民　　國　　　　年　　　　月　　　　日

19 拿到專利證書就穩如泰山了嗎？

羅拉公司擁有「五合一連接器」新型專利已有五年了，近來該公司四處以該項專利對同業主張權利，其中查理公司對此深感不以為然，認為羅拉公司專利所揭示的技術在其提出專利申請前早已在業界行之多年，根本不能取得專利，查理公司為免羅拉公司一再進逼，決定對羅拉公司上開專利提出舉發撤銷，可行嗎？

　　專利權會被撤銷的情形：為由任何人或利害關係人向專利專責機關提起舉發而為之撤銷。然而，修法前除由任何人或利害關係人向專利專責機關提起舉發而為之撤銷外，尚有規定專利專責機關主動依職權撤銷之情形，惟修法時，考量專利權之撤銷，應係以提起舉發，由兩造當事人進行攻擊防禦為妥適，不應由專利專責機關以職權發動，過度介入當事人私法關係，故將此規定刪除。

　　專利法中也如同商標法般採取公眾審查制度，即舉發。而所謂舉發是指對於專利權之取得，認為有違反專利法之規定，向專利專責機關檢舉，使該機關重新審查，撤銷已經取得之專利權。

一　舉發之事由

種　類	內　容	規定於
在發明專利之情形	1.違反第 21 條至第 24 條、第 26 條、第 31 條、第 32 條第 1 項、第 3 項、第 34 條第 4 項、第 6 項前段、第 43 條第 2 項、第 44 條第 2 項、第 3 項、第 67 條第 2 項至第 4 項或第 108 條第 3 項規定者 2.專利權人所屬國家對於中華民國國民申請專利不予受理者 3.違反第 12 條第 1 項規定或發明專利權人為非發明專利申請權人	專利法第 71 條
在新型專利之情形	1.違反第 104 條、第 105 條、第 108 條第 3 項、第 110 條第 2 項、第 120 條準用第 22 條、第 120 條準用第 23 條、第 120 條準用第 26 條、第 120 條準用第 31 條、第 120 條準用第 34 條第 4 項、第 6 項前段、第 120 條準用第 43 條第 2 項、第 120 條準用第 44 條第 3 項、第 120 條準用第 67 條第 2 項至第 4 項規定者 2.專利權人所屬國家對於中華民國國民申請專利不予受理者 3.違反第 12 條第 1 項規定或新型專利權人為非新型專利申請權人	專利法第 119 條
在設計專利之情形	1.違反第 121 條至第 124 條、第 126 條、第 127 條、第 128 條第 1 項至第 3 項、第 131 條第 3 項、第 132 條第 3 項、第 133 條第 2 項、第 139 條第 2 項至第 4 項、第 142 條第 1 項準用第 34 條第 4 項、第 142 條第 1 項準用第 43 條第 2 項、第 142 條第 1 項準用第 44 條第 3 項規定者 2.專利權人所屬國家對於中華民國國民申請專利不予受理者 3.違反第 12 條第 1 項規定或設計專利權人為非設計專利申請權人	專利法第 141 條

■ 二 舉發之主體

原則上任何人均得為之，但以違反專利法第 12 條第 1 項（專利申請權為共有者，應由全體共有人提出申請）規定或以發明專利權人為非發明專利申請權人之舉發，限於利害關係人（參見專利法第 71 條第 2 項）。新型及設計專利亦有相同規定（參見專利法第 119 條第 2 項、專利法第 141 條第 2 項）。

■ 三 舉發案之程序及審理

㈠舉發，應備具申請書，載明舉發聲明、理由，並檢附證據（參見專利法第 73 條第 1 項）。舉發後雖然可以補提理由或證據，但為避免舉發案件審查時程，舉發人濫行補提理由或證據，導致程序拖延，因此專利法第 73 條第 4 項規定舉發人補提理由或證據限於提起舉發後 3 個月法定期間內為之，逾期提出者，主管機關則不予審酌。

㈡發明專利權得提起舉發之情事，依其「核准審定時」之規定。但以違反第 34 條第 4 項、第 43 條第 2 項、第 67 條第 2 項、第 4 項或第 108 條第 3 項規定之情事，提起舉發者，依「舉發時」之規定（參見專利法第 71 條第 3 項；另新型專利規定於第 119 條第 3 項、設計專利規定於第 141 條第 3 項）。

㈢專利專責機關接到申請書後，應將其副本送達專利權人，專利權人應於副本送達後一個月內答辯，除先行申明理由，准予展期

外，屆期未答辯者，逕予審查（參見專利法第 74 條）。為確實掌控舉發案件審查期程，避免延宕審查而損及兩造權益，專利案件舉發期間之更正當有限制之必要，亦即專利舉發案件審查期間，專利權人僅得於通知答辯、補充答辯或申復期間申請更正。又發明專利於民事或行政訴訟案件繫屬中，有更正之必要時，亦得於舉發案件審理期間申請更正，不受前述三種期間限制（參見專利法第 74 條第 3 項參照）。

㈣專利專責機關於舉發審查時，在舉發聲明範圍內，得依職權審酌舉發人未提出之理由及證據，並應通知專利權人限期答辯；屆期未答辯者，逕予審查（參見專利法第 75 條）。修法時增訂依職權探知制度，專利專責機關在舉發範圍內，得依職權審查舉發人未提出的理由及證據等規定，不受當事人主張的拘束。

㈤專利專責機關於舉發審查時，得依申請或依職權通知專利權人為下列行為（參見專利法第 76 條）：

　1.至專利專責機關面詢。

　2.為必要之實驗、補送模型或樣品。

㈥專利專責機關於舉發審查時，應指定專利審查人員審查，並作成審定書，送達專利權人及舉發人（參見專利法第 79 條第 1 項）。

㈦舉發並無期間之限制，只要專利權存在隨時可以提出。此外，本法第 72 條規定，即使專利權業當然消滅後，只要對於專利權之撤銷有可回復之法律上利益，仍可提出舉發。再者，為避免他人以同一事實及證據反覆舉發，造成重複審查、妨害專利權行使及拖延訴

訟等問題，於下列情事，任何人對同一專利權，不得就同一事實以同一證據再為舉發：1.他舉發案曾就同一事實以同一證據提起舉發，經審查不成立者。2.依智慧財產案件審理法第 33 條規定向智慧財產法院提出之新證據，經審理認無理由者（參見專利法第 81 條）。

四　專利權撤銷之效力

專利權經撤銷確定者，專利權之效力視為自始不存在（參見專利法第 82 條第 3 項），專利權撤銷後，應限期追繳專利證書。

本案例，如查理公司的主張為真，則羅拉公司所取得之新型專利顯然欠缺新穎性，該專利註冊已違反第 120 條準用第 22 條第 1 項之規定，故查理公司自得依據專利法第 119 條第 1 項第 1 款之規定向專利專責機關舉發撤銷其新型專利權。

20 專利法允許真品平行輸入嗎？

倫騰公司所販賣的電腦處理器，在臺灣並無製造工廠，其工廠均設在大陸，而且有在大陸販售，今城尚公司未經倫騰公司同意，擅自從大陸進口該電腦處理器，倫騰公司可否對城尚公司主張侵害專利權？

關於真品平行輸入，在我國專利法是否禁止？有不同的見解。肯定說認為專利法第 58 條第 1 項規定：「發明專利權人，除本法另有規定外，專有排除他人未經其同意而實施該發明之權。」所謂物之發明之實施，係指製造、為販賣之要約、販賣、使用或為上述目的而進口該物之行為。專利法已明文賦予專利權人專有的 「進口權」，所以真品平行輸入行為在專利法上應該是被禁止的。否定說則認為依照專利法第 59 條第 1 項第 6 款規定：「專利權人所製造或經其同意製造之專利物販賣後，使用或再販賣該物者。上述製造、販賣，不以國內為限。」為發明專利權之效力不及於情事之一。所以專利法亦有所謂的「權利耗盡原則」，因此只要是專利權人所製造或經其同意製造之專利物品經販賣後，不論是使用或再販賣該物品者，均不受專利權之效力所及，真品平行輸入在專利法上應是被允許的。

上述二種說法，本文認為站在保障消費者的立場，避免造成不公平競爭及防止壟斷，以及 100 年修法時的修法理由明確表示我國係採國際耗盡原則，應該可承認專利法上的真品平行輸入行為為合法。

21 如何判斷有無構成專利侵權？

楓丹公司新發明的按摩椅裝置，因簡化操作過程，銷路特佳，近來該公司發現市面上有家白露公司所生產的產品與其專利極為相似，楓丹公司乃委由專利鑑定機構加以鑑定，鑑定結果認為被控侵權物與其專利範圍實質相同。問專利侵權究應如何判斷？

專利侵權的判斷在專利侵權訴訟過程中是相當重要的一環，依據智慧財產局所制頒之「專利侵害鑑定基準」，判斷是否構成專利侵害，可由以下三步驟進行判斷：

第一步	「全要件原則」。指先分析專利權之申請範圍所有之構成要件以及被鑑定物所有之構成要件，兩者加以逐一比對，如果相同，即適用全要件原則，被控侵權物即構成字義侵權
第二步	「均等論」之違背否。判斷是否有逆均等論之適用，也就是雖然被控侵權物其每一個構成要件均落入申請範圍內，但卻係利用實質上不同的技術內容去達成與該專利相同或類似之功能時，則此時即有逆均等論之適用，仍不構成侵權。反之，如果依全要件原則判斷後，認為被控侵權物雖無構成字義侵權，但是實質上是利用同一技術或方法，達成相同的功能時（換湯不換藥），此時即有「均等論」之適用，應認為構成侵權

第三步	「禁反言原則」之適用。所謂「禁反言原則」指專利權人在申請專利之過程中之任何階段或文件，已明白表示放棄某些權利，嗣後在取得專利後，或在專利侵害訴訟中不得再重行主張該已放棄部分之權利，其源自英美法之衡平原則，與我國民法上之誠信原則相當。若依據專利權人申請專利過程提出的相關資料觀之，認為專利權人行使權利，有違反禁反言原則之情形，亦應認為並無侵害專利

　　本案例，楓丹公司即可依照上述之專利侵害鑑定基準，判斷白露公司之產品究竟有無侵害其專利權，但是專利侵權之判斷，常常必須依賴具有專業知識之人方能為之。所以，楓丹公司為求慎重及鑑定之公信力，可將專利物品及被控侵權物交由專業之鑑定機構鑑定之，較為妥當。而侵害專利鑑定機構為何，可上網至司法院網站查詢該院所指定之相關機構。

解釋申請專利範圍的重要性

我國專利法上對於說明專利權保護範圍的理論為何？

在判斷是否構成專利侵害時，常常必須面臨一個問題，那就是專利權人的專利權保護範疇界限到底到哪裡?如果專利保護範圍廣，專利權人就容易主張其權利，反之，專利保護範圍小，專利權人能主張權利之情形相對的就有限。而如何界定專利保護範疇則端賴其申請專利範圍所界定之領域而定，目前國際上關於解釋申請專利範圍之原則如下：

一 中心限定主義

認為發明乃一種技術思想，申請專利範圍不侷限於申請專利範圍之記載本身，而係以申請專利範圍為中心，承認其尚有一定範圍之擴張空間，包含不逾越發明精神之各種設計與修改。採此種理論者，以大陸法系德、法等國為主。

二 周邊限定主義

認為專利權之範圍，指涵蓋已描述於說明書並界定於申請範圍內者，縱然說明書已記載，但卻未包含在申請範圍內者，仍然不受保護。換句話說，專利權人不得任意將權利範圍作擴張解釋。採此種理論者，以英美法系為主。

三 折衷式主題內容限定主義

中心限定主義之缺點在於可能發生擴張解釋之不確定感，對鼓勵社會大眾創作發明會有所妨礙，而周邊限定主義雖容易界定，但科技日新月異，專利申請人難免在申請時說明有所疏漏，導致日後讓他人有機可乘，故原則上主張專利保護範疇係根據申請專利範圍之內容加以確定，而說明書及圖式也可以用來解釋該申請專利範圍。

我國專利法第 58 條第 4 項規定：「發明專利權範圍，以申請專利範圍為準，於解釋申請專利範圍時，並得審酌說明書及圖式。」可知我國就申請專利範圍之解釋係採第三種「折衷式主題內容限定主義」。不過要注意的是「摘要」不得用於解釋申請專利的範圍內。

23　專利權受侵害時，可主張什麼權利？

大臺公司所申請註冊的 A 專利，遭小黃仿冒，問大臺公司有哪些權利可對小黃主張？

由於新專利法修正後已將專利刑責制度全數廢除，所以專利權人之專利權受侵害時，其剩下最主要的救濟方式，就是民事救濟。而哪些人可以請求救濟？除了專利權人外，專屬被授權人亦得主張民事救濟（參見專利法第 96 條）。至於請求權之態樣如下：

態　樣	內　容
侵害防止請求權	專利權有受侵害之虞時，得請求防止之
侵害除去請求權	發明專利權人對於侵害其專利權者，得請求除去之（參見專利法第 96 條第 1 項）。關於侵害防止請求權或侵害除去請求權，並不以行為人主觀上具有故意或過失為要件，亦即縱使行為人主觀上並無故意、過失，被害人仍得對其主張侵害排除及侵害防止之請求權
損害賠償請求權	發明專利權人對於因故意或過失侵害其專利權者，得請求損害賠償（參見專利法第 96 條第 2 項）。專屬被授權人在被授權範圍內，亦得請求損害賠償。值得注意的是損害賠償請求權應以行為人主觀上有故意或過失為必要，此點與侵害防止請求權以及侵害除去請求權不同
銷毀侵害物品原料器具請求權	專利權人對於侵害專利權之物品、原料或器具，得請求銷毀之（參見專利法第 96 條第 3 項）

表示姓名或回復名譽處分之請求權	發明人之姓名表示權受侵害時，得請求表示發明人之姓名或為其他回復名譽之必要處分（參見專利法第 96 條第 5 項）
聲請假處分	在專利侵害的案件，如果等到法院正式判決專利權人勝訴，可能會對專利權人造成無法彌補的損失，所以專利權人常常會在專利侵權訴訟進行前或進行中，依照民事訴訟法的規定向法院聲請假處分，聲請法院先以一個假處分的裁定禁止債務人在本案訴訟判決確定前，製造、販賣、為販賣之要約或為上述目的進口侵害其專利權物品之行為，此種程序對於專利權人權利的維護，算是相當有時效性的。只不過，相對的，專利權人聲請假處分所付出的代價就是必需依照法院假處分中的裁定提供擔保金，法院才會執行假處分的內容，如遇到擔保金的金額過高時，專利權人可能因無力提供，而只好放棄假處分救濟的途徑

24 專利權被侵害時，損害賠償額如何計算？

乖乖公司所發明的專利，因為極為暢銷，不肖廠商小陳見有利可圖，乃大量仿冒該專利，問乖乖公司如欲向小陳請求損害賠償，其該如何計算其損害額？

關於專利侵權訴訟，專利權人究竟應如何計算其損失，依照專利法第 97 條之規定共有下述幾種：

具體損害計算說	以所受損害及所失利益計算其損害
差額說	專利權人得就其實施專利權通常可獲得之利益，減除受害後實施同一專利權所得之利益，以其差額為所受損害
銷售總利益說	依侵害人因侵害行為所得之利益作為損害額，也就是，以侵權人在侵權期間所獲得全部盈利（扣除成本後）作為損害額
權利金說	依授權實施該發明專利所得收取之合理權利金為基礎計算損害

故本案例，乖乖公司即可就上述之損害賠償計算方式任擇其一主張之。只不過上述的計算方式都有一個現實的問題，那就是舉證困難的問題，所以筆者在此建議專利權人在正式提起專利侵權訴訟之前，可先藉由民事訴訟法第 368 條以下關於證據保全之規定，向

法院聲請保全證據，在侵權人無預警之情形下，至該公司作帳冊及
出貨記錄之保全，以利日後計算損失。

25 行使新型專利權一定要提示技術報告嗎？

伯朗是 A 新型專利的專利權人，日前他發現市面上朗朗公司所販賣的物品侵害其專利權，乃隨即對朗朗寄發警告信函，要求停止販賣並需負賠償責任，朗朗在接獲警告信函後，認為伯朗並未提示其該新型專利技術報告就進行警告，顯然與專利法的規定有違，所以自無需理會，朗朗的主張有理嗎？

　　由於專利法對於新型專利申請案的審查，係採取形式審查主義，主管機關並未對其是否具有新穎性與進步性進行實質審查，該專利究竟有無符合專利要件，尚不確定。由於新型專利權人之權利內容有如此高的不安定性和不確定性，因此為防止專利權人不當行使或濫用權利，造成他人之損害，專利法第 116 條就規定，新型專利權人行使專利權時，如未提示新型專利技術報告作為權利有效性之客觀判斷資料，就不得進行警告，藉以督促權利人審慎適切地行使新型專利權。另外，專利法第 117 條規定，新型專利權人之專利權遭撤銷時，就其於撤銷前，因行使專利權所致他人之損害，應負賠償責任。但其係基於新型專利技術報告之內容，且已盡相當之注意者，不在此限。由此可知新型專利權人行使權利時要特別謹慎，應徵詢

專家及律師之意見，作為行使權利的參考，或提示新型專利技術報告，進行警告，如此方能在日後專利權被撤銷、他人對其請求賠償時，主張行使權利係基於新型專利技術報告之內容，已盡相當之注意者。但是要注意的是，是否基於新型專利權提起訴訟，這是人民的訴訟權，所以提示「新型專利技術報告」進行警告，並非為行使專利權的要件，也不是提起訴訟的門檻要件；如未提示或警告，亦得行使權利。只不過如專利權人未提示技術報告就行使權利，依照上述的說明，日後專利權被撤銷時，可能要負損害賠償的責任。

　　而新型專利技術報告任何人均得向專利專責機關申請，但申請時需繳納規費，且主管機關對於技術報告係採逐項評估方式。主管機關遇到專利權人以外之人申請新型專利技術報告時，並不必將申請之事實另行通知專利權人，且不論技術報告的內容有利或不利於專利權人，主管機關均不必通知專利權人答辯。技術報告的性質依照主管機關的見解，認為其並非行政處分，並不具拘束力，其僅作為新型專利權人行使權利之參考；縱使技術報告對專利權人不利，只要在該專利權未被撤銷之前，

仍為有效之權利。

　　本案例，伯朗進行警告時雖然未提示技術報告，但因為提示技術報告並非為行使專利權的必要條件，未提示也可以行使權利，所以朗朗公司不能以其未提示技術報告，就免除其侵害他人專利權之法律責任。

26 新型專利的審查是否都採形式審查？

小明取得新型專利註冊後，因為發現市面上有別人販售之商品似乎有侵害到他的新型專利，小明打算要對其行使權利，就依照規定向專利專責機關申請新型專利技術報告，請問小明此時可提出專利權更正之申請嗎？如果可以，主管機關是否仍採形式審查？

　　專利法對於新型專利案的審查原則上都是採取形式審查制度，主管機關不會對申請案是否具有新穎性與進步性等要件進行實質審查，新型專利申請案如果符合形式要件者，即可准予專利，在前面的單元已有說明。

　　惟新型專利因採形式審查，其是否合於專利要件，尚有不確定之處，為維持專利權內容之穩定性，避免因權利內容之變動衍生問題，除非就該新型專利權是否合於專利要件之實體問題已經產生爭議，而須就專利權人之更正採取實體審查之情況外，不宜有形式審查之更正途徑。也就是說就該新型專利權是否合於專利要件之實體問題如果已經產生爭議，其情形包括該新型專利權經提起舉發、申請新型專利技術報告，及有訴訟案件繫屬時等情況，才可以申請更

正專利權。此從專利法第 118 條規定：新型專利權人除有依第 120 條準用第 74 條第 3 項規定之情形外，僅得於下列期間申請更正：一、新型專利權有新型專利技術報告申請案件受理中。二、新型專利權有訴訟案件繫屬中。新型專利權有新型專利技術報告申請案件受理中可證。

至於，就新型專利權人所提更正，均應依專利法第 120 條準用第 67 條規定，採取實體審查。

本案例，小明因為已提出新型專利技術報告之申請受理中，因此依法得申請更正新型專利權，主管機關對小明所提出之申請更正案應採取實質審查。

27 不標示專利證書號數，對專利權人有何影響？

巧虎取得 A 專利後，平日在其所販賣之專利物品或包裝上都沒有習慣標示 A 專利之專利證書號數，某日他發現市面上竟出現有桃樂比公司仿冒 A 專利之物品，問巧虎一定可以對桃樂比請求損害賠償嗎？

專利物上應標示專利證書號數；不能於專利物上標示者，得於標籤、包裝或以其他足以引起他人認識之顯著方式標示之；其未附加標示者，於請求損害賠償時，應舉證證明侵害人明知或可得而知為專利物（參見專利法第 98 條）。專利標示之用意主要係為鼓勵專利權人於專利物上明確標示，以提醒社會大眾注意，避免侵害他人專利權。專利權人如果想要順利對侵權人主張損害賠償，就必須在其專利物上標示。無法標示者，得於標籤、包裝、或以其他足以引起他人認識之顯著方式標示專利證書號數，若未附加標示者，於請求損害賠償時，則必須舉證證明侵害人明知或可得而知為專利物，否則不得請求損害賠償。

本案例，巧虎並無在其所販賣的專利物品或包裝標示 A 專利的專利證書號數，但巧虎並不會因此而無法向桃樂比請求損害賠償，

只要巧虎可以舉證證明桃樂比是明知或可得而知其所仿冒的是專利物，就仍然可以向桃樂比請求賠償。

28 專利侵權訴訟舉證責任應如何分配？

花輪公司控告美環公司涉嫌侵害其方法專利，花輪公司在訴訟時，就其應負之舉證責任，有何訴訟技巧可資主張？

在專利侵權訴訟中，專利權人通常必須對他人之物品已侵害其專利權負舉證責任，如果專利權人就此點無法舉證，則專利權人即無法獲得勝訴之判決。而他人之物品有無侵害專利權，如是在物品專利之情形，因為有具體的物品存在，在判斷上較為容易，但是如遇到專利權是屬於方法專利時，因為並沒有具體的型態可供判斷，此時就有舉證上的困難。所以專利法第 99 條第 1 項就規定：「製造方法專利所製成之物在該製造方法申請專利前，為國內外未見者，他人製造相同之物品，推定為以該專利方法所製造。」此時舉證責任就會轉換到被控侵權人身上，被控侵權人如要免責，就必須提出反證推翻前述之推定。

本案例，花輪公司如有辦法證明依照該製造方法所製成之物品在該方法申請專利前為國內外所未見者，即可將舉證責任轉換至美環公司身上，以避免無法舉證，而遭受敗訴之結果。

面對專利侵權糾紛，應如何因應？

美環所販賣的「測速器」日前接獲對方所寄發之警告信函，指稱該「測速器」已侵害其專利權。試問她應如何因應？

在面對專利侵權糾紛時，被控侵權人可採取以下之方式謹慎回應之：

一 先查詢確認對方主張之專利是否存在及主張之人是否為專利權人或專屬被授權人

如果對方主張之專利權已消滅（包含期間屆滿或已被舉發撤銷確定），自然不可再向他人主張權利。又，主張之人如果不是專利權人或專屬被授權人，僅為普通之代理商，此等人對於他人亦無權利可資主張。

二 確認我方之產品是否果真構成侵權

在接獲對方來函後，可委由專業人士就雙方之產品進行專利侵

害鑑定，如鑑定結果確認並無侵權，亦可將該鑑定結果檢附回函予主張權利之人。

三　查明我方之產品是否為對方專利權效力所及之範圍

依照專利法第 59 條以下之規定，在某些情形可不受專利權人之效力所及，例如我方之產品是在對方申請專利以前就開始使用者，就可以不受對方專利權效力所及。

四　確認對方之專利技術是否具有可舉發撤銷之原因

如果對方之專利技術乃業界所習知之技術，竟被其申請註冊為專利，可在接獲對方警告信函後檢具相關資料向專利專責機關舉發撤銷其專利權。

五　對於對方所請求之賠償請其說明計算之依據

如鑑定之結果認為確已侵害他方之專利權，但對方卻獅子大開口，要求鉅額之賠償時，我方可請其說明計算之依據，若專利權人無法舉證其所受之損害，亦無需對其無法舉證之部分，負賠償責任。

六 檢查對方之專利物品上是否有標示專利證書號數

因為專利權人未於專利物品上標示專利證書號數，其應舉證證明我方明知或可得而知為專利物，方能請求損害賠償（參見專利法第 98 條）。所以如發現專利權人未依法標示專利證書號數，卻請求損害賠償時，被控侵權方可依上述規定抗辯之。

七 要求對方提出技術分析報告並對侵權事實詳加表明

如專利權人在寄發存證信函時，並未對被控侵權方之侵權事實及專利範圍詳加表明，即濫發警告信函予他方及下游廠商，被控侵權方可依公平交易法第 25 條之規定，主張專利權人之行為屬足以影響交易秩序之欺罔或顯失公平之行為，而向公平

交易委員會提出檢舉，藉以反制。

八 與對方進行和解事宜

　　如依照上述步驟確認我方已侵害他方專利權，為避免日後訴訟，應立即與對方協商和解事宜，方為上上之策。

30 侵害專利有刑事責任嗎？

巧虎未經專利權人挑樂比之同意，即擅自實施其專利，問巧
虎之行為是否有刑責？

　　對於專利權被侵害時，侵權人除需對專利權人負民事責任外，
尚有刑事責任之問題。後來專利法修法時將侵害發明專利之刑事責
任除罪化，保留新型專利及設計專利之刑事責任，但 92 年修法時認
為侵害技術層次較高之發明專利都已無刑責，侵害技術層次較低之
新型、設計專利反科以刑事責任，顯有輕重失衡之不合理情況，造
成立法價值判斷上之矛盾，且現行專利法對於新型專利已改採形式
審查主義，故日後新型專利是否能確實符合新型專利實體要件，並
不確定，為避免新型專利權人濫用刑罰規定，打擊競爭對手，造成
其無法彌補之傷害，特將專利
法中之刑責全部除罪化。所以
現在侵害專利權已無刑事責
任之問題。不過在專利除罪化
後，對於專利權人最大的影
響，就是如何取得侵權人相關

之侵權資料（尤其是銷售記錄），面臨相當大的困難，依照目前實務運作的方式，專利權人大致上僅能依民事訴訟法上所規定之證據保全程序進行證據保全，只不過此種方式與刑事訴訟之搜索扣押程序相較，其強制力顯不能同日而語。

營業秘密法

什麼是營業秘密？

大明公司為一專門替客戶代辦信用卡之公司，小明原為大明公司之員工，後來因為與公司主管不睦而跳槽到同是經營信用卡代辦業務之明天公司，小明為表明對明天公司效忠之意，離職前乃將大明公司電腦中所儲存之客戶名單偷偷加以複製，並將該檔案攜至明天公司供該公司參考。小明之行為是否已侵害大明公司之營業秘密？

按所謂營業秘密，依營業秘密法第 2 條之規定，係指方法、技術、製程、配方、程式、設計或其他可用於生產、銷售或經營之資訊，而符合下列要件者：一、非一般涉及該類資訊之人所知者；二、因其秘密性而具有實際或潛在之經濟價值者；三、所有人已採取合理之保密措施者。所以，並非所有關於與公司營運有關之資訊均可成為「營業秘密」，其必須符合以下之要件：

■ 需有秘密性

也就是成為營業秘密之方法、技術或其他經營上之資訊，必須

不是一般涉及該領域之人在一般的情況下可以自由的接觸到或取得的，才可以成為「營業秘密」。如果是一般在該領域之人均可輕易的接觸到該資訊者，就不能算是「營業秘密」。

二　價值性

營業秘密必須具有經濟價值，亦即營業秘密的所有人可藉由該秘密取得一定之經濟利益者，才可能成為「營業秘密」。

三　必須所有人已採取合理的保密措施

營業秘密所有人在客觀上必須已採取一定之行為，使他人瞭解所有人有將該資訊當成秘密加以保護之意思。例如在文件上蓋上「機密」等字樣，或有一定的存放保管流程，或僅有公司內部少數主管知悉，或就該秘密公司曾與員工訂有保密條款。如果對於營業上之資訊，所有人

並未採取任何之保密措施，任何人均可輕易得知該秘密之內容，自不可稱為「營業秘密」。

　　本案例，大明公司之客戶名單是否構成營業秘密，應視其是否符合營業秘密法第 2 條所規定之 3 大要件，如果大明公司就其客戶名單有採取合理的保密措施，例如曾與小明簽訂保密條款，且該名單中有詳細記載客戶之特性及交易習慣，大明公司當可主張該客戶名單為公司之營業秘密，小明之行為已侵害其營業秘密。

02 營業秘密受侵害時有何民事權利可主張？

巧虎原任職於大天才公司，離職以後轉任到小聰明公司，且從事之工作與原來在大天才公司時之性質相似，巧虎離職時將大天才公司某一重大營運計畫資料，偷偷影印帶到小聰明公司，以便小聰明公司使用。問大天才公司對巧虎及小聰明公司有何權利可主張？

營業秘密法第 10 條將侵害營業秘密的行為態樣分成 5 種，茲說明如下：

態　樣	內　容
以不正當方法取得營業秘密者	所謂以不正當方法，係指以竊盜、詐欺、脅迫、賄賂、擅自重製、違反保密義務、引誘他人違反其保密義務或其他類似方法（參見營業秘密法第 10 條第 2 項）
知悉或因重大過失而不知其為營業秘密，而取得、使用或洩漏者	針對他人以不正當之方法所取得之營業秘密，此種情形如果為行為人所知悉或因重大過失而不知，而行為人卻仍然加以使用、取得或洩漏，依照本款之規定，亦構成營業秘密之侵害
取得營業秘密後，知悉或因重大過失而不知其為以不正方法取得之營業秘密，而使用或洩漏者	本款之情形，指行為人當初係合法取得營業秘密，或取得時並非因重大過失而不知其為營業秘密，但是後來知道其為營業秘密，卻仍加以使用，此亦構成侵害營業秘密

因法律行為取得營業秘密，而以不正當之方法使用或洩漏者	例如行為人當初基於與營業秘密所有人簽訂之代理銷售合約而合法取得其營業秘密，但是在合約期限屆滿後，行為人卻違反契約禁止使用秘密之條款或將該秘密洩漏與他人知悉，此種情形仍構成營業秘密之侵害
依法令有守營業秘密之義務，而使用或無故洩漏者	此款是針對在法令上有特別守密義務之人，例如因承辦公務而知悉或持有他人營業秘密之公務員、因司法機關偵查或審理而知悉或持有他人營業秘密之當事人、代理人、辯護人、鑑定人、證人或其他相關之人（營業秘密法第9條），此等人依照法令對於他人之營業秘密有守密之義務，如無正當理由加以使用或無故洩漏者，均構成營業秘密之侵害

關於營業秘密遭受侵害時，所有人有何權利可為主張？主要有民事救濟及刑事救濟兩大部分。僅就民事責任部分加以說明，其可主張之權利有：

一 侵害排除請求權

營業秘密遭受侵害時，受侵害之被害人得請求排除其侵害（參見營業秘密法第 11 條第 1 項）。

二 侵害防止請求權

營業秘密有受侵害之虞者，得請求防止之。關於侵害防止請求權或侵害排除請求權此一關於營業秘密之保護條文，與民法第 767

條對於物之所有權之保護，或民法第 18 條第 1 項關於人格權之保護，均屬對於特定權利之保護規定。所以遇到營業秘密有受侵害之可能或危險性時，即可依照上述規定預先請求防止之。例如請求法院禁止相對人使用與原公司有關之營業秘密。

三 損害賠償請求權

因故意或過失不法侵害他人之營業秘密者，負損害賠償責任。數人共同不法侵害者，連帶負損害賠償責任（參見營業秘密法第 12 條第 1 項）。所以營業秘密被侵害時，如有造成具體之損失，所有人自可依照上開規定請求行為人賠償其所受之損害。而關於損害賠償之計算方式有以下幾種（參見營業秘密法第 13 條）：

㈠依民法第 216 條之規定請求，亦即以所受損害及所失利益計算其損害。

㈡被害人不能證明其損害時，得以其使用時依通常情形可得預期之利益，減除被侵害後使用同一營業秘密所得之利益，以其差額為所受損害。

㈢依侵害人因侵害行為所得之利益作為損害額，也就是以侵權人在侵權期間所獲得全部盈利（扣除成本後）作為損害額。

㈣侵權人無法就其成本或必要費用舉證時，得以侵害行為所得之全部收入作為其損害賠償額。

關於上述 4 種計算方式，如遇到侵權人係故意侵害他人營業秘

密權時，法院尚得依侵害情節，酌定損害額以上之賠償。但不得超過已證明損害額之三倍。

本案例，大天才公司即可依照上述之說明，對巧虎及小聰明公司主張權利。另外，營業秘密法於第 13 條之 1 與第 13 條之 2 訂有刑罰，如屬第 13 條之 1 的犯罪，並為告訴乃論（參見營業秘密法第13 條之 3）。因此，大天才公司若無法與巧虎及小聰明公司私下和解，亦可對其提起告訴。

03　如何撰擬保密合約？

天下公司為增加其產品的競爭力，故高薪聘請員工小明研發新產品，並進行新產品的評估及測試，但是天下公司害怕小明未經公司同意，將公司現在所研發的新產品資訊

或資料外洩出去，請問：天下公司應該如何與小明簽訂保密合約？

　　為避免公司員工不當洩漏公司之機密資訊（包含公司自己本身所有或公司基於與其他公司契約關係而持有之機密資訊），而造成公司之損害，通常公司都會與員工簽訂保密合約，以確保公司的資訊不會外洩。一般在撰擬保密合約時，至少應該注意下述之事項。例如必須在契約中明白約定保密之標的為何？使用之限制、雙方關係結束時機密文件之返還以及違反保密義務時需負之法律責任（包含民、刑事責任）。

本案例，天下公司可以依照上開說明，與小明簽訂保密合約。

 保密合約書範本

保密合約書

立約人　　　　（以下簡稱甲方），　　　　（以下簡稱乙方），茲因乙方於甲方任職，將雙方就保密義務達成協議如下，並訂立下列條款共同遵守履行之：

第一條

　㈠本合約書中所稱之機密資訊，係指乙方於受僱期間對於因職務所創作、衍生、收集、知悉、或是任何方式所知悉之有關於各種甲方之產品概念、技術、材料、網路、人事、財務、行銷計畫、客戶資料、廠商資料、經營策略、投資發展計畫、行事曆等。

　㈡前述機密資訊不論是以任何形式之創作或文書資料、亦不論是甲乙雙方或甲方任一職員所開發或撰寫，乙方不得在未經甲方代表人書面授權下洩漏予第三者、或基於非職務目的加以使用、拷貝、隱藏。

　㈢雙方同意任何有關機密資訊之筆記、資料、參考文件、圖表等各種文件之所有權均歸甲方所有。乙方於離職或甲方請求時，應立即將其交還甲方。

第二條

　乙方同意於任職期間，不得自行經營或受聘於第三者或有任何方式之合作行為，亦不得從事研發製造，或買賣與甲方營業範圍相同、近似或競爭之產品與技術服務。

第三條

　乙方同意如有違反合約之規定，甲方得立即終止雙方聘僱關係，另乙方同時需對於甲方因此遭致之損害及所支出之相關費用負賠償責任。甲方並有權保留對乙方提出洩密之刑事告訴。

第四條

　乙方應於本合約終止之日或接獲甲方書面通知時起五日內，將依本合約所受領之所有文件、資料全數返還與甲方，或經甲方同意乙方具結後，由乙方予以完全銷毀。

第五條

　本合約書之保密約定於本合約終止或解除後仍然有效。

第六條

　本合約之解釋、效力及其他未盡事宜，皆以相關法律為原則，倘有
　訴訟，雙方同意以臺灣臺北地方法院為第一審管轄法院。

立約人　甲方：
　　　　乙方：

中　　華　　民　　國　　　　　年　　　　　月　　　　　日

04 侵害別人的營業秘密要負刑事責任嗎？

阿嘉是 A 科技公司的工程師，負責公司的程式開發。B 公司與 A 公司則是性質相同之公司，具有市場競爭對手關係。阿嘉明明知道在 A 公司任職時有跟公司簽署保密條款，約定在離開公司後不能將在公司任職時所得知研發程式的內容洩漏給第三人知悉。沒想到阿嘉從 A 公司離職後，不僅跑到 B 公司任職，還為了討好 B 公司的主管，竟然把在 A 公司研發的程式內容洩漏給 B 公司知道並加以利用。試問阿嘉的行為該負刑事責任嗎？

　　我國營業秘密法本來針對侵害他人營業秘密的行為，未在營業秘密法中規定刑責，而是在刑法另外設有侵害營業秘密之規定，例如洩漏工商秘密罪、竊盜罪、侵占罪、背信罪、無故取得刪除變更電磁紀錄罪等。但是由於行為主體、客體及侵害方法的改變，刑法的規定對於營業秘密之保護已有不足，且刑法規定欠缺完整且法定刑過低，不足以有效保護營業秘密。所以後來修法時，就在營業秘密法增訂刑罰。

　　其中營業秘密法第 13 條之 1 規定：「意圖為自己或第三人不法

之利益，或損害營業秘密所有人之利益，而有下列情形之一，處5年以下有期徒刑或拘役，得併科新臺幣100萬元以上1,000萬元以下罰金：一、以竊取、侵占、詐術、脅迫、擅自重製或其他不正方法而取得營業秘密，或取得後進而使用、洩漏者。二、知悉或持有營業秘密，未經授權或逾越授權範圍而重製、使用或洩漏該營業秘密者。三、持有營業秘密，經營業秘密所有人告知應刪除、銷毀後，不為刪除、銷毀或隱匿該營業秘密者。四、明知他人知悉或持有之營業秘密有前三款所定情形，而取得、使用或洩漏者。」不過，第13條之1的犯罪性質上為告訴乃論之罪，並非屬非告訴乃論之罪，目的在於讓被害人與行為人有私下和解之機會而得以息訟，並節省司法資源。

阿嘉在任職A公司期間，有簽署保密條款，他應該知道沒有得到A公司的授權，不能把屬於A公司營業秘密的研發程式洩漏予第三人知悉。若加以洩漏有可能對A公司造成業務上之競爭、排擠狀態，並損及A公司之利益。但阿嘉自公司離職，到與A公司性質相同而且有競爭關係的B公司任職，還將A公司的研發程式洩漏予B公司知悉並加以利用。因此，阿嘉主觀上確有未經授權使用上開營業秘密之故意，及為自己不法利益與損及A公司利益之意圖，而為使用上開營業秘密之行為。阿嘉的行為已觸犯營業秘密法第13條之1第2款之未經授權而使用營業秘密罪，最重可處5年以下有期徒刑。

【著作權法】

（民國 108 年 05 月 01 日修正）

第一章　總　則

第 1 條

為保障著作人著作權益，調和社會公共利益，促進國家文化發展，特制定本法。本法未規定者，適用其他法律之規定。

第 2 條

本法主管機關為經濟部。

著作權業務，由經濟部指定專責機關辦理。

第 3 條

本法用詞，定義如下：

一、著作：指屬於文學、科學、藝術或其他學術範圍之創作。

二、著作人：指創作著作之人。

三、著作權：指因著作完成所生之著作人格權及著作財產權。

四、公眾：指不特定人或特定之多數人。但家庭及其正常社交之多數人，不在此限。

五、重製：指以印刷、複印、錄音、錄影、攝影、筆錄或其他方法直接、間接、永久或暫時之重複製作。於劇本、音樂著作或其他類似著作演出或播送時予以錄音或錄影；或依建築設計圖或建築模型建造建築物者，亦屬之。

六、公開口述：指以言詞或其他方法向公眾傳達著作內容。

七、公開播送：指基於公眾直接收聽或收視為目的，以有線電、無線電或其他器材之廣播系統傳送訊息之方法，藉聲音或影像，向公眾傳達著作內容。由原播送人以外之人，以有線電、無線電或其他器材之廣播系統傳送訊息之方法，將原播送之聲音或影像向公眾傳達者，亦屬之。

八、公開上映：指以單一或多數視聽機或其他傳送影像之方法於同一時間向現場或現場以外一定場所之公眾傳達著作內容。

九、公開演出：指以演技、舞蹈、歌唱、彈奏樂器或其他方法向現場之公眾傳達著

作內容。以擴音器或其他器材，將原播送之聲音或影像向公眾傳達者，亦屬之。

十、公開傳輸：指以有線電、無線電之網路或其他通訊方法，藉聲音或影像向公眾提供或傳達著作內容，包括使公眾得於其各自選定之時間或地點，以上述方法接收著作內容。

十一、改作：指以翻譯、編曲、改寫、拍攝影片或其他方法就原著作另為創作。

十二、散布：指不問有償或無償，將著作之原件或重製物提供公眾交易或流通。

十三、公開展示：指向公眾展示著作內容。

十四、發行：指權利人散布能滿足公眾合理需要之重製物。

十五、公開發表：權利人以發行、播送、上映、口述、演出、展示或其他方法向公眾公開提示著作內容。

十六、原件：指著作首次附著之物。

十七、權利管理電子資訊：指於著作原件或其重製物，或於著作向公眾傳達時，所表示足以確認著作、著作名稱、著作人、著作財產權人或其授權之人及利用期間或條件之相關電子資訊；以數字、符號表示此類資訊者，亦屬之。

十八、防盜拷措施：指著作權人所採取有效禁止或限制他人擅自進入或利用著作之設備、器材、零件、技術或其他科技方法。

十九、網路服務提供者，指提供下列服務者：

㈠連線服務提供者：透過所控制或營運之系統或網路，以有線或無線方式，提供資訊傳輸、發送、接收，或於前開過程中之中介及短暫儲存之服務者。

㈡快速存取服務提供者：應使用者之要求傳輸資訊後，透過所控制或營運之系統或網路，將該資訊為中介及暫時儲存，以供其後要求傳輸該資訊之使用者加速進入該資訊之服務者。

㈢資訊儲存服務提供者：透過所控制或營運之系統或網路，應使用者之要求提供資訊儲存之服務者。

㈣搜尋服務提供者：提供使用者有關網路資訊之索引、參考或連結之搜尋或連結之服務者。

前項第八款所定現場或現場以外一定場所，包含電影院、俱樂部、錄影帶或碟影片播映場所、旅館房間、供公眾使用之交通工具或其他供不特定人進出之場所。

第 4 條

外國人之著作合於下列情形之一者，得依本法享有著作權。但條約或協定另有約定，經立法院議決通過者，從其約定：

一、於中華民國管轄區域內首次發行，或於中華民國管轄區域外首次發行後三十日內在中華民國管轄區域內發行者。但以該外國人之本國，對中華民國人之著作，在相同之情形下，亦予保護且經查證屬實者為限。

二、依條約、協定或其本國法令、慣例，中華民國人之著作得在該國享有著作權者。

第二章　著　作

第 5 條

本法所稱著作，例示如下：

一、語文著作。

二、音樂著作。

三、戲劇、舞蹈著作。

四、美術著作。

五、攝影著作。

六、圖形著作。

七、視聽著作。

八、錄音著作。

九、建築著作。

十、電腦程式著作。

前項各款著作例示內容，由主管機關訂定之。

第 6 條

就原著作改作之創作為衍生著作，以獨立之著作保護之。

衍生著作之保護，對原著作之著作權不生影響。

第 7 條

就資料之選擇及編排具有創作性者為編輯著作，以獨立之著作保護之。

編輯著作之保護，對其所收編著作之著作權不生影響。

第 7-1 條

表演人對既有著作或民俗創作之表演，以獨立之著作保護之。

表演之保護，對原著作之著作權不生影響。

第 8 條

二人以上共同完成之著作，其各人之創作，不能分離利用者，為共同著作。

第 9 條

下列各款不得為著作權之標的：

一、憲法、法律、命令或公文。

二、中央或地方機關就前款著作作成之翻譯物或編輯物。

三、標語及通用之符號、名詞、公式、數表、表格、簿冊或時曆。

四、單純為傳達事實之新聞報導所作成之語文著作。

五、依法令舉行之各類考試試題及其備用試題。

前項第一款所稱公文，包括公務員於職務上草擬之文告、講稿、新聞稿及其他文書。

第三章　著作人及著作權

第一節　通　則

第 10 條

著作人於著作完成時享有著作權。但本法另有規定者，從其規定。

第 10-1 條

依本法取得之著作權，其保護僅及於該著作之表達，而不及於其所表達之思想、程序、製程、系統、操作方法、概念、原理、發現。

第二節　著作人

第 11 條

受雇人於職務上完成之著作，以該受雇人為著作人。但契約約定以雇用人為著作人者，從其約定。

依前項規定，以受雇人為著作人者，其著作財產權歸雇用人享有。但契約約定其著作財產權歸受雇人享有者，從其約定。

前二項所稱受雇人，包括公務員。

第 12 條

出資聘請他人完成之著作，除前條情形外，以該受聘人為著作人。但契約約定以出資人為著作人者，從其約定。

依前項規定，以受聘人為著作人者，其著作財產權依契約約定歸受聘人或出資人享有。未約定著作財產權之歸屬者，其著作財產權歸受聘人享有。

依前項規定著作財產權歸受聘人享有者，出資人得利用該著作。

第 13 條

在著作之原件或其已發行之重製物上，或將著作公開發表時，以通常之方法表示著作人之本名或眾所周知之別名者，推定為該著作之著作人。

前項規定，於著作發行日期、地點及著作財產權人之推定，準用之。

第 14 條

（刪除）

<h3 style="text-align:center">第三節　著作人格權</h3>

第 15 條

著作人就其著作享有公開發表之權利。但公務員，依第十一條及第十二條規定為著作人，而著作財產權歸該公務員隸屬之法人享有者，不適用之。

有下列情形之一者，推定著作人同意公開發表其著作：

一、著作人將其尚未公開發表著作之著作財產權讓與他人或授權他人利用時，因著作財產權之行使或利用而公開發表者。

二、著作人將其尚未公開發表之美術著作或攝影著作之著作原件或其重製物讓與他人，受讓人以其著作原件或其重製物公開展示者。

三、依學位授予法撰寫之碩士、博士論文，著作人已取得學位者。

依第十一條第二項及第十二條第二項規定，由雇用人或出資人自始取得尚未公開發表著作之著作財產權者，因其著作財產權之讓與、行使或利用而公開發表者，視為著作人同意公開發表其著作。

前項規定，於第十二條第三項準用之。

第 16 條

著作人於著作之原件或其重製物上或於著作公開發表時，有表示其本名、別名或不

具名之權利。著作人就其著作所生之衍生著作，亦有相同之權利。

前條第一項但書規定，於前項準用之。

利用著作之人，得使用自己之封面設計，並加冠設計人或主編之姓名或名稱。但著作人有特別表示或違反社會使用慣例者，不在此限。

依著作利用之目的及方法，於著作人之利益無損害之虞，且不違反社會使用慣例者，得省略著作人之姓名或名稱。

第 17 條

著作人享有禁止他人以歪曲、割裂、竄改或其他方法改變其著作之內容、形式或名目致損害其名譽之權利。

第 18 條

著作人死亡或消滅者，關於其著作人格權之保護，視同生存或存續，任何人不得侵害。但依利用行為之性質及程度、社會之變動或其他情事可認為不違反該著作人之意思者，不構成侵害。

第 19 條

共同著作之著作人格權，非經著作人全體同意，不得行使之。各著作人無正當理由者，不得拒絕同意。

共同著作之著作人，得於著作人中選定代表人行使著作人格權。

對於前項代表人之代表權所加限制，不得對抗善意第三人。

第 20 條

未公開發表之著作原件及其著作財產權，除作為買賣之標的或經本人允諾者外，不得作為強制執行之標的。

第 21 條

著作人格權專屬於著作人本身，不得讓與或繼承。

第四節　著作財產權
第一款　著作財產權之種類

第 22 條

著作人除本法另有規定外，專有重製其著作之權利。

表演人專有以錄音、錄影或攝影重製其表演之權利。

前二項規定，於專為網路合法中繼性傳輸，或合法使用著作，屬技術操作過程中必要之過渡性、附帶性而不具獨立經濟意義之暫時性重製，不適用之。但電腦程式著作，不在此限。

前項網路合法中繼性傳輸之暫時性重製情形，包括網路瀏覽、快速存取或其他為達成傳輸功能之電腦或機械本身技術上所不可避免之現象。

第 23 條

著作人專有公開口述其語文著作之權利。

第 24 條

著作人除本法另有規定外，專有公開播送其著作之權利。

表演人就其經重製或公開播送後之表演，再公開播送者，不適用前項規定。

第 25 條

著作人專有公開上映其視聽著作之權利。

第 26 條

著作人除本法另有規定外，專有公開演出其語文、音樂或戲劇、舞蹈著作之權利。

表演人專有以擴音器或其他器材公開演出其表演之權利。但將表演重製後或公開播送後再以擴音器或其他器材公開演出者，不在此限。

錄音著作經公開演出者，著作人得請求公開演出之人支付使用報酬。

第 26–1 條

著作人除本法另有規定外，專有公開傳輸其著作之權利。

表演人就其經重製於錄音著作之表演，專有公開傳輸之權利。

第 27 條

著作人專有公開展示其未發行之美術著作或攝影著作之權利。

第 28 條

著作人專有將其著作改作成衍生著作或編輯成編輯著作之權利。但表演不適用之。

第 28–1 條

著作人除本法另有規定外，專有以移轉所有權之方式，散布其著作之權利。

表演人就其經重製於錄音著作之表演，專有以移轉所有權之方式散布之權利。

第 29 條

著作人除本法另有規定外，專有出租其著作之權利。

表演人就其經重製於錄音著作之表演，專有出租之權利。

第 29-1 條

依第十一條第二項或第十二條第二項規定取得著作財產權之雇用人或出資人，專有第二十二條至第二十九條規定之權利。

第二款　著作財產權之存續期間

第 30 條

著作財產權，除本法另有規定外，存續於著作人之生存期間及其死亡後五十年。

著作於著作人死亡後四十年至五十年間首次公開發表者，著作財產權之期間，自公開發表時起存續十年。

第 31 條

共同著作之著作財產權，存續至最後死亡之著作人死亡後五十年。

第 32 條

別名著作或不具名著作之著作財產權，存續至著作公開發表後五十年。但可證明其著作人死亡已逾五十年者，其著作財產權消滅。

前項規定，於著作人之別名為眾所周知者，不適用之。

第 33 條

法人為著作人之著作，其著作財產權存續至其著作公開發表後五十年。但著作在創作完成時起算五十年內未公開發表者，其著作財產權存續至創作完成時起五十年。

第 34 條

攝影、視聽、錄音及表演之著作財產權存續至著作公開發表後五十年。

前條但書規定，於前項準用之。

第 35 條

第三十條至第三十四條所定存續期間，以該期間屆滿當年之末日為期間之終止。

繼續或逐次公開發表之著作，依公開發表日計算著作財產權存續期間時，如各次公開發表能獨立成一著作者，著作財產權存續期間自各別公開發表日起算。如各次公開發表不能獨立成一著作者，以能獨立成一著作時之公開發表日起算。

前項情形，如繼續部分未於前次公開發表日後三年內公開發表者，其著作財產權存續期間自前次公開發表日起算。

第三款　著作財產權之讓與、行使及消滅

第 36 條

著作財產權得全部或部分讓與他人或與他人共有。

著作財產權之受讓人，在其受讓範圍內，取得著作財產權。

著作財產權讓與之範圍依當事人之約定；其約定不明之部分，推定為未讓與。

第 37 條

著作財產權人得授權他人利用著作，其授權利用之地域、時間、內容、利用方法或其他事項，依當事人之約定；其約定不明之部分，推定為未授權。

前項授權不因著作財產權人嗣後將其著作財產權讓與或再為授權而受影響。

非專屬授權之被授權人非經著作財產權人同意，不得將其被授與之權利再授權第三人利用。

專屬授權之被授權人在被授權範圍內，得以著作財產權人之地位行使權利，並得以自己名義為訴訟上之行為。著作財產權人在專屬授權範圍內，不得行使權利。

第二項至前項規定，於中華民國九十年十一月十二日本法修正施行前所為之授權，不適用之。

有下列情形之一者，不適用第七章規定。但屬於著作權集體管理團體管理之著作，不在此限：

一、音樂著作經授權重製於電腦伴唱機者，利用人利用該電腦伴唱機公開演出該著作。

二、將原播送之著作再公開播送。

三、以擴音器或其他器材，將原播送之聲音或影像向公眾傳達。

四、著作經授權重製於廣告後，由廣告播送人就該廣告為公開播送或同步公開傳輸，向公眾傳達。

第 38 條

（刪除）

第 39 條

以著作財產權為質權之標的物者，除設定時另有約定外，著作財產權人得行使其著作財產權。

第 40 條

共同著作各著作人之應有部分，依共同著作人間之約定定之；無約定者，依各著作人參與創作之程度定之。各著作人參與創作之程度不明時，推定為均等。

共同著作之著作人拋棄其應有部分者，其應有部分由其他共同著作人依其應有部分之比例分享之。

前項規定，於共同著作之著作人死亡無繼承人或消滅後無承受人者，準用之。

第 40-1 條

共有之著作財產權，非經著作財產權人全體同意，不得行使之；各著作財產權人非經其他共有著作財產權人之同意，不得以其應有部分讓與他人或為他人設定質權。各著作財產權人，無正當理由者，不得拒絕同意。

共有著作財產權人，得於著作財產權人中選定代表人行使著作財產權。對於代表人之代表權所加限制，不得對抗善意第三人。

前條第二項及第三項規定，於共有著作財產權準用之。

第 41 條

著作財產權人投稿於新聞紙、雜誌或授權公開播送著作者，除另有約定外，推定僅授與刊載或公開播送一次之權利，對著作財產權人之其他權利不生影響。

第 42 條

著作財產權因存續期間屆滿而消滅。於存續期間內，有下列情形之一者，亦同：

一、著作財產權人死亡，其著作財產權依法應歸屬國庫者。

二、著作財產權人為法人，於其消滅後，其著作財產權依法應歸屬於地方自治團體者。

第 43 條

著作財產權消滅之著作，除本法另有規定外，任何人均得自由利用。

第四款　著作財產權之限制

第 44 條

中央或地方機關，因立法或行政目的所需，認有必要將他人著作列為內部參考資料時，在合理範圍內，得重製他人之著作。但依該著作之種類、用途及其重製物之數量、方法，有害於著作財產權人之利益者，不在此限。

第 45 條

專為司法程序使用之必要，在合理範圍內，得重製他人之著作。

前條但書規定，於前項情形準用之。

第 46 條

依法設立之各級學校及其擔任教學之人，為學校授課需要，在合理範圍內，得重製他人已公開發表之著作。

第四十四條但書規定，於前項情形準用之。

第 47 條

為編製依法令應經教育行政機關審定之教科用書，或教育行政機關編製教科用書者，在合理範圍內，得重製、改作或編輯他人已公開發表之著作。

前項規定，於編製附隨於該教科用書且專供教學之人教學用之輔助用品，準用之。但以由該教科用書編製者編製為限。

依法設立之各級學校或教育機構，為教育目的之必要，在合理範圍內，得公開播送他人已公開發表之著作。

前三項情形，利用人應將利用情形通知著作財產權人並支付使用報酬。使用報酬率，由主管機關定之。

第 48 條

供公眾使用之圖書館、博物館、歷史館、科學館、藝術館或其他文教機構，於下列情形之一，得就其收藏之著作重製之：

一、應閱覽人供個人研究之要求，重製已公開發表著作之一部分，或期刊或已公開發表之研討會論文集之單篇著作，每人以一份為限。

二、基於保存資料之必要者。

三、就絕版或難以購得之著作，應同性質機構之要求者。

第 48-1 條

中央或地方機關、依法設立之教育機構或供公眾使用之圖書館，得重製下列已公開發表之著作所附之摘要：

一、依學位授予法撰寫之碩士、博士論文，著作人已取得學位者。

二、刊載於期刊中之學術論文。

三、已公開發表之研討會論文集或研究報告。

第 49 條

以廣播、攝影、錄影、新聞紙、網路或其他方法為時事報導者，在報導之必要範圍內，得利用其報導過程中所接觸之著作。

第 50 條

以中央或地方機關或公法人之名義公開發表之著作，在合理範圍內，得重製、公開播送或公開傳輸。

第 51 條

供個人或家庭為非營利之目的，在合理範圍內，得利用圖書館及非供公眾使用之機器重製已公開發表之著作。

第 52 條

為報導、評論、教學、研究或其他正當目的之必要，在合理範圍內，得引用已公開發表之著作。

第 53 條

中央或地方政府機關、非營利機構或團體、依法立案之各級學校，為專供視覺障礙者、學習障礙者、聽覺障礙者或其他感知著作有困難之障礙者使用之目的，得以翻譯、點字、錄音、數位轉換、口述影像、附加手語或其他方式利用已公開發表之著作。

前項所定障礙者或其代理人為供該障礙者個人非營利使用，準用前項規定。

依前二項規定製作之著作重製物，得於前二項所定障礙者、中央或地方政府機關、非營利機構或團體、依法立案之各級學校間散布或公開傳輸。

第 54 條

中央或地方機關、依法設立之各級學校或教育機構辦理之各種考試，得重製已公開

發表之著作，供為試題之用。但已公開發表之著作如為試題者，不適用之。

第 55 條

非以營利為目的，未對觀眾或聽眾直接或間接收取任何費用，且未對表演人支付報酬者，得於活動中公開口述、公開播送、公開上映或公開演出他人已公開發表之著作。

第 56 條

廣播或電視，為公開播送之目的，得以自己之設備錄音或錄影該著作。但以其公開播送業經著作財產權人之授權或合於本法規定者為限。

前項錄製物除經著作權專責機關核准保存於指定之處所外，應於錄音或錄影後六個月內銷燬之。

第 56-1 條

為加強收視效能，得以依法令設立之社區共同天線同時轉播依法設立無線電視臺播送之著作，不得變更其形式或內容。

第 57 條

美術著作或攝影著作原件或合法重製物之所有人或經其同意之人，得公開展示該著作原件或合法重製物。

前項公開展示之人，為向參觀人解說著作，得於說明書內重製該著作。

第 58 條

於街道、公園、建築物之外壁或其他向公眾開放之戶外場所長期展示之美術著作或建築著作，除下列情形外，得以任何方法利用之：

一、以建築方式重製建築物。

二、以雕塑方式重製雕塑物。

三、為於本條規定之場所長期展示目的所為之重製。

四、專門以販賣美術著作重製物為目的所為之重製。

第 59 條

合法電腦程式著作重製物之所有人得因配合其所使用機器之需要，修改其程式，或因備用存檔之需要重製其程式。但限於該所有人自行使用。

前項所有人因滅失以外之事由，喪失原重製物之所有權者，除經著作財產權人同意

外，應將其修改或重製之程式銷燬之。

第 59-1 條

在中華民國管轄區域內取得著作原件或其合法重製物所有權之人，得以移轉所有權之方式散布之。

第 60 條

著作原件或其合法著作重製物之所有人，得出租該原件或重製物。但錄音及電腦程式著作，不適用之。

附含於貨物、機器或設備之電腦程式著作重製物，隨同貨物、機器或設備合法出租且非該項出租之主要標的物者，不適用前項但書之規定。

第 61 條

揭載於新聞紙、雜誌或網路上有關政治、經濟或社會上時事問題之論述，得由其他新聞紙、雜誌轉載或由廣播或電視公開播送，或於網路上公開傳輸。但經註明不許轉載、公開播送或公開傳輸者，不在此限。

第 62 條

政治或宗教上之公開演說、裁判程序及中央或地方機關之公開陳述，任何人得利用之。但專就特定人之演說或陳述，編輯成編輯著作者，應經著作財產權人之同意。

第 63 條

依第四十四條、第四十五條、第四十八條第一款、第四十八條之一至第五十條、第五十二條至第五十五條、第六十一條及第六十二條規定得利用他人著作者，得翻譯該著作。

依第四十六條及第五十一條規定得利用他人著作者，得改作該著作。

依第四十六條至第五十條、第五十二條至第五十四條、第五十七條第二項、第五十八條、第六十一條及第六十二條規定利用他人著作者，得散布該著作。

第 64 條

依第四十四條至第四十七條、第四十八條之一至第五十條、第五十二條、第五十三條、第五十五條、第五十七條、第五十八條、第六十條至第六十三條規定利用他人著作者，應明示其出處。

前項明示出處，就著作人之姓名或名稱，除不具名著作或著作人不明者外，應以合

理之方式為之。

第 65 條

著作之合理使用，不構成著作財產權之侵害。

著作之利用是否合於第四十四條至第六十三條所定之合理範圍或其他合理使用之情形，應審酌一切情狀，尤應注意下列事項，以為判斷之基準：

一、利用之目的及性質，包括係為商業目的或非營利教育目的。

二、著作之性質。

三、所利用之質量及其在整個著作所占之比例。

四、利用結果對著作潛在市場與現在價值之影響。

著作權人團體與利用人團體就著作之合理使用範圍達成協議者，得為前項判斷之參考。

前項協議過程中，得諮詢著作權專責機關之意見。

第 66 條

第四十四條至第六十三條及第六十五條規定，對著作人之著作人格權不生影響。

第五款　著作利用之強制授權

第 67 條

（刪除）

第 68 條

（刪除）

第 69 條

錄有音樂著作之銷售用錄音著作發行滿六個月，欲利用該音樂著作錄製其他銷售用錄音著作者，經申請著作權專責機關許可強制授權，並給付使用報酬後，得利用該音樂著作，另行錄製。

前項音樂著作強制授權許可、使用報酬之計算方式及其他應遵行事項之辦法，由主管機關定之。

第 70 條

依前條規定利用音樂著作者，不得將其錄音著作之重製物銷售至中華民國管轄區域外。

第 71 條

依第六十九條規定，取得強制授權之許可後，發現其申請有虛偽情事者，著作權專責機關應撤銷其許可。

依第六十九條規定，取得強制授權之許可後，未依著作權專責機關許可之方式利用著作者，著作權專責機關應廢止其許可。

第 72 條

（刪除）

第 73 條

（刪除）

第 74 條

（刪除）

第 75 條

（刪除）

第 76 條

（刪除）

第 77 條

（刪除）

第 78 條

（刪除）

第四章　製版權

第 79 條

無著作財產權或著作財產權消滅之文字著述或美術著作，經製版人就文字著述整理印刷，或就美術著作原件以影印、印刷或類似方式重製首次發行，並依法登記者，製版人就其版面，專有以影印、印刷或類似方式重製之權利。

製版人之權利，自製版完成時起算存續十年。

前項保護期間，以該期間屆滿當年之末日，為期間之終止。

製版權之讓與或信託，非經登記，不得對抗第三人。

製版權登記、讓與登記、信託登記及其他應遵行事項之辦法，由主管機關定之。

第 80 條

第四十二條及第四十三條有關著作財產權消滅之規定、第四十四條至第四十八條、第四十九條、第五十一條、第五十二條、第五十四條、第六十四條及第六十五條關於著作財產權限制之規定，於製版權準用之。

第四章之一　權利管理電子資訊及防盜拷措施

第 80-1 條

著作權人所為之權利管理電子資訊，不得移除或變更。但有下列情形之一者，不在此限：

一、因行為時之技術限制，非移除或變更著作權利管理電子資訊即不能合法利用該著作。

二、錄製或傳輸系統轉換時，其轉換技術上必要之移除或變更。

明知著作權利管理電子資訊，業經非法移除或變更者，不得散布或意圖散布而輸入或持有該著作原件或其重製物，亦不得公開播送、公開演出或公開傳輸。

第 80-2 條

著作權人所採取禁止或限制他人擅自進入著作之防盜拷措施，未經合法授權不得予以破解、破壞或以其他方法規避之。

破解、破壞或規避防盜拷措施之設備、器材、零件、技術或資訊，未經合法授權不得製造、輸入、提供公眾使用或為公眾提供服務。

前二項規定，於下列情形不適用之：

一、為維護國家安全者。

二、中央或地方機關所為者。

三、檔案保存機構、教育機構或供公眾使用之圖書館，為評估是否取得資料所為者。

四、為保護未成年人者。

五、為保護個人資料者。

六、為電腦或網路進行安全測試者。

七、為進行加密研究者。

八、為進行還原工程者。

九、為依第四十四條至第六十三條及第六十五條規定利用他人著作者。

十、其他經主管機關所定情形。

前項各款之內容，由主管機關定之，並定期檢討。

第五章　著作權集體管理團體與著作權審議及調解委員會

第 81 條

著作財產權人為行使權利、收受及分配使用報酬，經著作權專責機關之許可，得組成著作權集體管理團體。

專屬授權之被授權人，亦得加入著作權集體管理團體。

第一項團體之許可設立、組織、職權及其監督、輔導，另以法律定之。

第 82 條

著作權專責機關應設置著作權審議及調解委員會，辦理下列事項：

一、第四十七條第四項規定使用報酬率之審議。

二、著作權集體管理團體與利用人間，對使用報酬爭議之調解。

三、著作權或製版權爭議之調解。

四、其他有關著作權審議及調解之諮詢。

前項第三款所定爭議之調解，其涉及刑事者，以告訴乃論罪之案件為限。

第 82-1 條

著作權專責機關應於調解成立後七日內，將調解書送請管轄法院審核。

前項調解書，法院應儘速審核，除有違反法令、公序良俗或不能強制執行者外，應由法官簽名並蓋法院印信，除抽存一份外，發還著作權專責機關送達當事人。

法院未予核定之事件，應將其理由通知著作權專責機關。

第 82-2 條

調解經法院核定後，當事人就該事件不得再行起訴、告訴或自訴。

前項經法院核定之民事調解，與民事確定判決有同一之效力；經法院核定之刑事調解，以給付金錢或其他代替物或有價證券之一定數量為標的者，其調解書具有執行名義。

第 82-3 條

民事事件已繫屬於法院，在判決確定前，調解成立，並經法院核定者，視為於調解成立時撤回起訴。

刑事事件於偵查中或第一審法院辯論終結前，調解成立，經法院核定，並經當事人同意撤回者，視為於調解成立時撤回告訴或自訴。

第 82-4 條

民事調解經法院核定後，有無效或得撤銷之原因者，當事人得向原核定法院提起宣告調解無效或撤銷調解之訴。

前項訴訟，當事人應於法院核定之調解書送達後三十日內提起之。

第 83 條

前條著作權審議及調解委員會之組織規程及有關爭議之調解辦法，由主管機關擬訂，報請行政院核定後發布之。

第六章　權利侵害之救濟

第 84 條

著作權人或製版權人對於侵害其權利者，得請求排除之，有侵害之虞者，得請求防止之。

第 85 條

侵害著作人格權者，負損害賠償責任。雖非財產上之損害，被害人亦得請求賠償相當之金額。

前項侵害，被害人並得請求表示著作人之姓名或名稱、更正內容或為其他回復名譽之適當處分。

第 86 條

著作人死亡後，除其遺囑另有指定外，下列之人，依順序對於違反第十八條或有違反之虞者，得依第八十四條及前條第二項規定，請求救濟：

一、配偶。

二、子女。

三、父母。

四、孫子女。

五、兄弟姊妹。

六、祖父母。

第 87 條

有下列情形之一者，除本法另有規定外，視為侵害著作權或製版權：

一、以侵害著作人名譽之方法利用其著作者。

二、明知為侵害製版權之物而散布或意圖散布而公開陳列或持有者。

三、輸入未經著作財產權人或製版權人授權重製之重製物或製版物者。

四、未經著作財產權人同意而輸入著作原件或其國外合法重製物者。

五、以侵害電腦程式著作財產權之重製物作為營業之使用者。

六、明知為侵害著作財產權之物而以移轉所有權或出租以外之方式散布者，或明知為侵害著作財產權之物，意圖散布而公開陳列或持有者。

七、未經著作財產權人同意或授權，意圖供公眾透過網路公開傳輸或重製他人著作，侵害著作財產權，對公眾提供可公開傳輸或重製著作之電腦程式或其他技術，而受有利益者。

八、明知他人公開播送或公開傳輸之著作侵害著作財產權，意圖供公眾透過網路接觸該等著作，有下列情形之一而受有利益者：

　　㈠提供公眾使用匯集該等著作網路位址之電腦程式。

　　㈡指導、協助或預設路徑供公眾使用前目之電腦程式。

　　㈢製造、輸入或銷售載有第一目之電腦程式之設備或器材。

前項第七款、第八款之行為人，採取廣告或其他積極措施，教唆、誘使、煽惑、說服公眾利用者，為具備該款之意圖。

第 87-1 條

有下列情形之一者，前條第四款之規定，不適用之：

一、為供中央或地方機關之利用而輸入。但為供學校或其他教育機構之利用而輸入或非以保存資料之目的而輸入視聽著作原件或其重製物者，不在此限。

二、為供非營利之學術、教育或宗教機構保存資料之目的而輸入視聽著作原件或一定數量重製物，或為其圖書館借閱或保存資料之目的而輸入視聽著作以外之其

他著作原件或一定數量重製物，並應依第四十八條規定利用之。

三、為供輸入者個人非散布之利用或屬入境人員行李之一部分而輸入著作原件或一
定數量重製物者。

四、中央或地方政府機關、非營利機構或團體、依法立案之各級學校，為專供視覺
障礙者、學習障礙者、聽覺障礙者或其他感知著作有困難之障礙者使用之目的，
得輸入以翻譯、點字、錄音、數位轉換、口述影像、附加手語或其他方式重製
之著作重製物，並應依第五十三條規定利用之。

五、附含於貨物、機器或設備之著作原件或其重製物，隨同貨物、機器或設備之合
法輸入而輸入者，該著作原件或其重製物於使用或操作貨物、機器或設備時不
得重製。

六、附屬於貨物、機器或設備之說明書或操作手冊，隨同貨物、機器或設備之合法
輸入而輸入者。但以說明書或操作手冊為主要輸入者，不在此限。

前項第二款及第三款之一定數量，由主管機關另定之。

第 88 條

因故意或過失不法侵害他人之著作財產權或製版權者，負損害賠償責任。

數人共同不法侵害者，連帶負賠償責任。

前項損害賠償，被害人得依下列規定擇一請求：

一、依民法第二百十六條之規定請求。但被害人不能證明其損害時，得以其行使權
利依通常情形可得預期之利益，減除被侵害後行使同一權利所得利益之差額，
為其所受損害。

二、請求侵害人因侵害行為所得之利益。但侵害人不能證明其成本或必要費用時，
以其侵害行為所得之全部收入，為其所得利益。

依前項規定，如被害人不易證明其實際損害額，得請求法院依侵害情節，在新臺幣
一萬元以上一百萬元以下酌定賠償額。如損害行為屬故意且情節重大者，賠償額得
增至新臺幣五百萬元。

第 88-1 條

依第八十四條或前條第一項請求時，對於侵害行為作成之物或主要供侵害所用之物，
得請求銷燬或為其他必要之處置。

第 89 條

被害人得請求由侵害人負擔費用，將判決書內容全部或一部登載新聞紙、雜誌。

第 89-1 條

第八十五條及第八十八條之損害賠償請求權，自請求權人知有損害及賠償義務人時起，二年間不行使而消滅。自有侵權行為時起，逾十年者亦同。

第 90 條

共同著作之各著作權人，對於侵害其著作權者，得各依本章之規定，請求救濟，並得按其應有部分，請求損害賠償。

前項規定，於因其他關係成立之共有著作財產權或製版權之共有人準用之。

第 90-1 條

著作權人或製版權人對輸入或輸出侵害其著作權或製版權之物者，得申請海關先予查扣。

前項申請應以書面為之，並釋明侵害之事實，及提供相當於海關核估該進口貨物完稅價格或出口貨物離岸價格之保證金，作為被查扣人因查扣所受損害之賠償擔保。

海關受理查扣之申請，應即通知申請人。如認符合前項規定而實施查扣時，應以書面通知申請人及被查扣人。

申請人或被查扣人，得向海關申請檢視被查扣之物。

查扣之物，經申請人取得法院民事確定判決，屬侵害著作權或製版權者，由海關予以沒入。沒入物之貨櫃延滯費、倉租、裝卸費等有關費用暨處理銷燬費用應由被查扣人負擔。

前項處理銷燬所需費用，經海關限期通知繳納而不繳納者，依法移送強制執行。

有下列情形之一者，除由海關廢止查扣依有關進出口貨物通關規定辦理外，申請人並應賠償被查扣人因查扣所受損害：

一、查扣之物經法院確定判決，不屬侵害著作權或製版權之物者。

二、海關於通知申請人受理查扣之日起十二日內，未被告知就查扣物為侵害物之訴訟已提起者。

三、申請人申請廢止查扣者。

前項第二款規定之期限，海關得視需要延長十二日。

有下列情形之一者，海關應依申請人之申請返還保證金：

一、申請人取得勝訴之確定判決或與被查扣人達成和解，已無繼續提供保證金之必要者。

二、廢止查扣後，申請人證明已定二十日以上之期間，催告被查扣人行使權利而未行使者。

三、被查扣人同意返還者。

被查扣人就第二項之保證金與質權人有同一之權利。

海關於執行職務時，發現進出口貨物外觀顯有侵害著作權之嫌者，得於一個工作日內通知權利人並通知進出口人提供授權資料。權利人接獲通知後對於空運出口貨物應於四小時內，空運進口及海運進出口貨物應於一個工作日內至海關協助認定。權利人不明或無法通知，或權利人未於通知期限內至海關協助認定，或經權利人認定系爭標的物未侵權者，若無違反其他通關規定，海關應即放行。

經認定疑似侵權之貨物，海關應採行暫不放行措施。

海關採行暫不放行措施後，權利人於三個工作日內，未依第一項至第十項向海關申請查扣，或未採行保護權利之民事、刑事訴訟程序，若無違反其他通關規定，海關應即放行。

第 90-2 條

前條之實施辦法，由主管機關會同財政部定之。

第 90-3 條

違反第八十條之一或第八十條之二規定，致著作權人受損害者，負賠償責任。數人共同違反者，負連帶賠償責任。

第八十四條、第八十八條之一、第八十九條之一及第九十條之一規定，於違反第八十條之一或第八十條之二規定者，準用之。

第六章之一　網路服務提供者之民事免責事由

第 90-4 條

符合下列規定之網路服務提供者，適用第九十條之五至第九十條之八之規定：

一、以契約、電子傳輸、自動偵測系統或其他方式，告知使用者其著作權或製版權

保護措施，並確實履行該保護措施。

二、以契約、電子傳輸、自動偵測系統或其他方式，告知使用者若有三次涉有侵權情事，應終止全部或部分服務。

三、公告接收通知文件之聯繫窗口資訊。

四、執行第三項之通用辨識或保護技術措施。

連線服務提供者於接獲著作權人或製版權人就其使用者所為涉有侵權行為之通知後，將該通知以電子郵件轉送該使用者，視為符合前項第一款規定。

著作權人或製版權人已提供為保護著作權或製版權之通用辨識或保護技術措施，經主管機關核可者，網路服務提供者應配合執行之。

第 90-5 條

有下列情形者，連線服務提供者對其使用者侵害他人著作權或製版權之行為，不負賠償責任：

一、所傳輸資訊，係由使用者所發動或請求。

二、資訊傳輸、發送、連結或儲存，係經由自動化技術予以執行，且連線服務提供者未就傳輸之資訊為任何篩選或修改。

第 90-6 條

有下列情形者，快速存取服務提供者對其使用者侵害他人著作權或製版權之行為，不負賠償責任：

一、未改變存取之資訊。

二、於資訊提供者就該自動存取之原始資訊為修改、刪除或阻斷時，透過自動化技術為相同之處理。

三、經著作權人或製版權人通知其使用者涉有侵權行為後，立即移除或使他人無法進入該涉有侵權之內容或相關資訊。

第 90-7 條

有下列情形者，資訊儲存服務提供者對其使用者侵害他人著作權或製版權之行為，不負賠償責任：

一、對使用者涉有侵權行為不知情。

二、未直接自使用者之侵權行為獲有財產上利益。

三、經著作權人或製版權人通知其使用者涉有侵權行為後，立即移除或使他人無法
　　進入該涉有侵權之內容或相關資訊。

第 90-8 條

有下列情形者，搜尋服務提供者對其使用者侵害他人著作權或製版權之行為，不負
賠償責任：

一、對所搜尋或連結之資訊涉有侵權不知情。

二、未直接自使用者之侵權行為獲有財產上利益。

三、經著作權人或製版權人通知其使用者涉有侵權行為後，立即移除或使他人無法
　　進入該涉有侵權之內容或相關資訊。

第 90-9 條

資訊儲存服務提供者應將第九十條之七第三款處理情形，依其與使用者約定之聯絡
方式或使用者留存之聯絡資訊，轉送該涉有侵權之使用者。但依其提供服務之性質
無法通知者，不在此限。

前項之使用者認其無侵權情事者，得檢具回復通知文件，要求資訊儲存服務提供者
回復其被移除或使他人無法進入之內容或相關資訊。

資訊儲存服務提供者於接獲前項之回復通知後，應立即將回復通知文件轉送著作權
人或製版權人。

著作權人或製版權人於接獲資訊儲存服務提供者前項通知之次日起十個工作日內，
向資訊儲存服務提供者提出已對該使用者訴訟之證明者，資訊儲存服務提供者不負
回復之義務。

著作權人或製版權人未依前項規定提出訴訟之證明，資訊儲存服務提供者至遲應於
轉送回復通知之次日起十四個工作日內，回復被移除或使他人無法進入之內容或相
關資訊。但無法回復者，應事先告知使用者，或提供其他適當方式供使用者回復。

第 90-10 條

有下列情形之一者，網路服務提供者對涉有侵權之使用者，不負賠償責任：

一、依第九十條之六至第九十條之八之規定，移除或使他人無法進入該涉有侵權之
　　內容或相關資訊。

二、知悉使用者所為涉有侵權情事後，善意移除或使他人無法進入該涉有侵權之內

　　容或相關資訊。

第 90-11 條

因故意或過失，向網路服務提供者提出不實通知或回復通知，致使用者、著作權人、製版權人或網路服務提供者受有損害者，負損害賠償責任。

第 90-12 條

第九十條之四聯繫窗口之公告、第九十條之六至第九十條之九之通知、回復通知內容、應記載事項、補正及其他應遵行事項之辦法，由主管機關定之。

第七章　罰　則

第 91 條

擅自以重製之方法侵害他人之著作財產權者，處三年以下有期徒刑、拘役，或科或併科新臺幣七十五萬元以下罰金。

意圖銷售或出租而擅自以重製之方法侵害他人之著作財產權者，處六月以上五年以下有期徒刑，得併科新臺幣二十萬元以上二百萬元以下罰金。

以重製於光碟之方法犯前項之罪者，處六月以上五年以下有期徒刑，得併科新臺幣五十萬元以上五百萬元以下罰金。

著作僅供個人參考或合理使用者，不構成著作權侵害。

第 91-1 條

擅自以移轉所有權之方法散布著作原件或其重製物而侵害他人之著作財產權者，處三年以下有期徒刑、拘役，或科或併科新臺幣五十萬元以下罰金。

明知係侵害著作財產權之重製物而散布或意圖散布而公開陳列或持有者，處三年以下有期徒刑，得併科新臺幣七萬元以上七十五萬元以下罰金。

犯前項之罪，其重製物為光碟者，處六月以上三年以下有期徒刑，得併科新臺幣二十萬元以上二百萬元以下罰金。但違反第八十七條第四款規定輸入之光碟，不在此限。

犯前二項之罪，經供出其物品來源，因而破獲者，得減輕其刑。

第 92 條

擅自以公開口述、公開播送、公開上映、公開演出、公開傳輸、公開展示、改作、

編輯、出租之方法侵害他人之著作財產權者，處三年以下有期徒刑、拘役、或科或併科新臺幣七十五萬元以下罰金。

第 93 條

有下列情形之一者，處二年以下有期徒刑、拘役，或科或併科新臺幣五十萬元以下罰金：

一、侵害第十五條至第十七條規定之著作人格權者。

二、違反第七十條規定者。

三、以第八十七條第一項第一款、第三款、第五款或第六款方法之一侵害他人之著作權者。但第九十一條之一第二項及第三項規定情形，不在此限。

四、違反第八十七條第一項第七款或第八款規定者。

第 94 條

（刪除）

第 95 條

違反第一百十二條規定者，處一年以下有期徒刑、拘役，或科或併科新臺幣二萬元以上二十五萬元以下罰金。

第 96 條

違反第五十九條第二項或第六十四條規定者，科新臺幣五萬元以下罰金。

第 96-1 條

有下列情形之一者，處一年以下有期徒刑、拘役，或科或併科新臺幣二萬元以上二十五萬元以下罰金：

一、違反第八十條之一規定者。

二、違反第八十條之二第二項規定者。

第 96-2 條

依本章科罰金時，應審酌犯人之資力及犯罪所得之利益。如所得之利益超過罰金最多額時，得於所得利益之範圍內酌量加重。

第 97 條

（刪除）

第 97-1 條

事業以公開傳輸之方法，犯第九十一條、第九十二條及第九十三條第四款之罪，經法院判決有罪者，應即停止其行為；如不停止，且經主管機關邀集專家學者及相關業者認定侵害情節重大，嚴重影響著作財產權人權益者，主管機關應限期一個月內改正，屆期不改正者，得命令停業或勒令歇業。

第 98 條

犯第九十一條第三項及第九十一條之一第三項之罪，其供犯罪所用、犯罪預備之物或犯罪所生之物，不問屬於犯罪行為人與否，得沒收之。

第 98-1 條

犯第九十一條第三項或第九十一條之一第三項之罪，其行為人逃逸而無從確認者，供犯罪所用或因犯罪所得之物，司法警察機關得逕為沒入。

前項沒入之物，除沒入款項繳交國庫外，銷燬之。其銷燬或沒入款項之處理程序，準用社會秩序維護法相關規定辦理。

第 99 條

犯第九十一條至第九十三條、第九十五條之罪者，因被害人或其他有告訴權人之聲請，得令將判決書全部或一部登報，其費用由被告負擔。

第 100 條

本章之罪，須告訴乃論。但犯第九十一條第三項及第九十一條之一第三項之罪，不在此限。

第 101 條

法人之代表人、法人或自然人之代理人、受雇人或其他從業人員，因執行業務，犯第九十一條至第九十三條、第九十五條至第九十六條之一之罪者，除依各該條規定處罰其行為人外，對該法人或自然人亦科各該條之罰金。

對前項行為人、法人或自然人之一方告訴或撤回告訴者，其效力及於他方。

第 102 條

未經認許之外國法人，對於第九十一條至第九十三條、第九十五條至第九十六條之一之罪，得為告訴或提起自訴。

第 103 條

司法警察官或司法警察對侵害他人之著作權或製版權，經告訴、告發者，得依法扣押其侵害物，並移送偵辦。

第 104 條

（刪除）

第八章　附　則

第 105 條

依本法申請強制授權、製版權登記、製版權讓與登記、製版權信託登記、調解、查閱製版權登記或請求發給謄本者，應繳納規費。

前項收費基準，由主管機關定之。

第 106 條

著作完成於中華民國八十一年六月十日本法修正施行前，且合於中華民國八十七年一月二十一日修正施行前本法第一百零六條至第一百零九條規定之一者，除本章另有規定外，適用本法。

著作完成於中華民國八十一年六月十日本法修正施行後者，適用本法。

第 106-1 條

著作完成於世界貿易組織協定在中華民國管轄區域內生效日之前，未依歷次本法規定取得著作權而依本法所定著作財產權期間計算仍在存續中者，除本章另有規定外，適用本法。但外國人著作在其源流國保護期間已屆滿者，不適用之。

前項但書所稱源流國依西元一九七一年保護文學與藝術著作之伯恩公約第五條規定決定之。

第 106-2 條

依前條規定受保護之著作，其利用人於世界貿易組織協定在中華民國管轄區域內生效日之前，已著手利用該著作或為利用該著作已進行重大投資者，除本章另有規定外，自該生效日起二年內，得繼續利用，不適用第六章及第七章規定。

自中華民國九十二年六月六日本法修正施行起，利用人依前項規定利用著作者，除出租或出借之情形外，應對被利用著作之著作財產權人支付該著作一般經自由磋商

所應支付合理之使用報酬。

依前條規定受保護之著作，利用人未經授權所完成之重製物，自本法修正公布一年後，不得再行銷售。但仍得出租或出借。

利用依前條規定受保護之著作另行創作之著作重製物，不適用前項規定。但除合於第四十四條至第六十五條規定外，應對被利用著作之著作財產權人支付該著作一般經自由磋商所應支付合理之使用報酬。

第 106-3 條

於世界貿易組織協定在中華民國管轄區域內生效日之前，就第一百零六條之一著作改作完成之衍生著作，且受歷次本法保護者，於該生效日以後，得繼續利用，不適用第六章及第七章規定。

自中華民國九十二年六月六日本法修正施行起，利用人依前項規定利用著作者，應對原著作之著作財產權人支付該著作一般經自由磋商所應支付合理之使用報酬。

前二項規定，對衍生著作之保護，不生影響。

第 107 條

（刪除）

第 108 條

（刪除）

第 109 條

（刪除）

第 110 條

第十三條規定，於中華民國八十一年六月十日本法修正施行前已完成註冊之著作，不適用之。

第 111 條

有下列情形之一者，第十一條及第十二條規定，不適用之：

一、依中華民國八十一年六月十日修正施行前本法第十條及第十一條規定取得著作權者。

二、依中華民國八十七年一月二十一日修正施行前本法第十一條及第十二條規定取得著作權者。

第 112 條

中華民國八十一年六月十日本法修正施行前，翻譯受中華民國八十一年六月十日修正施行前本法保護之外國人著作，如未經其著作權人同意者，於中華民國八十一年六月十日本法修正施行後，除合於第四十四條至第六十五條規定者外，不得再重製。

前項翻譯之重製物，於中華民國八十一年六月十日本法修正施行滿二年後，不得再行銷售。

第 113 條

自中華民國九十二年六月六日本法修正施行前取得之製版權，依本法所定權利期間計算仍在存續中者，適用本法規定。

第 114 條

（刪除）

第 115 條

本國與外國之團體或機構互訂保護著作權之協議，經行政院核准者，視為第四條所稱協定。

第 115-1 條

製版權登記簿、註冊簿或製版物樣本，應提供民眾閱覽抄錄。

中華民國八十七年一月二十一日本法修正施行前之著作權註冊簿、登記簿或著作樣本，得提供民眾閱覽抄錄。

第 115-2 條

法院為處理著作權訴訟案件，得設立專業法庭或指定專人辦理。

著作權訴訟案件，法院應以判決書正本一份送著作權專責機關。

第 116 條

（刪除）

第 117 條

本法除中華民國八十七年一月二十一日修正公布之第一百零六條之一至第一百零六條之三規定，自世界貿易組織協定在中華民國管轄區域內生效日起施行，及中華民國九十五年五月五日修正之條文，自中華民國九十五年七月一日施行外，自公布日施行。

【商標法】

（民國 105 年 11 月 30 日修正）

第一章　總　則

第 1 條

為保障商標權、證明標章權、團體標章權、團體商標權及消費者利益，維護市場公平競爭，促進工商企業正常發展，特制定本法。

第 2 條

欲取得商標權、證明標章權、團體標章權或團體商標權者，應依本法申請註冊。

第 3 條

本法之主管機關為經濟部。

商標業務，由經濟部指定專責機關辦理。

第 4 條

外國人所屬之國家，與中華民國如未共同參加保護商標之國際條約或無互相保護商標之條約、協定，或對中華民國國民申請商標註冊不予受理者，其商標註冊之申請，得不予受理。

第 5 條

商標之使用，指為行銷之目的，而有下列情形之一，並足以使相關消費者認識其為商標：

一、將商標用於商品或其包裝容器。

二、持有、陳列、販賣、輸出或輸入前款之商品。

三、將商標用於與提供服務有關之物品。

四、將商標用於與商品或服務有關之商業文書或廣告。

前項各款情形，以數位影音、電子媒體、網路或其他媒介物方式為之者，亦同。

第 6 條

申請商標註冊及其相關事務，得委任商標代理人辦理之。但在中華民國境內無住所或營業所者，應委任商標代理人辦理之。

商標代理人應在國內有住所。

第 7 條

二人以上欲共有一商標，應由全體具名提出申請，並得選定其中一人為代表人，為全體共有人為各項申請程序及收受相關文件。

未為前項選定代表人者，商標專責機關應以申請書所載第一順序申請人為應受送達人，並應將送達事項通知其他共有商標之申請人。

第 8 條

商標之申請及其他程序，除本法另有規定外，遲誤法定期間、不合法定程式不能補正或不合法定程式經指定期間通知補正屆期未補正者，應不受理。但遲誤指定期間在處分前補正者，仍應受理之。

申請人因天災或不可歸責於己之事由，遲誤法定期間者，於其原因消滅後三十日內，得以書面敘明理由，向商標專責機關申請回復原狀。但遲誤法定期間已逾一年者，不得申請回復原狀。

申請回復原狀，應同時補行期間內應為之行為。

前二項規定，於遲誤第三十二條第三項規定之期間者，不適用之。

第 9 條

商標之申請及其他程序，應以書件或物件到達商標專責機關之日為準；如係郵寄者，以郵寄地郵戳所載日期為準。

郵戳所載日期不清晰者，除由當事人舉證外，以到達商標專責機關之日為準。

第 10 條

處分書或其他文件無從送達者，應於商標公報公告之，並於刊登公報後滿三十日，視為已送達。

第 11 條

商標專責機關應刊行公報，登載註冊商標及其相關事項。

前項公報，得以電子方式為之；其實施日期，由商標專責機關定之。

第 12 條

商標專責機關應備置商標註冊簿，登載商標註冊、商標權異動及法令所定之一切事項，並對外公開之。

前項商標註冊簿，得以電子方式為之。

第 13 條

有關商標之申請及其他程序，得以電子方式為之；其實施辦法，由主管機關定之。

第 14 條

商標專責機關對於商標註冊之申請、異議、評定及廢止案件之審查，應指定審查人員審查之。

前項審查人員之資格，以法律定之。

第 15 條

商標專責機關對前條第一項案件之審查，應作成書面之處分，並記載理由送達申請人。

前項之處分，應由審查人員具名。

第 16 條

有關期間之計算，除第三十三條第一項、第七十五條第四項及第一百零三條規定外，其始日不計算在內。

第 17 條

本章關於商標之規定，於證明標章、團體標章、團體商標，準用之。

第二章　商　標

第一節　申請註冊

第 18 條

商標，指任何具有識別性之標識，得以文字、圖形、記號、顏色、立體形狀、動態、全像圖、聲音等，或其聯合式所組成。

前項所稱識別性，指足以使商品或服務之相關消費者認識為指示商品或服務來源，並得與他人之商品或服務相區別者。

第 19 條

申請商標註冊，應備具申請書，載明申請人、商標圖樣及指定使用之商品或服務，向商標專責機關申請之。

申請商標註冊，以提出前項申請書之日為申請日。

商標圖樣應以清楚、明確、完整、客觀、持久及易於理解之方式呈現。

申請商標註冊，應以一申請案一商標之方式為之，並得指定使用於二個以上類別之商品或服務。

前項商品或服務之分類，於本法施行細則定之。

類似商品或服務之認定，不受前項商品或服務分類之限制。

第 20 條

在與中華民國有相互承認優先權之國家或世界貿易組織會員，依法申請註冊之商標，其申請人於第一次申請日後六個月內，向中華民國就該申請同一之部分或全部商品或服務，以相同商標申請註冊者，得主張優先權。

外國申請人為非世界貿易組織會員之國民且其所屬國家與中華民國無相互承認優先權者，如於互惠國或世界貿易組織會員領域內，設有住所或營業所者，得依前項規定主張優先權。

依第一項規定主張優先權者，應於申請註冊同時聲明，並於申請書載明下列事項：

一、第一次申請之申請日。

二、受理該申請之國家或世界貿易組織會員。

三、第一次申請之申請案號。

申請人應於申請日後三個月內，檢送經前項國家或世界貿易組織會員證明受理之申請文件。

未依第三項第一款、第二款或前項規定辦理者，視為未主張優先權。

主張優先權者，其申請日以優先權日為準。

主張複數優先權者，各以其商品或服務所主張之優先權日為申請日。

第 21 條

於中華民國政府主辦或認可之國際展覽會上，展出使用申請註冊商標之商品或服務，自該商品或服務展出日後六個月內，提出申請者，其申請日以展出日為準。

前條規定，於主張前項展覽會優先權者，準用之。

第 22 條

二人以上於同日以相同或近似之商標，於同一或類似之商品或服務各別申請註冊，有致相關消費者混淆誤認之虞，而不能辨別時間先後者，由各申請人協議定之；不

能達成協議時，以抽籤方式定之。

第 23 條

商標圖樣及其指定使用之商品或服務，申請後即不得變更。但指定使用商品或服務之減縮，或非就商標圖樣為實質變更者，不在此限。

第 24 條

申請人之名稱、地址、代理人或其他註冊申請事項變更者，應向商標專責機關申請變更。

第 25 條

商標註冊申請事項有下列錯誤時，得經申請或依職權更正之：

一、申請人名稱或地址之錯誤。

二、文字用語或繕寫之錯誤。

三、其他明顯之錯誤。

前項之申請更正，不得影響商標同一性或擴大指定使用商品或服務之範圍。

第 26 條

申請人得就所指定使用之商品或服務，向商標專責機關請求分割為二個以上之註冊申請案，以原註冊申請日為申請日。

第 27 條

因商標註冊之申請所生之權利，得移轉於他人。

第 28 條

共有商標申請權或共有人應有部分之移轉，應經全體共有人之同意。但因繼承、強制執行、法院判決或依其他法律規定移轉者，不在此限。

共有商標申請權之拋棄，應得全體共有人之同意。但各共有人就其應有部分之拋棄，不在此限。

前項共有人拋棄其應有部分者，其應有部分由其他共有人依其應有部分之比例分配之。

前項規定，於共有人死亡而無繼承人或消滅後無承受人者，準用之。

共有商標申請權指定使用商品或服務之減縮或分割，應經全體共有人之同意。

第二節　審查及核准

第 29 條

商標有下列不具識別性情形之一，不得註冊：

一、僅由描述所指定商品或服務之品質、用途、原料、產地或相關特性之說明所構
　　成者。

二、僅由所指定商品或服務之通用標章或名稱所構成者。

三、僅由其他不具識別性之標識所構成者。

有前項第一款或第三款規定之情形，如經申請人使用且在交易上已成為申請人商品
或服務之識別標識者，不適用之。

商標圖樣中包含不具識別性部分，且有致商標權範圍產生疑義之虞，申請人應聲明
該部分不在專用之列；未為不專用之聲明者，不得註冊。

第 30 條

商標有下列情形之一，不得註冊：

一、僅為發揮商品或服務之功能所必要者。

二、相同或近似於中華民國國旗、國徽、國璽、軍旗、軍徽、印信、勳章或外國國
　　旗，或世界貿易組織會員依巴黎公約第六條之三第三款所為通知之外國國徽、
　　國璽或國家徽章者。

三、相同於國父或國家元首之肖像或姓名者。

四、相同或近似於中華民國政府機關或其主辦展覽會之標章，或其所發給之褒獎牌
　　狀者。

五、相同或近似於國際跨政府組織或國內外著名且具公益性機構之徽章、旗幟、其
　　他徽記、縮寫或名稱，有致公眾誤認誤信之虞者。

六、相同或近似於國內外用以表明品質管制或驗證之國家標誌或印記，且指定使用
　　於同一或類似之商品或服務者。

七、妨害公共秩序或善良風俗者。

八、使公眾誤認誤信其商品或服務之性質、品質或產地之虞者。

九、相同或近似於中華民國或外國之葡萄酒或蒸餾酒地理標示，且指定使用於與葡
　　萄酒或蒸餾酒同一或類似商品，而該外國與中華民國簽訂協定或共同參加國際

條約，或相互承認葡萄酒或蒸餾酒地理標示之保護者。

十、　相同或近似於他人同一或類似商品或服務之註冊商標或申請在先之商標，有致
　　　相關消費者混淆誤認之虞者。但經該註冊商標或申請在先之商標所有人同意申
　　　請，且非顯屬不當者，不在此限。

十一、相同或近似於他人著名商標或標章，有致相關公眾混淆誤認之虞，或有減損
　　　著名商標或標章之識別性或信譽之虞者。但得該商標或標章之所有人同意申
　　　請註冊者，不在此限。

十二、相同或近似於他人先使用於同一或類似商品或服務之商標，而申請人因與該
　　　他人間具有契約、地緣、業務往來或其他關係，知悉他人商標存在，意圖仿
　　　襲而申請註冊者。但經其同意申請註冊者，不在此限。

十三、有他人之肖像或著名之姓名、藝名、筆名、字號者。但經其同意申請註冊者，
　　　不在此限。

十四、有著名之法人、商號或其他團體之名稱，有致相關公眾混淆誤認之虞者。但
　　　經其同意申請註冊者，不在此限。

十五、商標侵害他人之著作權、專利權或其他權利，經判決確定者。但經其同意申
　　　請註冊者，不在此限。

前項第九款及第十一款至第十四款所規定之地理標示、著名及先使用之認定，以申
請時為準。

第一項第四款、第五款及第九款規定，於政府機關或相關機構為申請人時，不適用
之。

前條第三項規定，於第一項第一款規定之情形，準用之。

第 31 條

商標註冊申請案經審查認有第二十九條第一項、第三項、前條第一項、第四項或第
六十五條第三項規定不得註冊之情形者，應予核駁審定。

前項核駁審定前，應將核駁理由以書面通知申請人限期陳述意見。

指定使用商品或服務之減縮、商標圖樣之非實質變更、註冊申請案之分割及不專用
之聲明，應於核駁審定前為之。

第 32 條

商標註冊申請案經審查無前條第一項規定之情形者，應予核准審定。

經核准審定之商標，申請人應於審定書送達後二個月內，繳納註冊費後，始予註冊公告，並發給商標註冊證；屆期未繳費者，不予註冊公告。

申請人非因故意，未於前項所定期限繳費者，得於繳費期限屆滿後六個月內，繳納二倍之註冊費後，由商標專責機關公告之。但影響第三人於此期間內申請註冊或取得商標權者，不得為之。

第三節　商標權

第 33 條

商標自註冊公告當日起，由權利人取得商標權，商標權期間為十年。

商標權期間得申請延展，每次延展為十年。

第 34 條

商標之延展，應於商標權期間屆滿前六個月內提出申請，並繳納延展註冊費；其於商標權期間屆滿後六個月內提出申請者，應繳納二倍延展註冊費。

前項核准延展之期間，自商標權期間屆滿日後起算。

第 35 條

商標權人於經註冊指定之商品或服務，取得商標權。

除本法第三十六條另有規定外，下列情形，應經商標權人之同意：

一、於同一商品或服務，使用相同於註冊商標之商標者。

二、於類似之商品或服務，使用相同於註冊商標之商標，有致相關消費者混淆誤認之虞者。

三、於同一或類似之商品或服務，使用近似於註冊商標之商標，有致相關消費者混淆誤認之虞者。

商標經註冊者，得標明註冊商標或國際通用註冊符號。

第 36 條

下列情形，不受他人商標權之效力所拘束：

一、以符合商業交易習慣之誠實信用方法，表示自己之姓名、名稱，或其商品或服務之名稱、形狀、品質、性質、特性、用途、產地或其他有關商品或服務本身

之說明，非作為商標使用者。

二、為發揮商品或服務功能所必要者。

三、在他人商標註冊申請日前，善意使用相同或近似之商標於同一或類似之商品或服務者。但以原使用之商品或服務為限；商標權人並得要求其附加適當之區別標示。

附有註冊商標之商品，由商標權人或經其同意之人於國內外市場上交易流通，商標權人不得就該商品主張商標權。但為防止商品流通於市場後，發生變質、受損，或有其他正當事由者，不在此限。

第 37 條

商標權人得就註冊商標指定使用之商品或服務，向商標專責機關申請分割商標權。

第 38 條

商標圖樣及其指定使用之商品或服務，註冊後即不得變更。但指定使用商品或服務之減縮，不在此限。

商標註冊事項之變更或更正，準用第二十四條及第二十五條規定。

註冊商標涉有異議、評定或廢止案件時，申請分割商標權或減縮指定使用商品或服務者，應於處分前為之。

第 39 條

商標權人得就其註冊商標指定使用商品或服務之全部或一部指定地區為專屬或非專屬授權。

前項授權，非經商標專責機關登記者，不得對抗第三人。

授權登記後，商標權移轉者，其授權契約對受讓人仍繼續存在。

非專屬授權登記後，商標權人再為專屬授權登記者，在先之非專屬授權登記不受影響。

專屬被授權人在被授權範圍內，排除商標權人及第三人使用註冊商標。

商標權受侵害時，於專屬授權範圍內，專屬被授權人得以自己名義行使權利。但契約另有約定者，從其約定。

第 40 條

專屬被授權人得於被授權範圍內，再授權他人使用。但契約另有約定者，從其約定。

非專屬被授權人非經商標權人或專屬被授權人同意，不得再授權他人使用。

再授權，非經商標專責機關登記者，不得對抗第三人。

第 41 條

商標授權期間屆滿前有下列情形之一，當事人或利害關係人得檢附相關證據，申請廢止商標授權登記：

一、商標權人及被授權人雙方同意終止者。其經再授權者，亦同。

二、授權契約明定，商標權人或被授權人得任意終止授權關係，經當事人聲明終止者。

三、商標權人以被授權人違反授權契約約定，通知被授權人解除或終止授權契約，而被授權人無異議者。

四、其他相關事證足以證明授權關係已不存在者。

第 42 條

商標權之移轉，非經商標專責機關登記者，不得對抗第三人。

第 43 條

移轉商標權之結果，有二以上之商標權人使用相同商標於類似之商品或服務，或使用近似商標於同一或類似之商品或服務，而有致相關消費者混淆誤認之虞者，各商標權人使用時應附加適當區別標示。

第 44 條

商標權人設定質權及質權之變更、消滅，非經商標專責機關登記者，不得對抗第三人。

商標權人為擔保數債權就商標權設定數質權者，其次序依登記之先後定之。

質權人非經商標權人授權，不得使用該商標。

第 45 條

商標權人得拋棄商標權。但有授權登記或質權登記者，應經被授權人或質權人同意。

前項拋棄，應以書面向商標專責機關為之。

第 46 條

共有商標權之授權、再授權、移轉、拋棄、設定質權或應有部分之移轉或設定質權，應經全體共有人之同意。但因繼承、強制執行、法院判決或依其他法律規定移轉者，

不在此限。

共有商標權人應有部分之拋棄，準用第二十八條第二項但書及第三項規定。

共有商標權人死亡而無繼承人或消滅後無承受人者，其應有部分之分配，準用第二十八條第四項規定。

共有商標權指定使用商品或服務之減縮或分割，準用第二十八條第五項規定。

第 47 條

有下列情形之一，商標權當然消滅：

一、未依第三十四條規定延展註冊者，商標權自該商標權期間屆滿後消滅。

二、商標權人死亡而無繼承人者，商標權自商標權人死亡後消滅。

三、依第四十五條規定拋棄商標權者，自其書面表示到達商標專責機關之日消滅。

第四節　異　議

第 48 條

商標之註冊違反第二十九條第一項、第三十條第一項或第六十五條第三項規定之情形者，任何人得自商標註冊公告日後三個月內，向商標專責機關提出異議。

前項異議，得就註冊商標指定使用之部分商品或服務為之。

異議應就每一註冊商標各別申請之。

第 49 條

提出異議者，應以異議書載明事實及理由，並附副本。異議書如有提出附屬文件者，副本中應提出。

商標專責機關應將異議書送達商標權人限期答辯；商標權人提出答辯書者，商標專責機關應將答辯書送達異議人限期陳述意見。

依前項規定提出之答辯書或陳述意見書有遲滯程序之虞，或其事證已臻明確者，商標專責機關得不通知相對人答辯或陳述意見，逕行審理。

第 50 條

異議商標之註冊有無違法事由，除第一百零六條第一項及第三項規定外，依其註冊公告時之規定。

第 51 條

商標異議案件，應由未曾審查原案之審查人員審查之。

第 52 條

異議程序進行中，被異議之商標權移轉者，異議程序不受影響。

前項商標權受讓人得聲明承受被異議人之地位，續行異議程序。

第 53 條

異議人得於異議審定前，撤回其異議。

異議人撤回異議者，不得就同一事實，以同一證據及同一理由，再提異議或評定。

第 54 條

異議案件經異議成立者，應撤銷其註冊。

第 55 條

前條撤銷之事由，存在於註冊商標所指定使用之部分商品或服務者，得僅就該部分商品或服務撤銷其註冊。

第 56 條

經過異議確定後之註冊商標，任何人不得就同一事實，以同一證據及同一理由，申請評定。

第五節　評　定

第 57 條

商標之註冊違反第二十九條第一項、第三十條第一項或第六十五條第三項規定之情形者，利害關係人或審查人員得申請或提請商標專責機關評定其註冊。

以商標之註冊違反第三十條第一項第十款規定，向商標專責機關申請評定，其據以評定商標之註冊已滿三年者，應檢附於申請評定前三年有使用於據以主張商品或服務之證據，或其未使用有正當事由之事證。

依前項規定提出之使用證據，應足以證明商標之真實使用，並符合一般商業交易習慣。

第 58 條

商標之註冊違反第二十九條第一項第一款、第三款、第三十條第一項第九款至第十五款或第六十五條第三項規定之情形，自註冊公告日後滿五年者，不得申請或提請評定。

商標之註冊違反第三十條第一項第九款、第十一款規定之情形，係屬惡意者，不受

前項期間之限制。

第 59 條

商標評定案件，由商標專責機關首長指定審查人員三人以上為評定委員評定之。

第 60 條

評定案件經評定成立者，應撤銷其註冊。但不得註冊之情形已不存在者，經斟酌公益及當事人利益之衡平，得為不成立之評定。

第 61 條

評定案件經處分後，任何人不得就同一事實，以同一證據及同一理由，申請評定。

第 62 條

第四十八條第二項、第三項、第四十九條至第五十三條及第五十五條規定，於商標之評定，準用之。

第六節　廢　止

第 63 條

商標註冊後有下列情形之一，商標專責機關應依職權或據申請廢止其註冊：

一、自行變換商標或加附記，致與他人使用於同一或類似之商品或服務之註冊商標構成相同或近似，而有使相關消費者混淆誤認之虞者。

二、無正當事由迄未使用或繼續停止使用已滿三年者。但被授權人有使用者，不在此限。

三、未依第四十三條規定附加適當區別標示者。但於商標專責機關處分前已附加區別標示並無產生混淆誤認之虞者，不在此限。

四、商標已成為所指定商品或服務之通用標章、名稱或形狀者。

五、商標實際使用時有致公眾誤認誤信其商品或服務之性質、品質或產地之虞者。

被授權人為前項第一款之行為，商標權人明知或可得而知而不為反對之表示者，亦同。

有第一項第二款規定之情形，於申請廢止時該註冊商標已為使用者，除因知悉他人將申請廢止，而於申請廢止前三個月內開始使用者外，不予廢止其註冊。

廢止之事由僅存在於註冊商標所指定使用之部分商品或服務者，得就該部分之商品或服務廢止其註冊。

第 64 條

商標權人實際使用之商標與註冊商標不同，而依社會一般通念並不失其同一性者，應認為有使用其註冊商標。

第 65 條

商標專責機關應將廢止申請之情事通知商標權人，並限期答辯；商標權人提出答辯書者，商標專責機關應將答辯書送達申請人限期陳述意見。但申請人之申請無具體事證或其主張顯無理由者，得逕為駁回。

第六十三條第一項第二款規定情形，其答辯通知經送達者，商標權人應證明其有使用之事實；屆期未答辯者，得逕行廢止其註冊。

註冊商標有第六十三條第一項第一款規定情形，經廢止其註冊者，原商標權人於廢止日後三年內，不得註冊、受讓或被授權使用與原註冊圖樣相同或近似之商標於同一或類似之商品或服務；其於商標專責機關處分前，聲明拋棄商標權者，亦同。

第 66 條

商標註冊後有無廢止之事由，適用申請廢止時之規定。

第 67 條

第四十八條第二項、第三項、第四十九條第一項、第三項、第五十二條及第五十三條規定，於廢止案之審查，準用之。

以註冊商標有第六十三條第一項第一款規定申請廢止者，準用第五十七條第二項及第三項規定。

商標權人依第六十五條第二項提出使用證據者，準用第五十七條第三項規定。

第七節　權利侵害之救濟

第 68 條

未經商標權人同意，為行銷目的而有下列情形之一，為侵害商標權：

一、於同一商品或服務，使用相同於註冊商標之商標者。

二、於類似之商品或服務，使用相同於註冊商標之商標，有致相關消費者混淆誤認之虞者。

三、於同一或類似之商品或服務，使用近似於註冊商標之商標，有致相關消費者混淆誤認之虞者。

第 69 條

商標權人對於侵害其商標權者,得請求除去之;有侵害之虞者,得請求防止之。

商標權人依前項規定為請求時,得請求銷毀侵害商標權之物品及從事侵害行為之原料或器具。但法院審酌侵害之程度及第三人利益後,得為其他必要之處置。

商標權人對於因故意或過失侵害其商標權者,得請求損害賠償。

前項之損害賠償請求權,自請求權人知有損害及賠償義務人時起,二年間不行使而消滅;自有侵權行為時起,逾十年者亦同。

第 70 條

未得商標權人同意,有下列情形之一,視為侵害商標權:

一、明知為他人著名之註冊商標,而使用相同或近似之商標,有致減損該商標之識別性或信譽之虞者。

二、明知為他人著名之註冊商標,而以該著名商標中之文字作為自己公司、商號、團體、網域或其他表彰營業主體之名稱,有致相關消費者混淆誤認之虞或減損該商標之識別性或信譽之虞者。

三、明知有第六十八條侵害商標權之虞,而製造、持有、陳列、販賣、輸出或輸入尚未與商品或服務結合之標籤、吊牌、包裝容器或與服務有關之物品。

第 71 條

商標權人請求損害賠償時,得就下列各款擇一計算其損害:

一、依民法第二百十六條規定。但不能提供證據方法以證明其損害時,商標權人得就其使用註冊商標通常所可獲得之利益,減除受侵害後使用同一商標所得之利益,以其差額為所受損害。

二、依侵害商標權行為所得之利益;於侵害商標權者不能就其成本或必要費用舉證時,以銷售該項商品全部收入為所得利益。

三、就查獲侵害商標權商品之零售單價一千五百倍以下之金額。但所查獲商品超過一千五百件時,以其總價定賠償金額。

四、以相當於商標權人授權他人使用所得收取之權利金數額為其損害。

前項賠償金額顯不相當者,法院得予酌減之。

第72條

商標權人對輸入或輸出之物品有侵害其商標權之虞者,得申請海關先予查扣。

前項申請,應以書面為之,並釋明侵害之事實,及提供相當於海關核估該進口物品完稅價格或出口物品離岸價格之保證金或相當之擔保。

海關受理查扣之申請,應即通知申請人;如認符合前項規定而實施查扣時,應以書面通知申請人及被查扣人。

被查扣人得提供第二項保證金二倍之保證金或相當之擔保,請求海關廢止查扣,並依有關進出口物品通關規定辦理。

查扣物經申請人取得法院確定判決,屬侵害商標權者,被查扣人應負擔查扣物之貨櫃延滯費、倉租、裝卸費等有關費用。

第73條

有下列情形之一,海關應廢止查扣:

一、申請人於海關通知受理查扣之翌日起十二日內,未依第六十九條規定就查扣物為侵害物提起訴訟,並通知海關者。

二、申請人就查扣物為侵害物所提訴訟經法院裁定駁回確定者。

三、查扣物經法院確定判決,不屬侵害商標權之物者。

四、申請人申請廢止查扣者。

五、符合前條第四項規定者。

前項第一款規定之期限,海關得視需要延長十二日。

海關依第一項規定廢止查扣者,應依有關進出口物品通關規定辦理。

查扣因第一項第一款至第四款之事由廢止者,申請人應負擔查扣物之貨櫃延滯費、倉租、裝卸費等有關費用。

第74條

查扣物經法院確定判決不屬侵害商標權之物者,申請人應賠償被查扣人因查扣或提供第七十二條第四項規定保證金所受之損害。

申請人就第七十二條第四項規定之保證金,被查扣人就第七十二條第二項規定之保證金,與質權人有同一之權利。但前條第四項及第七十二條第五項規定之貨櫃延滯費、倉租、裝卸費等有關費用,優先於申請人或被查扣人之損害受償。

有下列情形之一，海關應依申請人之申請，返還第七十二條第二項規定之保證金：

一、申請人取得勝訴之確定判決，或與被查扣人達成和解，已無繼續提供保證金之
　　必要者。

二、因前條第一項第一款至第四款規定之事由廢止查扣，致被查扣人受有損害後，
　　或被查扣人取得勝訴之確定判決後，申請人證明已定二十日以上之期間，催告
　　被查扣人行使權利而未行使者。

三、被查扣人同意返還者。

有下列情形之一，海關應依被查扣人之申請返還第七十二條第四項規定之保證金：

一、因前條第一項第一款至第四款規定之事由廢止查扣，或被查扣人與申請人達成
　　和解，已無繼續提供保證金之必要者。

二、申請人取得勝訴之確定判決後，被查扣人證明已定二十日以上之期間，催告申
　　請人行使權利而未行使者。

三、申請人同意返還者。

第 75 條

海關於執行職務時，發現輸入或輸出之物品顯有侵害商標權之虞者，應通知商標權
人及進出口人。

海關為前項之通知時，應限期商標權人至海關進行認定，並提出侵權事證，同時限
期進出口人提供無侵權情事之證明文件。但商標權人或進出口人有正當理由，無法
於指定期間內提出者，得以書面釋明理由向海關申請延長，並以一次為限。

商標權人已提出侵權事證，且進出口人未依前項規定提出無侵權情事之證明文件者，
海關得採行暫不放行措施。

商標權人提出侵權事證，經進出口人依第二項規定提出無侵權情事之證明文件者，
海關應通知商標權人於通知之時起三個工作日內，依第七十二條第一項規定申請查
扣。

商標權人未於前項規定期限內，依第七十二條第一項規定申請查扣者，海關得於取
具代表性樣品後，將物品放行。

第 76 條

海關在不損及查扣物機密資料保護之情形下，得依第七十二條所定申請人或被查扣

人或前條所定商標權人或進出口人之申請，同意其檢視查扣物。

海關依第七十二條第三項規定實施查扣或依前條第三項規定採行暫不放行措施後，商標權人得向海關申請提供相關資料；經海關同意後，提供進出口人、收發貨人之姓名或名稱、地址及疑似侵權物品之數量。

商標權人依前項規定取得之資訊，僅限於作為侵害商標權案件之調查及提起訴訟之目的而使用，不得任意洩漏予第三人。

第 77 條

商標權人依第七十五條第二項規定進行侵權認定時，得繳交相當於海關核估進口貨樣完稅價格及相關稅費或海關核估出口貨樣離岸價格及相關稅費百分之一百二十之保證金，向海關申請調借貨樣進行認定。但以有調借貨樣進行認定之必要，且經商標權人書面切結不侵害進出口人利益及不使用於不正當用途者為限。

前項保證金，不得低於新臺幣三千元。

商標權人未於第七十五條第二項所定提出侵權認定事證之期限內返還所調借之貨樣，或返還之貨樣與原貨樣不符或發生缺損等情形者，海關應留置其保證金，以賠償進出口人之損害。

貨樣之進出口人就前項規定留置之保證金，與質權人有同一之權利。

第 78 條

第七十二條至第七十四條規定之申請查扣、廢止查扣、保證金或擔保之繳納、提供、返還之程序、應備文件及其他應遵行事項之辦法，由主管機關會同財政部定之。

第七十五條至第七十七條規定之海關執行商標權保護措施、權利人申請檢視查扣物、申請提供侵權貨物之相關資訊及申請調借貨樣，其程序、應備文件及其他相關事項之辦法，由財政部定之。

第 79 條

法院為處理商標訴訟案件，得設立專業法庭或指定專人辦理。

第三章　證明標章、團體標章及團體商標

第 80 條

證明標章，指證明標章權人用以證明他人商品或服務之特定品質、精密度、原料、

製造方法、產地或其他事項，並藉以與未經證明之商品或服務相區別之標識。

前項用以證明產地者，該地理區域之商品或服務應具有特定品質、聲譽或其他特性，證明標章之申請人得以含有該地理名稱或足以指示該地理區域之標識申請註冊為產地證明標章。

主管機關應會同中央目的事業主管機關輔導與補助艱困產業、瀕臨艱困產業及傳統產業，提升生產力及產品品質，並建立各該產業別標示其產品原產地為臺灣製造之證明標章。

前項產業之認定與輔導、補助之對象、標準、期間及應遵行事項等，由主管機關會商各該中央目的事業主管機關後定之，必要時得免除證明標章之相關規費。

第 81 條

證明標章之申請人，以具有證明他人商品或服務能力之法人、團體或政府機關為限。

前項之申請人係從事於欲證明之商品或服務之業務者，不得申請註冊。

第 82 條

申請註冊證明標章者，應檢附具有證明他人商品或服務能力之文件、證明標章使用規範書及不從事所證明商品之製造、行銷或服務提供之聲明。

申請註冊產地證明標章之申請人代表性有疑義者，商標專責機關得向商品或服務之中央目的事業主管機關諮詢意見。

外國法人、團體或政府機關申請產地證明標章，應檢附以其名義在其原產國受保護之證明文件。

第一項證明標章使用規範書應載明下列事項：

一、證明標章證明之內容。

二、使用證明標章之條件。

三、管理及監督證明標章使用之方式。

四、申請使用該證明標章之程序事項及其爭議解決方式。

商標專責機關於註冊公告時，應一併公告證明標章使用規範書；註冊後修改者，應經商標專責機關核准，並公告之。

第 83 條

證明標章之使用，指經證明標章權人同意之人，依證明標章使用規範書所定之條件，

使用該證明標章。

第 84 條

產地證明標章之產地名稱不適用第二十九條第一項第一款及第三項規定。

產地證明標章權人不得禁止他人以符合商業交易習慣之誠實信用方法，表示其商品或服務之產地。

第 85 條

團體標章，指具有法人資格之公會、協會或其他團體，為表彰其會員之會籍，並藉以與非該團體會員相區別之標識。

第 86 條

團體標章註冊之申請，應以申請書載明相關事項，並檢具團體標章使用規範書，向商標專責機關申請之。

前項團體標章使用規範書應載明下列事項：

一、會員之資格。

二、使用團體標章之條件。

三、管理及監督團體標章使用之方式。

四、違反規範之處理規定。

第 87 條

團體標章之使用，指團體會員為表彰其會員身分，依團體標章使用規範書所定之條件，使用該團體標章。

第 88 條

團體商標，指具有法人資格之公會、協會或其他團體，為指示其會員所提供之商品或服務，並藉以與非該團體會員所提供之商品或服務相區別之標識。

前項用以指示會員所提供之商品或服務來自一定產地者，該地理區域之商品或服務應具有特定品質、聲譽或其他特性，團體商標之申請人得以含有該地理名稱或足以指示該地理區域之標識申請註冊為產地團體商標。

第 89 條

團體商標註冊之申請，應以申請書載明商品或服務，並檢具團體商標使用規範書，向商標專責機關申請之。

前項團體商標使用規範書應載明下列事項：

一、會員之資格。

二、使用團體商標之條件。

三、管理及監督團體商標使用之方式。

四、違反規範之處理規定。

產地團體商標使用規範書除前項應載明事項外，並應載明地理區域界定範圍內之人，其商品或服務及資格符合使用規範書時，產地團體商標權人應同意其成為會員。

商標專責機關於註冊公告時，應一併公告團體商標使用規範書；註冊後修改者，應經商標專責機關核准，並公告之。

第 90 條

團體商標之使用，指團體或其會員依團體商標使用規範書所定之條件，使用該團體商標。

第 91 條

第八十二條第二項、第三項及第八十四條規定，於產地團體商標，準用之。

第 92 條

證明標章權、團體標章權或團體商標權不得移轉、授權他人使用，或作為質權標的物。但其移轉或授權他人使用，無損害消費者利益及違反公平競爭之虞，經商標專責機關核准者，不在此限。

第 93 條

證明標章權人、團體標章權人或團體商標權人有下列情形之一者，商標專責機關得依任何人之申請或依職權廢止證明標章、團體標章或團體商標之註冊：

一、證明標章作為商標使用。

二、證明標章權人從事其所證明商品或服務之業務。

三、證明標章權人喪失證明該註冊商品或服務之能力。

四、證明標章權人對於申請證明之人，予以差別待遇。

五、違反前條規定而為移轉、授權或設定質權。

六、未依使用規範書為使用之管理及監督。

七、其他不當方法之使用，致生損害於他人或公眾之虞。

被授權人為前項之行為，證明標章權人、團體標章權人或團體商標權人明知或可得而知而不為反對之表示者，亦同。

第 94 條

證明標章、團體標章或團體商標除本章另有規定外，依其性質準用本法有關商標之規定。

第四章 罰 則

第 95 條

未得商標權人或團體商標權人同意，為行銷目的而有下列情形之一，處三年以下有期徒刑、拘役或科或併科新臺幣二十萬元以下罰金：

一、於同一商品或服務，使用相同於註冊商標或團體商標之商標者。

二、於類似之商品或服務，使用相同於註冊商標或團體商標之商標，有致相關消費者混淆誤認之虞者。

三、於同一或類似之商品或服務，使用近似於註冊商標或團體商標之商標，有致相關消費者混淆誤認之虞者。

第 96 條

未得證明標章權人同意，為行銷目的而於同一或類似之商品或服務，使用相同或近似於註冊證明標章之標章，有致相關消費者誤認誤信之虞者，處三年以下有期徒刑、拘役或科或併科新臺幣二十萬元以下罰金。

明知有前項侵害證明標章權之虞，販賣或意圖販賣而製造、持有、陳列附有相同或近似於他人註冊證明標章標識之標籤、包裝容器或其他物品者，亦同。

第 97 條

明知他人所為之前二條商品而販賣，或意圖販賣而持有、陳列、輸出或輸入者，處一年以下有期徒刑、拘役或科或併科新臺幣五萬元以下罰金；透過電子媒體或網路方式為之者，亦同。

第 98 條

侵害商標權、證明標章權或團體商標權之物品或文書，不問屬於犯罪行為人與否，沒收之。

第 99 條

未經認許之外國法人或團體，就本法規定事項得為告訴、自訴或提起民事訴訟。我國非法人團體經取得證明標章權者，亦同。

第五章　附　則

第 100 條

本法中華民國九十二年四月二十九日修正之條文施行前，已註冊之服務標章，自本法修正施行當日起，視為商標。

第 101 條

本法中華民國九十二年四月二十九日修正之條文施行前，已註冊之聯合商標、聯合服務標章、聯合團體標章或聯合證明標章，自本法修正施行之日起，視為獨立之註冊商標或標章；其存續期間，以原核准者為準。

第 102 條

本法中華民國九十二年四月二十九日修正之條文施行前，已註冊之防護商標、防護服務標章、防護團體標章或防護證明標章，依其註冊時之規定；於其專用期間屆滿前，應申請變更為獨立之註冊商標或標章；屆期未申請變更者，商標權消滅。

第 103 條

依前條申請變更為獨立之註冊商標或標章者，關於第六十三條第一項第二款規定之三年期間，自變更當日起算。

第 104 條

依本法申請註冊、延展註冊、異動登記、異議、評定、廢止及其他各項程序，應繳納申請費、註冊費、延展註冊費、登記費、異議費、評定費、廢止費等各項相關規費。

前項收費標準，由主管機關定之。

第 105 條

本法中華民國一百年五月三十一日修正之條文施行前，註冊費已分二期繳納者，第二期之註冊費依修正前之規定辦理。

第 106 條

本法中華民國一百年五月三十一日修正之條文施行前，已受理而尚未處分之異議或評定案件，以註冊時及本法修正施行後之規定均為違法事由為限，始撤銷其註冊；其程序依修正施行後之規定辦理。但修正施行前已依法進行之程序，其效力不受影響。

本法一百年五月三十一日修正之條文施行前，已受理而尚未處分之評定案件，不適用第五十七條第二項及第三項之規定。

對本法一百年五月三十一日修正之條文施行前註冊之商標、證明標章及團體標章，於本法修正施行後提出異議、申請或提請評定者，以其註冊時及本法修正施行後之規定均為違法事由為限。

第 107 條

本法中華民國一百年五月三十一日修正之條文施行前，尚未處分之商標廢止案件，適用本法修正施行後之規定辦理。但修正施行前已依法進行之程序，其效力不受影響。

本法一百年五月三十一日修正之條文施行前，已受理而尚未處分之廢止案件，不適用第六十七條第二項準用第五十七條第二項之規定。

第 108 條

本法中華民國一百年五月三十一日修正之條文施行前，以動態、全像圖或其聯合式申請註冊者，以修正之條文施行日為其申請日。

第 109 條

以動態、全像圖或其聯合式申請註冊，並主張優先權者，其在與中華民國有相互承認優先權之國家或世界貿易組織會員之申請日早於本法中華民國一百年五月三十一日修正之條文施行前者，以一百年五月三十一日修正之條文施行日為其優先權日。

於中華民國政府主辦或承認之國際展覽會上，展出申請註冊商標之商品或服務而主張展覽會優先權，其展出日早於一百年五月三十一日修正之條文施行前者，以一百年五月三十一日修正之條文施行日為其優先權日。

第 110 條

本法施行細則，由主管機關定之。

第 111 條

本法之施行日期，由行政院定之。

【專利法】

（民國 108 年 05 月 01 日修正）

第一章　總　則

第 1 條
為鼓勵、保護、利用發明、新型及設計之創作，以促進產業發展，特制定本法。

第 2 條
本法所稱專利，分為下列三種：

一、發明專利。

二、新型專利。

三、設計專利。

第 3 條
本法主管機關為經濟部。

專利業務，由經濟部指定專責機關辦理。

第 4 條
外國人所屬之國家與中華民國如未共同參加保護專利之國際條約或無相互保護專利之條約、協定或由團體、機構互訂經主管機關核准保護專利之協議，或對中華民國國民申請專利，不予受理者，其專利申請，得不予受理。

第 5 條
專利申請權，指得依本法申請專利之權利。

專利申請權人，除本法另有規定或契約另有約定外，指發明人、新型創作人、設計人或其受讓人或繼承人。

第 6 條
專利申請權及專利權，均得讓與或繼承。

專利申請權，不得為質權之標的。

以專利權為標的設定質權者，除契約另有約定外，質權人不得實施該專利權。

第 7 條

受雇人於職務上所完成之發明、新型或設計，其專利申請權及專利權屬於雇用人，雇用人應支付受雇人適當之報酬。但契約另有約定者，從其約定。

前項所稱職務上之發明、新型或設計，指受雇人於僱傭關係中之工作所完成之發明、新型或設計。

一方出資聘請他人從事研究開發者，其專利申請權及專利權之歸屬依雙方契約約定；契約未約定者，屬於發明人、新型創作人或設計人。但出資人得實施其發明、新型或設計。

依第一項、前項之規定，專利申請權及專利權歸屬於雇用人或出資人者，發明人、新型創作人或設計人享有姓名表示權。

第 8 條

受雇人於非職務上所完成之發明、新型或設計，其專利申請權及專利權屬於受雇人。但其發明、新型或設計係利用雇用人資源或經驗者，雇用人得於支付合理報酬後，於該事業實施其發明、新型或設計。

受雇人完成非職務上之發明、新型或設計，應即以書面通知雇用人，如有必要並應告知創作之過程。

雇用人於前項書面通知到達後六個月內，未向受雇人為反對之表示者，不得主張該發明、新型或設計為職務上發明、新型或設計。

第 9 條

前條雇用人與受雇人間所訂契約，使受雇人不得享受其發明、新型或設計之權益者，無效。

第 10 條

雇用人或受雇人對第七條及第八條所定權利之歸屬有爭執而達成協議者，得附具證明文件，向專利專責機關申請變更權利人名義。專利專責機關認有必要時，得通知當事人附具依其他法令取得之調解、仲裁或判決文件。

第 11 條

申請人申請專利及辦理有關專利事項，得委任代理人辦理之。

在中華民國境內，無住所或營業所者，申請專利及辦理專利有關事項，應委任代理

人辦理之。

代理人，除法令另有規定外，以專利師為限。

專利師之資格及管理，另以法律定之。

第 12 條

專利申請權為共有者，應由全體共有人提出申請。

二人以上共同為專利申請以外之專利相關程序時，除撤回或拋棄申請案、申請分割、改請或本法另有規定者，應共同連署外，其餘程序各人皆可單獨為之。但約定有代表者，從其約定。

前二項應共同連署之情形，應指定其中一人為應受送達人。未指定應受送達人者，專利專責機關應以第一順序申請人為應受送達人，並應將送達事項通知其他人。

第 13 條

專利申請權為共有時，非經共有人全體之同意，不得讓與或拋棄。

專利申請權共有人非經其他共有人之同意，不得以其應有部分讓與他人。

專利申請權共有人拋棄其應有部分時，該部分歸屬其他共有人。

第 14 條

繼受專利申請權者，如在申請時非以繼受人名義申請專利，或未在申請後向專利專責機關申請變更名義者，不得以之對抗第三人。

為前項之變更申請者，不論受讓或繼承，均應附具證明文件。

第 15 條

專利專責機關職員及專利審查人員於任職期內，除繼承外，不得申請專利及直接、間接受有關專利之任何權益。

專利專責機關職員及專利審查人員對職務上知悉或持有關於專利之發明、新型或設計，或申請人事業上之秘密，有保密之義務，如有違反者，應負相關法律責任。

專利審查人員之資格，以法律定之。

第 16 條

專利審查人員有下列情事之一，應自行迴避：

一、本人或其配偶，為該專利案申請人、專利權人、舉發人、代理人、代理人之合夥人或與代理人有僱傭關係者。

二、現為該專利案申請人、專利權人、舉發人或代理人之四親等內血親，或三親等內姻親。

三、本人或其配偶，就該專利案與申請人、專利權人、舉發人有共同權利人、共同義務人或償還義務人之關係者。

四、現為或曾為該專利案申請人、專利權人、舉發人之法定代理人或家長家屬者。

五、現為或曾為該專利案申請人、專利權人、舉發人之訴訟代理人或輔佐人者。

六、現為或曾為該專利案之證人、鑑定人、異議人或舉發人者。

專利審查人員有應迴避而不迴避之情事者，專利專責機關得依職權或依申請撤銷其所為之處分後，另為適當之處分。

第 17 條

申請人為有關專利之申請及其他程序，遲誤法定或指定之期間者，除本法另有規定外，應不受理。但遲誤指定期間在處分前補正者，仍應受理。

申請人因天災或不可歸責於己之事由，遲誤法定期間者，於其原因消滅後三十日內，得以書面敘明理由，向專利專責機關申請回復原狀。但遲誤法定期間已逾一年者，不得申請回復原狀。

申請回復原狀，應同時補行期間內應為之行為。

前二項規定，於遲誤第二十九條第四項、第五十二條第四項、第七十條第二項、第一百二十條準用第二十九條第四項、第一百二十條準用第五十二條第四項、第一百二十條準用第七十條第二項、第一百四十二條第一項準用第二十九條第四項、第一百四十二條第一項準用第五十二條第四項、第一百四十二條第一項準用第七十條第二項規定之期間者，不適用之。

第 18 條

審定書或其他文件無從送達者，應於專利公報公告之，並於刊登公報後滿三十日，視為已送達。

第 19 條

有關專利之申請及其他程序，得以電子方式為之；其實施辦法，由主管機關定之。

第 20 條

本法有關期間之計算，其始日不計算在內。

第五十二條第三項、第一百十四條及第一百三十五條規定之專利權期限，自申請日當日起算。

第二章　發明專利

第一節　專利要件

第 21 條

發明，指利用自然法則之技術思想之創作。

第 22 條

可供產業上利用之發明，無下列情事之一，得依本法申請取得發明專利：

一、申請前已見於刊物者。

二、申請前已公開實施者。

三、申請前已為公眾所知悉者。

發明雖無前項各款所列情事，但為其所屬技術領域中具有通常知識者依申請前之先前技術所能輕易完成時，仍不得取得發明專利。

申請人出於本意或非出於本意所致公開之事實發生後十二個月內申請者，該事實非屬第一項各款或前項不得取得發明專利之情事。

因申請專利而在我國或外國依法於公報上所為之公開係出於申請人本意者，不適用前項規定。

第 23 條

申請專利之發明，與申請在先而在其申請後始公開或公告之發明或新型專利申請案所附說明書、申請專利範圍或圖式載明之內容相同者，不得取得發明專利。但其申請人與申請在先之發明或新型專利申請案之申請人相同者，不在此限。

第 24 條

下列各款，不予發明專利：

一、動、植物及生產動、植物之主要生物學方法。但微生物學之生產方法，不在此限。

二、人類或動物之診斷、治療或外科手術方法。

三、妨害公共秩序或善良風俗者。

第二節 申　請

第 25 條

申請發明專利，由專利申請權人備具申請書、說明書、申請專利範圍、摘要及必要之圖式，向專利專責機關申請之。

申請發明專利，以申請書、說明書、申請專利範圍及必要之圖式齊備之日為申請日。

說明書、申請專利範圍及必要之圖式未於申請時提出中文本，而以外文本提出，且於專利專責機關指定期間內補正中文本者，以外文本提出之日為申請日。

未於前項指定期間內補正中文本者，其申請案不予受理。但在處分前補正者，以補正之日為申請日，外文本視為未提出。

第 26 條

說明書應明確且充分揭露，使該發明所屬技術領域中具有通常知識者，能瞭解其內容，並可據以實現。

申請專利範圍應界定申請專利之發明；其得包括一項以上之請求項，各請求項應以明確、簡潔之方式記載，且必須為說明書所支持。

摘要應敘明所揭露發明內容之概要；其不得用於決定揭露是否充分，及申請專利之發明是否符合專利要件。

說明書、申請專利範圍、摘要及圖式之揭露方式，於本法施行細則定之。

第 27 條

申請生物材料或利用生物材料之發明專利，申請人最遲應於申請日將該生物材料寄存於專利專責機關指定之國內寄存機構。但該生物材料為所屬技術領域中具有通常知識者易於獲得時，不須寄存。

申請人應於申請日後四個月內檢送寄存證明文件，並載明寄存機構、寄存日期及寄存號碼；屆期未檢送者，視為未寄存。

前項期間，如依第二十八條規定主張優先權者，為最早之優先權日後十六個月內。

申請前如已於專利專責機關認可之國外寄存機構寄存，並於第二項或前項規定之期間內，檢送寄存於專利專責機關指定之國內寄存機構之證明文件及國外寄存機構出具之證明文件者，不受第一項最遲應於申請日在國內寄存之限制。

申請人在與中華民國有相互承認寄存效力之外國所指定其國內之寄存機構寄存，並

於第二項或第三項規定之期間內，檢送該寄存機構出具之證明文件者，不受應在國內寄存之限制。

第一項生物材料寄存之受理要件、種類、型式、數量、收費費率及其他寄存執行之辦法，由主管機關定之。

第 28 條

申請人就相同發明在與中華民國相互承認優先權之國家或世界貿易組織會員第一次依法申請專利，並於第一次申請專利之日後十二個月內，向中華民國申請專利者，得主張優先權。

申請人於一申請案中主張二項以上優先權時，前項期間之計算以最早之優先權日為準。

外國申請人為非世界貿易組織會員之國民且其所屬國家與中華民國無相互承認優先權者，如於世界貿易組織會員或互惠國領域內，設有住所或營業所，亦得依第一項規定主張優先權。

主張優先權者，其專利要件之審查，以優先權日為準。

第 29 條

依前條規定主張優先權者，應於申請專利同時聲明下列事項：

一、第一次申請之申請日。

二、受理該申請之國家或世界貿易組織會員。

三、第一次申請之申請案號數。

申請人應於最早之優先權日後十六個月內，檢送經前項國家或世界貿易組織會員證明受理之申請文件。

違反第一項第一款、第二款或前項之規定者，視為未主張優先權。

申請人非因故意，未於申請專利同時主張優先權，或違反第一項第一款、第二款規定視為未主張者，得於最早之優先權日後十六個月內，申請回復優先權主張，並繳納申請費與補行第一項規定之行為。

第 30 條

申請人基於其在中華民國先申請之發明或新型專利案再提出專利之申請者，得就先申請案申請時說明書、申請專利範圍或圖式所載之發明或新型，主張優先權。但有

下列情事之一，不得主張之：

一、自先申請案申請日後已逾十二個月者。

二、先申請案中所記載之發明或新型已經依第二十八條或本條規定主張優先權者。

三、先申請案係第三十四條第一項或第一百零七條第一項規定之分割案，或第一百零八條第一項規定之改請案。

四、先申請案為發明，已經公告或不予專利審定確定者。

五、先申請案為新型，已經公告或不予專利處分確定者。

六、先申請案已經撤回或不受理者。

前項先申請案自其申請日後滿十五個月，視為撤回。

先申請案申請日後逾十五個月者，不得撤回優先權主張。

依第一項主張優先權之後申請案，於先申請案申請日後十五個月內撤回者，視為同時撤回優先權之主張。

申請人於一申請案中主張二項以上優先權時，其優先權期間之計算以最早之優先權日為準。

主張優先權者，其專利要件之審查，以優先權日為準。

依第一項主張優先權者，應於申請專利同時聲明先申請案之申請日及申請案號數；未聲明者，視為未主張優先權。

第 31 條

相同發明有二以上之專利申請案時，僅得就其最先申請者准予發明專利。但後申請者所主張之優先權日早於先申請者之申請日者，不在此限。

前項申請日、優先權日為同日者，應通知申請人協議定之；協議不成時，均不予發明專利。其申請人為同一人時，應通知申請人限期擇一申請；屆期未擇一申請者，均不予發明專利。

各申請人為協議時，專利專責機關應指定相當期間通知申請人申報協議結果；屆期未申報者，視為協議不成。

相同創作分別申請發明專利及新型專利者，除有第三十二條規定之情事外，準用前三項規定。

第 32 條

同一人就相同創作，於同日分別申請發明專利及新型專利者，應於申請時分別聲明；其發明專利核准審定前，已取得新型專利權，專利專責機關應通知申請人限期擇一；申請人未分別聲明或屆期未擇一者，不予發明專利。

申請人依前項規定選擇發明專利者，其新型專利權，自發明專利公告之日消滅。

發明專利審定前，新型專利權已當然消滅或撤銷確定者，不予專利。

第 33 條

申請發明專利，應就每一發明提出申請。

二個以上發明，屬於一個廣義發明概念者，得於一申請案中提出申請。

第 34 條

申請專利之發明，實質上為二個以上之發明時，經專利專責機關通知，或據申請人申請，得為分割之申請。

分割申請應於下列各款之期間內為之：

一、原申請案再審查審定前。

二、原申請案核准審定書、再審查核准審定書送達後三個月內。

分割後之申請案，仍以原申請案之申請日為申請日；如有優先權者，仍得主張優先權。

分割後之申請案，不得超出原申請案申請時說明書、申請專利範圍或圖式所揭露之範圍。

依第二項第一款規定分割後之申請案，應就原申請案已完成之程序續行審查。

依第二項第二款規定所為分割，應自原申請案說明書或圖式所揭露之發明且與核准審定之請求項非屬相同發明者，申請分割；分割後之申請案，續行原申請案核准審定前之審查程序。

原申請案經核准審定之說明書、申請專利範圍或圖式不得變動，以核准審定時之申請專利範圍及圖式公告之。

第 35 條

發明專利權經專利申請權人或專利申請權共有人，於該專利案公告後二年內，依第七十一條第一項第三款規定提起舉發，並於舉發撤銷確定後二個月內就相同發明申

請專利者，以該經撤銷確定之發明專利權之申請日為其申請日。

依前項規定申請之案件，不再公告。

第三節　審查及再審查

第 36 條

專利專責機關對於發明專利申請案之實體審查，應指定專利審查人員審查之。

第 37 條

專利專責機關接到發明專利申請文件後，經審查認為無不合規定程式，且無應不予公開之情事者，自申請日後經過十八個月，應將該申請案公開之。

專利專責機關得因申請人之申請，提早公開其申請案。

發明專利申請案有下列情事之一，不予公開：

一、自申請日後十五個月內撤回者。

二、涉及國防機密或其他國家安全之機密者。

三、妨害公共秩序或善良風俗者。

第一項、前項期間之計算，如主張優先權者，以優先權日為準；主張二項以上優先權時，以最早之優先權日為準。

第 38 條

發明專利申請日後三年內，任何人均得向專利專責機關申請實體審查。

依第三十四條第一項規定申請分割，或依第一百零八條第一項規定改請為發明專利，逾前項期間者，得於申請分割或改請後三十日內，向專利專責機關申請實體審查。

依前二項規定所為審查之申請，不得撤回。

未於第一項或第二項規定之期間內申請實體審查者，該發明專利申請案，視為撤回。

第 39 條

申請前條之審查者，應檢附申請書。

專利專責機關應將申請審查之事實，刊載於專利公報。

申請審查由發明專利申請人以外之人提起者，專利專責機關應將該項事實通知發明專利申請人。

第 40 條

發明專利申請案公開後，如有非專利申請人為商業上之實施者，專利專責機關得依

申請優先審查之。

為前項申請者，應檢附有關證明文件。

第 41 條

發明專利申請人對於申請案公開後，曾經以書面通知發明專利申請內容，而於通知後公告前就該發明仍繼續為商業上實施之人，得於發明專利申請案公告後，請求適當之補償金。

對於明知發明專利申請案已經公開，於公告前就該發明仍繼續為商業上實施之人，亦得為前項之請求。

前二項規定之請求權，不影響其他權利之行使。但依本法第三十二條分別申請發明專利及新型專利，並已取得新型專利權者，僅得在請求補償金或行使新型專利權間擇一主張之。

第一項、第二項之補償金請求權，自公告之日起，二年間不行使而消滅。

第 42 條

專利專責機關於審查發明專利時，得依申請或依職權通知申請人限期為下列各款之行為：

一、至專利專責機關面詢。

二、為必要之實驗、補送模型或樣品。

前項第二款之實驗、補送模型或樣品，專利專責機關認有必要時，得至現場或指定地點勘驗。

第 43 條

專利專責機關於審查發明專利時，除本法另有規定外，得依申請或依職權通知申請人限期修正說明書、申請專利範圍或圖式。

修正，除誤譯之訂正外，不得超出申請時說明書、申請專利範圍或圖式所揭露之範圍。

專利專責機關依第四十六條第二項規定通知後，申請人僅得於通知之期間內修正。

專利專責機關經依前項規定通知後，認有必要時，得為最後通知；其經最後通知者，申請專利範圍之修正，申請人僅得於通知之期間內，就下列事項為之：

一、請求項之刪除。

二、申請專利範圍之減縮。

三、誤記之訂正。

四、不明瞭記載之釋明。

違反前二項規定者，專利專責機關得於審定書敘明其事由，逕為審定。

原申請案或分割後之申請案，有下列情事之一，專利專責機關得逕為最後通知：

一、對原申請案所為之通知，與分割後之申請案已通知之內容相同者。

二、對分割後之申請案所為之通知，與原申請案已通知之內容相同者。

三、對分割後之申請案所為之通知，與其他分割後之申請案已通知之內容相同者。

第 44 條

說明書、申請專利範圍及圖式，依第二十五條第三項規定，以外文本提出者，其外文本不得修正。

依第二十五條第三項規定補正之中文本，不得超出申請時外文本所揭露之範圍。

前項之中文本，其誤譯之訂正，不得超出申請時外文本所揭露之範圍。

第 45 條

發明專利申請案經審查後，應作成審定書送達申請人。

經審查不予專利者，審定書應備具理由。

審定書應由專利審查人員具名。再審查、更正、舉發、專利權期間延長及專利權期間延長舉發之審定書，亦同。

第 46 條

發明專利申請案違反第二十一條至第二十四條、第二十六條、第三十一條、第三十二條第一項、第三項、第三十三條、第三十四條第四項、第六項前段、第四十三條第二項、第四十四條第二項、第三項或第一百零八條第三項規定者，應為不予專利之審定。

專利專責機關為前項審定前，應通知申請人限期申復；屆期未申復者，逕為不予專利之審定。

第 47 條

申請專利之發明經審查認無不予專利之情事者，應予專利，並應將申請專利範圍及圖式公告之。

經公告之專利案，任何人均得申請閱覽、抄錄、攝影或影印其審定書、說明書、申請專利範圍、摘要、圖式及全部檔案資料。但專利專責機關依法應予保密者，不在此限。

第 48 條

發明專利申請人對於不予專利之審定有不服者，得於審定書送達後二個月內備具理由書，申請再審查。但因申請程序不合法或申請人不適格而不受理或駁回者，得逕依法提起行政救濟。

第 49 條

申請案經依第四十六條第二項規定，為不予專利之審定者，其於再審查時，仍得修正說明書、申請專利範圍或圖式。

申請案經審查發給最後通知，而為不予專利之審定者，其於再審查時所為之修正，仍受第四十三條第四項各款規定之限制。但經專利專責機關再審查認原審查程序發給最後通知為不當者，不在此限。

有下列情事之一，專利專責機關得逕為最後通知：

一、再審查理由仍有不予專利之情事者。

二、再審查時所為之修正，仍有不予專利之情事者。

三、依前項規定所為之修正，違反第四十三條第四項各款規定者。

第 50 條

再審查時，專利專責機關應指定未曾審查原案之專利審查人員審查，並作成審定書送達申請人。

第 51 條

發明經審查涉及國防機密或其他國家安全之機密者，應諮詢國防部或國家安全相關機關意見，認有保密之必要者，申請書件予以封存；其經申請實體審查者，應作成審定書送達申請人及發明人。

申請人、代理人及發明人對於前項之發明應予保密，違反者該專利申請權視為拋棄。

保密期間，自審定書送達申請人後為期一年，並得續行延展保密期間，每次一年；期間屆滿前一個月，專利專責機關應諮詢國防部或國家安全相關機關，於無保密之必要時，應即公開。

第一項之發明經核准審定者，於無保密之必要時，專利專責機關應通知申請人於三個月內繳納證書費及第一年專利年費後，始予公告；屆期未繳費者，不予公告。

就保密期間申請人所受之損失，政府應給與相當之補償。

第四節　專利權

第 52 條

申請專利之發明，經核准審定者，申請人應於審定書送達後三個月內，繳納證書費及第一年專利年費後，始予公告；屆期未繳費者，不予公告。

申請專利之發明，自公告之日起給予發明專利權，並發證書。

發明專利權期限，自申請日起算二十年屆滿。

申請人非因故意，未於第一項或前條第四項所定期限繳費者，得於繳費期限屆滿後六個月內，繳納證書費及二倍之第一年專利年費後，由專利專責機關公告之。

第 53 條

醫藥品、農藥品或其製造方法發明專利權之實施，依其他法律規定，應取得許可證者，其於專利案公告後取得時，專利權人得以第一次許可證申請延長專利權期間，並以一次為限，且該許可證僅得據以申請延長專利權期間一次。

前項核准延長之期間，不得超過為向中央目的事業主管機關取得許可證而無法實施發明之期間；取得許可證期間超過五年者，其延長期間仍以五年為限。

第一項所稱醫藥品，不及於動物用藥品。

第一項申請應備具申請書，附具證明文件，於取得第一次許可證後三個月內，向專利專責機關提出。但在專利權期間屆滿前六個月內，不得為之。

主管機關就延長期間之核定，應考慮對國民健康之影響，並會同中央目的事業主管機關訂定核定辦法。

第 54 條

依前條規定申請延長專利權期間者，如專利專責機關於原專利權期間屆滿時尚未審定者，其專利權期間視為已延長。但經審定不予延長者，至原專利權期間屆滿日止。

第 55 條

專利專責機關對於發明專利權期間延長申請案，應指定專利審查人員審查，作成審定書送達專利權人。

第 56 條

經專利專責機關核准延長發明專利權期間之範圍，僅及於許可證所載之有效成分及用途所限定之範圍。

第 57 條

任何人對於經核准延長發明專利權期間，認有下列情事之一，得附具證據，向專利專責機關舉發之：

一、發明專利之實施無取得許可證之必要者。

二、專利權人或被授權人並未取得許可證。

三、核准延長之期間超過無法實施之期間。

四、延長專利權期間之申請人並非專利權人。

五、申請延長之許可證非屬第一次許可證或該許可證曾辦理延長者。

六、核准延長專利權之醫藥品為動物用藥品。

專利權延長經舉發成立確定者，原核准延長之期間，視為自始不存在。但因違反前項第三款規定，經舉發成立確定者，就其超過之期間，視為未延長。

第 58 條

發明專利權人，除本法另有規定外，專有排除他人未經其同意而實施該發明之權。

物之發明之實施，指製造、為販賣之要約、販賣、使用或為上述目的而進口該物之行為。

方法發明之實施，指下列各款行為：

一、使用該方法。

二、使用、為販賣之要約、販賣或為上述目的而進口該方法直接製成之物。

發明專利權範圍，以申請專利範圍為準，於解釋申請專利範圍時，並得審酌說明書及圖式。

摘要不得用於解釋申請專利範圍。

第 59 條

發明專利權之效力，不及於下列各款情事：

一、非出於商業目的之未公開行為。

二、以研究或實驗為目的實施發明之必要行為。

三、申請前已在國內實施，或已完成必須之準備者。但於專利申請人處得知其發明
　　後未滿十二個月，並經專利申請人聲明保留其專利權者，不在此限。

四、僅由國境經過之交通工具或其裝置。

五、非專利申請權人所得專利權，因專利權人舉發而撤銷時，其被授權人在舉發前，
　　以善意在國內實施或已完成必須之準備者。

六、專利權人所製造或經其同意製造之專利物販賣後，使用或再販賣該物者。上述
　　製造、販賣，不以國內為限。

七、專利權依第七十條第一項第三款規定消滅後，至專利權人依第七十條第二項回
　　復專利權效力並經公告前，以善意實施或已完成必須之準備者。

前項第三款、第五款及第七款之實施人，限於在其原有事業目的範圍內繼續利用。

第一項第五款之被授權人，因該專利權經舉發而撤銷之後，仍實施時，於收到專利
權人書面通知之日起，應支付專利權人合理之權利金。

第 60 條

發明專利權之效力，不及於以取得藥事法所定藥物查驗登記許可或國外藥物上市許
可為目的，而從事之研究、試驗及其必要行為。

第 61 條

混合二種以上醫藥品而製造之醫藥品或方法，其發明專利權效力不及於依醫師處方
箋調劑之行為及所調劑之醫藥品。

第 62 條

發明專利權人以其發明專利權讓與、信託、授權他人實施或設定質權，非經向專利
專責機關登記，不得對抗第三人。

前項授權，得為專屬授權或非專屬授權。

專屬被授權人在被授權範圍內，排除發明專利權人及第三人實施該發明。

發明專利權人為擔保數債權，就同一專利權設定數質權者，其次序依登記之先後定
之。

第 63 條

專屬被授權人得將其被授予之權利再授權第三人實施。但契約另有約定者，從其約
定。

非專屬被授權人非經發明專利權人或專屬被授權人同意，不得將其被授予之權利再授權第三人實施。

再授權，非經向專利專責機關登記，不得對抗第三人。

第 64 條

發明專利權為共有時，除共有人自己實施外，非經共有人全體之同意，不得讓與、信託、授權他人實施、設定質權或拋棄。

第 65 條

發明專利權共有人非經其他共有人之同意，不得以其應有部分讓與、信託他人或設定質權。

發明專利權共有人拋棄其應有部分時，該部分歸屬其他共有人。

第 66 條

發明專利權人因中華民國與外國發生戰事受損失者，得申請延展專利權五年至十年，以一次為限。但屬於交戰國人之專利權，不得申請延展。

第 67 條

發明專利權人申請更正專利說明書、申請專利範圍或圖式，僅得就下列事項為之：

一、請求項之刪除。

二、申請專利範圍之減縮。

三、誤記或誤譯之訂正。

四、不明瞭記載之釋明。

更正，除誤譯之訂正外，不得超出申請時說明書、申請專利範圍或圖式所揭露之範圍。

依第二十五條第三項規定，說明書、申請專利範圍及圖式以外文本提出者，其誤譯之訂正，不得超出申請時外文本所揭露之範圍。

更正，不得實質擴大或變更公告時之申請專利範圍。

第 68 條

專利專責機關對於更正案之審查，除依第七十七條規定外，應指定專利審查人員審查之，並作成審定書送達申請人。

專利專責機關於核准更正後，應公告其事由。

說明書、申請專利範圍及圖式經更正公告者，溯自申請日生效。

第 69 條

發明專利權人非經被授權人或質權人之同意，不得拋棄專利權，或就第六十七條第一項第一款或第二款事項為更正之申請。

發明專利權為共有時，非經共有人全體之同意，不得就第六十七條第一項第一款或第二款事項為更正之申請。

第 70 條

有下列情事之一者，發明專利權當然消滅：

一、專利權期滿時，自期滿後消滅。

二、專利權人死亡而無繼承人。

三、第二年以後之專利年費未於補繳期限屆滿前繳納者，自原繳費期限屆滿後消滅。

四、專利權人拋棄時，自其書面表示之日消滅。

專利權人非因故意，未於第九十四條第一項所定期限補繳者，得於期限屆滿後一年內，申請回復專利權，並繳納三倍之專利年費後，由專利專責機關公告之。

第 71 條

發明專利權有下列情事之一，任何人得向專利專責機關提起舉發：

一、違反第二十一條至第二十四條、第二十六條、第三十一條、第三十二條第一項、第三項、第三十四條第四項、第六項前段、第四十三條第二項、第四十四條第二項、第三項、第六十七條第二項至第四項或第一百零八條第三項規定者。

二、專利權人所屬國家對中華民國國民申請專利不予受理者。

三、違反第十二條第一項規定或發明專利權人為非發明專利申請權人。

以前項第三款情事提起舉發者，限於利害關係人始得為之。

發明專利權得提起舉發之情事，依其核准審定時之規定。但以違反第三十四條第四項、第六項前段、第四十三條第二項、第六十七條第二項、第四項或第一百零八條第三項規定之情事，提起舉發者，依舉發時之規定。

第 72 條

利害關係人對於專利權之撤銷，有可回復之法律上利益者，得於專利權當然消滅後，提起舉發。

第 73 條

舉發，應備具申請書，載明舉發聲明、理由，並檢附證據。

專利權有二以上之請求項者，得就部分請求項提起舉發。

舉發聲明，提起後不得變更或追加，但得減縮。

舉發人補提理由或證據，應於舉發後三個月內為之，逾期提出者，不予審酌。

第 74 條

專利專責機關接到前條申請書後，應將其副本送達專利權人。

專利權人應於副本送達後一個月內答辯；除先行申明理由，准予展期者外，屆期未答辯者，逕予審查。

舉發案件審查期間，專利權人僅得於通知答辯、補充答辯或申復期間申請更正。但發明專利權有訴訟案件繫屬中，不在此限。

專利專責機關認有必要，通知舉發人陳述意見、專利權人補充答辯或申復時，舉發人或專利權人應於通知送達後一個月內為之。除准予展期者外，逾期提出者，不予審酌。

依前項規定所提陳述意見或補充答辯有遲滯審查之虞，或其事證已臻明確者，專利專責機關得逕予審查。

第 75 條

專利專責機關於舉發審查時，在舉發聲明範圍內，得依職權審酌舉發人未提出之理由及證據，並應通知專利權人限期答辯；屆期未答辯者，逕予審查。

第 76 條

專利專責機關於舉發審查時，得依申請或依職權通知專利權人限期為下列各款之行為：

一、至專利專責機關面詢。

二、為必要之實驗、補送模型或樣品。

前項第二款之實驗、補送模型或樣品，專利專責機關認有必要時，得至現場或指定地點勘驗。

第 77 條

舉發案件審查期間，有更正案者，應合併審查及合併審定。

前項更正案經專利專責機關審查認應准予更正時，應將更正說明書、申請專利範圍或圖式之副本送達舉發人。但更正僅刪除請求項者，不在此限。

同一舉發案審查期間，有二以上之更正案者，申請在先之更正案，視為撤回。

第 78 條

同一專利權有多件舉發案者，專利專責機關認有必要時，得合併審查。

依前項規定合併審查之舉發案，得合併審定。

第 79 條

專利專責機關於舉發審查時，應指定專利審查人員審查，並作成審定書，送達專利權人及舉發人。

舉發之審定，應就各請求項分別為之。

第 80 條

舉發人得於審定前撤回舉發申請。但專利權人已提出答辯者，應經專利權人同意。

專利專責機關應將撤回舉發之事實通知專利權人；自通知送達後十日內，專利權人未為反對之表示者，視為同意撤回。

第 81 條

有下列情事之一，任何人對同一專利權，不得就同一事實以同一證據再為舉發：

一、他舉發案曾就同一事實以同一證據提起舉發，經審查不成立者。

二、依智慧財產案件審理法第三十三條規定向智慧財產法院提出之新證據，經審理認無理由者。

第 82 條

發明專利權經舉發審查成立者，應撤銷其專利權；其撤銷得就各請求項分別為之。

發明專利權經撤銷後，有下列情事之一，即為撤銷確定：

一、未依法提起行政救濟者。

二、提起行政救濟經駁回確定者。

發明專利權經撤銷確定者，專利權之效力，視為自始不存在。

第 83 條

第五十七條第一項延長發明專利權期間舉發之處理，準用本法有關發明專利權舉發之規定。

第 84 條

發明專利權之核准、變更、延長、延展、讓與、信託、授權、強制授權、撤銷、消滅、設定質權、舉發審定及其他應公告事項，應於專利公報公告之。

第 85 條

專利專責機關應備置專利權簿，記載核准專利、專利權異動及法令所定之一切事項。

前項專利權簿，得以電子方式為之，並供人民閱覽、抄錄、攝影或影印。

第 86 條

專利專責機關依本法應公開、公告之事項，得以電子方式為之；其實施日期，由專利專責機關定之。

第五節　強制授權

第 87 條

為因應國家緊急危難或其他重大緊急情況，專利專責機關應依緊急命令或中央目的事業主管機關之通知，強制授權所需專利權，並儘速通知專利權人。

有下列情事之一，而有強制授權之必要者，專利專責機關得依申請強制授權：

一、增進公益之非營利實施。

二、發明或新型專利權之實施，將不可避免侵害在前之發明或新型專利權，且較該在前之發明或新型專利權具相當經濟意義之重要技術改良。

三、專利權人有限制競爭或不公平競爭之情事，經法院判決或行政院公平交易委員會處分。

就半導體技術專利申請強制授權者，以有前項第一款或第三款之情事者為限。

專利權經依第二項第一款或第二款規定申請強制授權者，以申請人曾以合理之商業條件在相當期間內仍不能協議授權者為限。

專利權經依第二項第二款規定申請強制授權者，其專利權人得提出合理條件，請求就申請人之專利權強制授權。

第 88 條

專利專責機關於接到前條第二項及第九十條之強制授權申請後，應通知專利權人，並限期答辯；屆期未答辯者，得逕予審查。

強制授權之實施應以供應國內市場需要為主。但依前條第二項第三款規定強制授權

者，不在此限。

強制授權之審定應以書面為之，並載明其授權之理由、範圍、期間及應支付之補償金。

強制授權不妨礙原專利權人實施其專利權。

強制授權不得讓與、信託、繼承、授權或設定質權。但有下列情事之一者，不在此限：

一、依前條第二項第一款或第三款規定之強制授權與實施該專利有關之營業，一併讓與、信託、繼承、授權或設定質權。

二、依前條第二項第二款或第五項規定之強制授權與被授權人之專利權，一併讓與、信託、繼承、授權或設定質權。

第 89 條

依第八十七條第一項規定強制授權者，經中央目的事業主管機關認無強制授權之必要時，專利專責機關應依其通知廢止強制授權。

有下列各款情事之一者，專利專責機關得依申請廢止強制授權：

一、作成強制授權之事實變更，致無強制授權之必要。

二、被授權人未依授權之內容適當實施。

三、被授權人未依專利專責機關之審定支付補償金。

第 90 條

為協助無製藥能力或製藥能力不足之國家，取得治療愛滋病、肺結核、瘧疾或其他傳染病所需醫藥品，專利專責機關得依申請，強制授權申請人實施專利權，以供應該國家進口所需醫藥品。

依前項規定申請強制授權者，以申請人曾以合理之商業條件在相當期間內仍不能協議授權者為限。但所需醫藥品在進口國已核准強制授權者，不在此限。

進口國如為世界貿易組織會員，申請人於依第一項申請時，應檢附進口國已履行下列事項之證明文件：

一、已通知與貿易有關之智慧財產權理事會該國所需醫藥品之名稱及數量。

二、已通知與貿易有關之智慧財產權理事會該國無製藥能力或製藥能力不足，而有作為進口國之意願。但為低度開發國家者，申請人毋庸檢附證明文件。

三、所需醫藥品在該國無專利權，或有專利權但已核准強制授權或即將核准強制授權。

前項所稱低度開發國家，為聯合國所發布之低度開發國家。

進口國如非世界貿易組織會員，而為低度開發國家或無製藥能力或製藥能力不足之國家，申請人於依第一項申請時，應檢附進口國已履行下列事項之證明文件：

一、以書面向中華民國外交機關提出所需醫藥品之名稱及數量。

二、同意防止所需醫藥品轉出口。

第 91 條

依前條規定強制授權製造之醫藥品應全部輸往進口國，且授權製造之數量不得超過進口國通知與貿易有關之智慧財產權理事會或中華民國外交機關所需醫藥品之數量。

依前條規定強制授權製造之醫藥品，應於其外包裝依專利專責機關指定之內容標示其授權依據；其包裝及顏色或形狀，應與專利權人或其被授權人所製造之醫藥品足以區別。

強制授權之被授權人應支付專利權人適當之補償金；補償金之數額，由專利專責機關就與所需醫藥品相關之醫藥品專利權於進口國之經濟價值，並參考聯合國所發布之人力發展指標核定之。

強制授權被授權人於出口該醫藥品前，應於網站公開該醫藥品之數量、名稱、目的地及可資區別之特徵。

依前條規定強制授權製造出口之醫藥品，其查驗登記，不受藥事法第四十條之二第二項規定之限制。

第六節　納　費

第 92 條

關於發明專利之各項申請，申請人於申請時，應繳納申請費。

核准專利者，發明專利權人應繳納證書費及專利年費；請准延長、延展專利權期間者，在延長、延展期間內，仍應繳納專利年費。

第 93 條

發明專利年費自公告之日起算，第一年年費，應依第五十二條第一項規定繳納；第

二年以後年費，應於屆期前繳納之。

前項專利年費，得一次繳納數年；遇有年費調整時，毋庸補繳其差額。

第 94 條

發明專利第二年以後之專利年費，未於應繳納專利年費之期間內繳費者，得於期滿後六個月內補繳之。但其專利年費之繳納，除原應繳納之專利年費外，應以比率方式加繳專利年費。

前項以比率方式加繳專利年費，指依逾越應繳納專利年費之期間，按月加繳，每逾一個月加繳百分之二十，最高加繳至依規定之專利年費加倍之數額；其逾繳期間在一日以上一個月以內者，以一個月論。

第 95 條

發明專利權人為自然人、學校或中小企業者，得向專利專責機關申請減免專利年費。

第七節　損害賠償及訴訟

第 96 條

發明專利權人對於侵害其專利權者，得請求除去之。有侵害之虞者，得請求防止之。

發明專利權人對於因故意或過失侵害其專利權者，得請求損害賠償。

發明專利權人為第一項之請求時，對於侵害專利權之物或從事侵害行為之原料或器具，得請求銷毀或為其他必要之處置。

專屬被授權人在被授權範圍內，得為前三項之請求。但契約另有約定者，從其約定。

發明人之姓名表示權受侵害時，得請求表示發明人之姓名或為其他回復名譽之必要處分。

第二項及前項所定之請求權，自請求權人知有損害及賠償義務人時起，二年間不行使而消滅；自行為時起，逾十年者，亦同。

第 97 條

依前條請求損害賠償時，得就下列各款擇一計算其損害：

一、依民法第二百十六條之規定。但不能提供證據方法以證明其損害時，發明專利權人得就其實施專利權通常所可獲得之利益，減除受害後實施同一專利權所得之利益，以其差額為所受損害。

二、依侵害人因侵害行為所得之利益。

三、依授權實施該發明專利所得收取之合理權利金為基礎計算損害。

依前項規定，侵害行為如屬故意，法院得因被害人之請求，依侵害情節，酌定損害額以上之賠償。但不得超過已證明損害額之三倍。

第 97-1 條

專利權人對進口之物有侵害其專利權之虞者，得申請海關先予查扣。

前項申請，應以書面為之，並釋明侵害之事實，及提供相當於海關核估該進口物完稅價格之保證金或相當之擔保。

海關受理查扣之申請，應即通知申請人；如認符合前項規定而實施查扣時，應以書面通知申請人及被查扣人。

被查扣人得提供第二項保證金二倍之保證金或相當之擔保，請求海關廢止查扣，並依有關進口貨物通關規定辦理。

海關在不損及查扣物機密資料保護之情形下，得依申請人或被查扣人之申請，同意其檢視查扣物。

查扣物經申請人取得法院確定判決，屬侵害專利權者，被查扣人應負擔查扣物之貨櫃延滯費、倉租、裝卸費等有關費用。

第 97-2 條

有下列情形之一，海關應廢止查扣：

一、申請人於海關通知受理查扣之翌日起十二日內，未依第九十六條規定就查扣物為侵害物提起訴訟，並通知海關者。

二、申請人就查扣物為侵害物所提訴訟經法院裁判駁回確定者。

三、查扣物經法院確定判決，不屬侵害專利權之物者。

四、申請人申請廢止查扣者。

五、符合前條第四項規定者。

前項第一款規定之期限，海關得視需要延長十二日。

海關依第一項規定廢止查扣者，應依有關進口貨物通關規定辦理。

查扣因第一項第一款至第四款之事由廢止者，申請人應負擔查扣物之貨櫃延滯費、倉租、裝卸費等有關費用。

第 97-3 條

查扣物經法院確定判決不屬侵害專利權之物者，申請人應賠償被查扣人因查扣或提供第九十七條之一第四項規定保證金所受之損害。

申請人就第九十七條之一第四項規定之保證金，被查扣人就第九十七條之一第二項規定之保證金，與質權人有同一權利。但前條第四項及第九十七條之一第六項規定之貨櫃延滯費、倉租、裝卸費等有關費用，優先於申請人或被查扣人之損害受償。

有下列情形之一者，海關應依申請人之申請，返還第九十七條之一第二項規定之保證金：

一、申請人取得勝訴之確定判決，或與被查扣人達成和解，已無繼續提供保證金之必要者。

二、因前條第一項第一款至第四款規定之事由廢止查扣，致被查扣人受有損害後，或被查扣人取得勝訴之確定判決後，申請人證明已定二十日以上之期間，催告被查扣人行使權利而未行使者。

三、被查扣人同意返還者。

有下列情形之一者，海關應依被查扣人之申請，返還第九十七條之一第四項規定之保證金：

一、因前條第一項第一款至第四款規定之事由廢止查扣，或被查扣人與申請人達成和解，已無繼續提供保證金之必要者。

二、申請人取得勝訴之確定判決後，被查扣人證明已定二十日以上之期間，催告申請人行使權利而未行使者。

三、申請人同意返還者。

第 97-4 條

前三條規定之申請查扣、廢止查扣、檢視查扣物、保證金或擔保之繳納、提供、返還之程序、應備文件及其他應遵行事項之辦法，由主管機關會同財政部定之。

第 98 條

專利物上應標示專利證書號數；不能於專利物上標示者，得於標籤、包裝或以其他足以引起他人認識之顯著方式標示之；其未附加標示者，於請求損害賠償時，應舉證證明侵害人明知或可得而知為專利物。

第 99 條

製造方法專利所製成之物在該製造方法申請專利前，為國內外未見者，他人製造相同之物，推定為以該專利方法所製造。

前項推定得提出反證推翻之。被告證明其製造該相同物之方法與專利方法不同者，為已提出反證。被告舉證所揭示製造及營業秘密之合法權益，應予充分保障。

第 100 條

發明專利訴訟案件，法院應以判決書正本一份送專利專責機關。

第 101 條

舉發案涉及侵權訴訟案件之審理者，專利專責機關得優先審查。

第 102 條

未經認許之外國法人或團體，就本法規定事項得提起民事訴訟。

第 103 條

法院為處理發明專利訴訟案件，得設立專業法庭或指定專人辦理。

司法院得指定侵害專利鑑定專業機構。

法院受理發明專利訴訟案件，得囑託前項機構為鑑定。

第三章　新型專利

第 104 條

新型，指利用自然法則之技術思想，對物品之形狀、構造或組合之創作。

第 105 條

新型有妨害公共秩序或善良風俗者，不予新型專利。

第 106 條

申請新型專利，由專利申請權人備具申請書、說明書、申請專利範圍、摘要及圖式，向專利專責機關申請之。

申請新型專利，以申請書、說明書、申請專利範圍及圖式齊備之日為申請日。

說明書、申請專利範圍及圖式未於申請時提出中文本，而以外文本提出，且於專利專責機關指定期間內補正中文本者，以外文本提出之日為申請日。

未於前項指定期間內補正中文本者，其申請案不予受理。但在處分前補正者，以補

正之日為申請日，外文本視為未提出。

第 107 條

申請專利之新型，實質上為二個以上之新型時，經專利專責機關通知，或據申請人申請，得為分割之申請。

分割申請應於下列各款之期間內為之：

一、原申請案處分前。

二、原申請案核准處分書送達後三個月內。

第 108 條

申請發明或設計專利後改請新型專利者，或申請新型專利後改請發明專利者，以原申請案之申請日為改請案之申請日。

改請之申請，有下列情事之一者，不得為之：

一、原申請案准予專利之審定書、處分書送達後。

二、原申請案為發明或設計，於不予專利之審定書送達後逾二個月。

三、原申請案為新型，於不予專利之處分書送達後逾三十日。

改請後之申請案，不得超出原申請案申請時說明書、申請專利範圍或圖式所揭露之範圍。

第 109 條

專利專責機關於形式審查新型專利時，得依申請或依職權通知申請人限期修正說明書、申請專利範圍或圖式。

第 110 條

說明書、申請專利範圍及圖式，依第一百零六條第三項規定，以外文本提出者，其外文本不得修正。

依第一百零六條第三項規定補正之中文本，不得超出申請時外文本所揭露之範圍。

第 111 條

新型專利申請案經形式審查後，應作成處分書送達申請人。

經形式審查不予專利者，處分書應備具理由。

第 112 條

新型專利申請案，經形式審查認有下列各款情事之一，應為不予專利之處分：

一、新型非屬物品形狀、構造或組合者。

二、違反第一百零五條規定者。

三、違反第一百二十條準用第二十六條第四項規定之揭露方式者。

四、違反第一百二十條準用第三十三條規定者。

五、說明書、申請專利範圍或圖式未揭露必要事項，或其揭露明顯不清楚者。

六、修正，明顯超出申請時說明書、申請專利範圍或圖式所揭露之範圍者。

第 113 條

申請專利之新型，經形式審查認無不予專利之情事者，應予專利，並應將申請專利範圍及圖式公告之。

第 114 條

新型專利權期限，自申請日起算十年屆滿。

第 115 條

申請專利之新型經公告後，任何人得向專利專責機關申請新型專利技術報告。

專利專責機關應將申請新型專利技術報告之事實，刊載於專利公報。

專利專責機關應指定專利審查人員作成新型專利技術報告，並由專利審查人員具名。

專利專責機關對於第一項之申請，應就第一百二十條準用第二十二條第一項第一款、第二項、第一百二十條準用第二十三條、第一百二十條準用第三十一條規定之情事，作成新型專利技術報告。

依第一項規定申請新型專利技術報告，如敘明有非專利權人為商業上之實施，並檢附有關證明文件者，專利專責機關應於六個月內完成新型專利技術報告。

新型專利技術報告之申請，於新型專利權當然消滅後，仍得為之。

依第一項所為之申請，不得撤回。

第 116 條

新型專利權人行使新型專利權時，如未提示新型專利技術報告，不得進行警告。

第 117 條

新型專利權人之專利權遭撤銷時，就其於撤銷前，因行使專利權所致他人之損害，應負賠償責任。但其係基於新型專利技術報告之內容，且已盡相當之注意者，不在此限。

第 118 條

新型專利權人除有依第一百二十條準用第七十四條第三項規定之情形外，僅得於下列期間申請更正：

一、新型專利權有新型專利技術報告申請案件受理中。

二、新型專利權有訴訟案件繫屬中。

第 119 條

新型專利權有下列情事之一，任何人得向專利專責機關提起舉發：

一、違反第一百零四條、第一百零五條、第一百零八條第三項、第一百十條第二項、第一百二十條準用第二十二條、第一百二十條準用第二十三條、第一百二十條準用第二十六條、第一百二十條準用第三十一條、第一百二十條準用第三十四條第四項、第六項前段、第一百二十條準用第四十三條第二項、第一百二十條準用第四十四條第三項、第一百二十條準用第六十七條第二項至第四項規定者。

二、專利權人所屬國家對中華民國國民申請專利不予受理者。

三、違反第十二條第一項規定或新型專利權人為非新型專利申請權人者。

以前項第三款情事提起舉發者，限於利害關係人始得為之。

新型專利權得提起舉發之情事，依其核准處分時之規定。但以違反第一百零八條第三項、第一百二十條準用第三十四條第四項、第六項前段、第一百二十條準用第四十三條第二項或第一百二十條準用第六十七條第二項、第四項規定之情事，提起舉發者，依舉發時之規定。

舉發審定書，應由專利審查人員具名。

第 120 條

第二十二條、第二十三條、第二十六條、第二十八條至第三十一條、第三十三條、第三十四條第三項至第七項、第三十五條、第四十三條第二項、第三項、第四十四條第三項、第四十六條第二項、第四十七條第二項、第五十一條、第五十二條第一項、第二項、第四項、第五十八條第一項、第二項、第四項、第五項、第五十九條、第六十二條至第六十五條、第六十七條、第六十八條、第六十九條、第七十條、第七十二條至第八十二條、第八十四條至第九十八條、第一百條至第一百零三條，於新型專利準用之。

第四章　設計專利

第 121 條

設計，指對物品之全部或部分之形狀、花紋、色彩或其結合，透過視覺訴求之創作。

應用於物品之電腦圖像及圖形化使用者介面，亦得依本法申請設計專利。

第 122 條

可供產業上利用之設計，無下列情事之一，得依本法申請取得設計專利：

一、申請前有相同或近似之設計，已見於刊物者。

二、申請前有相同或近似之設計，已公開實施者。

三、申請前已為公眾所知悉者。

設計雖無前項各款所列情事，但為其所屬技藝領域中具有通常知識者依申請前之先前技藝易於思及時，仍不得取得設計專利。

申請人出於本意或非出於本意所致公開之事實發生後六個月內申請者，該事實非屬第一項各款或前項不得取得設計專利之情事。

因申請專利而在我國或外國依法於公報上所為之公開係出於申請人本意者，不適用前項規定。

第 123 條

申請專利之設計，與申請在先而在其申請後始公告之設計專利申請案所附說明書或圖式之內容相同或近似者，不得取得設計專利。但其申請人與申請在先之設計專利申請案之申請人相同者，不在此限。

第 124 條

下列各款，不予設計專利：

一、純功能性之物品造形。

二、純藝術創作。

三、積體電路電路布局及電子電路布局。

四、物品妨害公共秩序或善良風俗者。

第 125 條

申請設計專利，由專利申請權人備具申請書、說明書及圖式，向專利專責機關申請

之。

申請設計專利，以申請書、說明書及圖式齊備之日為申請日。

說明書及圖式未於申請時提出中文本，而以外文本提出，且於專利專責機關指定期間內補正中文本者，以外文本提出之日為申請日。

未於前項指定期間內補正中文本者，其申請案不予受理。但在處分前補正者，以補正之日為申請日，外文本視為未提出。

第 126 條

說明書及圖式應明確且充分揭露，使該設計所屬技藝領域中具有通常知識者，能瞭解其內容，並可據以實現。

說明書及圖式之揭露方式，於本法施行細則定之。

第 127 條

同一人有二個以上近似之設計，得申請設計專利及其衍生設計專利。

衍生設計之申請日，不得早於原設計之申請日。

申請衍生設計專利，於原設計專利公告後，不得為之。

同一人不得就與原設計不近似，僅與衍生設計近似之設計申請為衍生設計專利。

第 128 條

相同或近似之設計有二以上之專利申請案時，僅得就其最先申請者，准予設計專利。但後申請者所主張之優先權日早於先申請者之申請日者，不在此限。

前項申請日、優先權日為同日者，應通知申請人協議定之；協議不成時，均不予設計專利。其申請人為同一人時，應通知申請人限期擇一申請；屆期未擇一申請者，均不予設計專利。

各申請人為協議時，專利專責機關應指定相當期間通知申請人申報協議結果；屆期未申報者，視為協議不成。

前三項規定，於下列各款不適用之：

一、原設計專利申請案與衍生設計專利申請案間。

二、同一設計專利申請案有二以上衍生設計專利申請案者，該二以上衍生設計專利申請案間。

第 129 條

申請設計專利，應就每一設計提出申請。

二個以上之物品，屬於同一類別，且習慣上以成組物品販賣或使用者，得以一設計提出申請。

申請設計專利，應指定所施予之物品。

第 130 條

申請專利之設計，實質上為二個以上之設計時，經專利專責機關通知，或據申請人申請，得為分割之申請。

分割申請，應於原申請案再審查審定前為之。

分割後之申請案，應就原申請案已完成之程序續行審查。

第 131 條

申請設計專利後改請衍生設計專利者，或申請衍生設計專利後改請設計專利者，以原申請案之申請日為改請案之申請日。

改請之申請，有下列情事之一者，不得為之：

一、原申請案准予專利之審定書送達後。

二、原申請案不予專利之審定書送達後逾二個月。

改請後之設計或衍生設計，不得超出原申請案申請時說明書或圖式所揭露之範圍。

第 132 條

申請發明或新型專利後改請設計專利者，以原申請案之申請日為改請案之申請日。

改請之申請，有下列情事之一者，不得為之：

一、原申請案准予專利之審定書、處分書送達後。

二、原申請案為發明，於不予專利之審定書送達後逾二個月。

三、原申請案為新型，於不予專利之處分書送達後逾三十日。

改請後之申請案，不得超出原申請案申請時說明書、申請專利範圍或圖式所揭露之範圍。

第 133 條

說明書及圖式，依第一百二十五條第三項規定，以外文本提出者，其外文本不得修正。

第一百二十五條第三項規定補正之中文本，不得超出申請時外文本所揭露之範圍。

第 134 條

設計專利申請案違反第一百二十一條至第一百二十四條、第一百二十六條、第一百二十七條、第一百二十八條第一項至第三項、第一百二十九條第一項、第二項、第一百三十一條第三項、第一百三十二條第三項、第一百三十三條第二項、第一百四十二條第一項準用第三十四條第四項、第一百四十二條第一項準用第四十三條第二項、第一百四十二條第一項準用第四十四條第三項規定者，應為不予專利之審定。

第 135 條

設計專利權期限，自申請日起算十五年屆滿；衍生設計專利權期限與原設計專利權期限同時屆滿。

第 136 條

設計專利權人，除本法另有規定外，專有排除他人未經其同意而實施該設計或近似該設計之權。

設計專利權範圍，以圖式為準，並得審酌說明書。

第 137 條

衍生設計專利權得單獨主張，且及於近似之範圍。

第 138 條

衍生設計專利權，應與其原設計專利權一併讓與、信託、繼承、授權或設定質權。

原設計專利權依第一百四十二條第一項準用第七十條第一項第三款或第四款規定已當然消滅或撤銷確定，其衍生設計專利權有二以上仍存續者，不得單獨讓與、信託、繼承、授權或設定質權。

第 139 條

設計專利權人申請更正專利說明書或圖式，僅得就下列事項為之：

一、誤記或誤譯之訂正。

二、不明瞭記載之釋明。

更正，除誤譯之訂正外，不得超出申請時說明書或圖式所揭露之範圍。

依第一百二十五條第三項規定，說明書及圖式以外文本提出者，其誤譯之訂正，不得超出申請時外文本所揭露之範圍。

更正，不得實質擴大或變更公告時之圖式。

第 140 條

設計專利權人非經被授權人或質權人之同意，不得拋棄專利權。

第 141 條

設計專利權有下列情事之一，任何人得向專利專責機關提起舉發：

一、違反第一百二十一條至第一百二十四條、第一百二十六條、第一百二十七條、
　　第一百二十八條第一項至第三項、第一百三十一條第三項、第一百三十二條第
　　三項、第一百三十三條第二項、第一百三十九條第二項至第四項、第一百四十
　　二條第一項準用第三十四條第四項、第一百四十二條第一項準用第四十三條第
　　二項、第一百四十二條第一項準用第四十四條第三項規定者。

二、專利權人所屬國家對中華民國國民申請專利不予受理者。

三、違反第十二條第一項規定或設計專利權人為非設計專利申請權人者。

以前項第三款情事提起舉發者，限於利害關係人始得為之。

設計專利權得提起舉發之情事，依其核准審定時之規定。但以違反第一百三十一條
第三項、第一百三十二條第三項、第一百三十九條第二項、第四項、第一百四十二
條第一項準用第三十四條第四項或第一百四十二條第一項準用第四十三條第二項規
定之情事，提起舉發者，依舉發時之規定。

第 142 條

第二十八條、第二十九條、第三十四條第三項、第四項、第三十五條、第三十六條、
第四十二條、第四十三條第一項至第三項、第四十四條第三項、第四十五條、第四
十六條第二項、第四十七條、第四十八條、第五十條、第五十二條第一項、第二項、
第四項、第五十八條第二項、第五十九條、第六十二條至第六十五條、第六十八條、
第七十條、第七十二條、第七十三條第一項、第三項、第四項、第七十四條至第七
十八條、第七十九條第一項、第八十條至第八十二條、第八十四條至第八十六條、
第九十二條至第九十八條、第一百條至第一百零三條規定，於設計專利準用之。

第二十八條第一項所定期間，於設計專利申請案為六個月。

第二十九條第二項及第四項所定期間，於設計專利申請案為十個月。

第五十九條第一項第三款但書所定期間，於設計專利申請案為六個月。

第五章　附　則

第 143 條

專利檔案中之申請書件、說明書、申請專利範圍、摘要、圖式及圖說，經專利專責機關認定具保存價值者，應永久保存。

前項以外之專利檔案應依下列規定定期保存：

一、發明專利案除經審定准予專利者保存三十年外，應保存二十年。

二、新型專利案除經處分准予專利者保存十五年外，應保存十年。

三、設計專利案除經審定准予專利者保存二十年外，應保存十五年。

前項專利檔案保存年限，自審定、處分、撤回或視為撤回之日所屬年度之次年首日開始計算。

本法中華民國一百零八年四月十六日修正之條文施行前之專利檔案，其保存年限適用修正施行後之規定。

第 144 條

主管機關為獎勵發明、新型或設計之創作，得訂定獎助辦法。

第 145 條

依第二十五條第三項、第一百零六條第三項及第一百二十五條第三項規定提出之外文本，其外文種類之限定及其他應載明事項之辦法，由主管機關定之。

第 146 條

第九十二條、第一百二十條準用第九十二條、第一百四十二條第一項準用第九十二條規定之申請費、證書費及專利年費，其收費辦法由主管機關定之。

第九十五條、第一百二十條準用第九十五條、第一百四十二條第一項準用第九十五條規定之專利年費減免，其減免條件、年限、金額及其他應遵行事項之辦法，由主管機關定之。

第 147 條

中華民國八十三年一月二十三日前所提出之申請案，不得依第五十三條規定，申請延長專利權期間。

第 148 條

本法中華民國八十三年一月二十一日修正施行前，已審定公告之專利案，其專利權期限，適用修正前之規定。但發明專利案，於世界貿易組織協定在中華民國管轄區域內生效之日，專利權仍存續者，其專利權期限，適用修正施行後之規定。

本法中華民國九十二年一月三日修正之條文施行前，已審定公告之新型專利申請案，其專利權期限，適用修正前之規定。

新式樣專利案，於世界貿易組織協定在中華民國管轄區域內生效之日，專利權仍存續者，其專利權期限，適用本法中華民國八十六年五月七日修正之條文施行後之規定。

第 149 條

本法中華民國一百年十一月二十九日修正之條文施行前，尚未審定之專利申請案，除本法另有規定外，適用修正施行後之規定。

本法中華民國一百年十一月二十九日修正之條文施行前，尚未審定之更正案及舉發案，適用修正施行後之規定。

第 150 條

本法中華民國一百年十一月二十九日修正之條文施行前提出，且依修正前第二十九條規定主張優先權之發明或新型專利申請案，其先申請案尚未公告或不予專利之審定或處分尚未確定者，適用第三十條第一項規定。

本法中華民國一百年十一月二十九日修正之條文施行前已審定之發明專利申請案，未逾第三十四條第二項第二款規定之期間者，適用第三十四條第二項第二款及第六項規定。

第 151 條

第二十二條第三項第二款、第一百二十條準用第二十二條第三項第二款、第一百二十一條第一項有關物品之部分設計、第一百二十一條第二項、第一百二十二條第三項第一款、第一百二十七條、第一百二十九條第二項規定，於本法中華民國一百年十一月二十九日修正之條文施行後，提出之專利申請案，始適用之。

第 152 條

本法中華民國一百年十一月二十九日修正之條文施行前，違反修正前第三十條第二

項規定，視為未寄存之發明專利申請案，於修正施行後尚未審定者，適用第二十七條第二項之規定；其有主張優先權，自最早之優先權日起仍在十六個月內者，適用第二十七條第三項之規定。

第 153 條

本法中華民國一百年十一月二十九日修正之條文施行前，依修正前第二十八條第三項、第一百零八條準用第二十八條第三項、第一百二十九條第一項準用第二十八條第三項規定，以違反修正前第二十八條第一項、第一百零八條準用第二十八條第一項、第一百二十九條第一項準用第二十八條第一項規定喪失優先權之專利申請案，於修正施行後尚未審定或處分，且自最早之優先權日起，發明、新型專利申請案仍在十六個月內，設計專利申請案仍在十個月內者，適用第二十九條第四項、第一百二十條準用第二十九條第四項、第一百四十二條第一項準用第二十九條第四項之規定。

本法中華民國一百年十一月二十九日修正之條文施行前，依修正前第二十八條第三項、第一百零八條準用第二十八條第三項、第一百二十九條第一項準用第二十八條第三項規定，以違反修正前第二十八條第二項、第一百零八條準用第二十八條第二項、第一百二十九條第一項準用第二十八條第二項規定喪失優先權之專利申請案，於修正施行後尚未審定或處分，且自最早之優先權日起，發明、新型專利申請案仍在十六個月內，設計專利申請案仍在十個月內者，適用第二十九條第二項、第一百二十條準用第二十九條第二項、第一百四十二條第一項準用第二十九條第二項之規定。

第 154 條

本法中華民國一百年十一月二十九日修正之條文施行前，已提出之延長發明專利權期間申請案，於修正施行後尚未審定，且其發明專利權仍存續者，適用修正施行後之規定。

第 155 條

本法中華民國一百年十一月二十九日修正之條文施行前，有下列情事之一，不適用第五十二條第四項、第七十條第二項、第一百二十條準用第五十二條第四項、第一百二十條準用第七十條第二項、第一百四十二條第一項準用第五十二條第四項、第

一百四十二條第一項準用第七十條第二項之規定：

一、依修正前第五十一條第一項、第一百零一條第一項或第一百十三條第一項規定已逾繳費期限，專利權自始不存在者。

二、依修正前第六十六條第三款、第一百零八條準用第六十六條第三款或第一百二十九條第一項準用第六十六條第三款規定，於本法修正施行前，專利權已當然消滅者。

第 156 條

本法中華民國一百年十一月二十九日修正之條文施行前，尚未審定之新式樣專利申請案，申請人得於修正施行後三個月內，申請改為物品之部分設計專利申請案。

第 157 條

本法中華民國一百年十一月二十九日修正之條文施行前，尚未審定之聯合新式樣專利申請案，適用修正前有關聯合新式樣專利之規定。

本法中華民國一百年十一月二十九日修正之條文施行前，尚未審定之聯合新式樣專利申請案，且於原新式樣專利公告前申請者，申請人得於修正施行後三個月內申請改為衍生設計專利申請案。

第 157-1 條

中華民國一百零五年十二月三十日修正之第二十二條、第五十九條、第一百二十二條及第一百四十二條，於施行後提出之專利申請案，始適用之。

第 157-2 條

本法中華民國一百零八年四月十六日修正之條文施行前，尚未審定之專利申請案，除本法另有規定外，適用修正施行後之規定。

本法中華民國一百零八年四月十六日修正之條文施行前，尚未審定之更正案及舉發案，適用修正施行後之規定。

第 157-3 條

本法中華民國一百零八年四月十六日修正之條文施行前，已審定或處分之專利申請案，尚未逾第三十四條第二項第二款、第一百零七條第二項第二款規定之期間者，適用修正施行後之規定。

第 157-4 條

本法中華民國一百零八年四月十六日修正之條文施行之日，設計專利權仍存續者，其專利權期限，適用修正施行後之規定。

本法中華民國一百零八年四月十六日修正之條文施行前，設計專利權因第一百四十二條第一項準用第七十條第一項第三款規定之事由當然消滅，而於修正施行後準用同條第二項規定申請回復專利權者，其專利權期限，適用修正施行後之規定。

第 158 條

本法施行細則，由主管機關定之。

第 159 條

本法之施行日期，由行政院定之。

本法中華民國一百零二年五月三十一日修正之條文，自公布日施行。

吉吉，護法現身！
律師教你生活法律 85 招

王泓鑫、張明宏／著

本書以真實的生活時事案例及常見之生活法律議題為素材，探討這些生活時事案例背後的法律問題。每則案例下，問題與解析之內容，除詳細引用相關法律條文外，並大量援用司法院、各級法院及相關單位之實務見解，讓讀者能清楚了解目前法院對於相關法律的解讀為何，而非僅探究法律學理，使讀者能藉由探討這些生活時事案例所涉及之法律議題，增長法律知識。

國家圖書館出版品預行編目資料

我的智慧，我的財產?: 你不可不知道的智慧財產權
／沈明欣著.——修訂三版一刷.——臺北市: 三民，
2021
　　面;　公分.——（思法苑）

　　ISBN 978-957-14-7307-9（平裝）
　　1. 智慧財產權 2. 問題集

553.4022　　　　　　　　　　110016070

△△ 思法苑
THINK LAW

我的智慧，我的財產？——你不可不知道的智慧財產權

作　者	沈明欣
繪　者	水　腦
發 行 人	劉振強
出 版 者	三民書局股份有限公司
地　址	臺北市復興北路 386 號 (復北門市) 臺北市重慶南路一段 61 號 (重南門市)
電　話	(02)25006600
網　址	三民網路書店 https://www.sanmin.com.tw
出版日期	初版一刷 2012 年 11 月 修訂二版一刷 2017 年 8 月 修訂三版一刷 2021 年 10 月
書籍編號	S586130
I S B N	978-957-14-7307-9

◎◎ 三民書局